Claudio Arrau
Leben mit der Musik

SERIE PIPER
Band 597

Zu diesem Buch

Zu den ganz großen Pianisten unseres Jahrhunderts gehört ohne Frage der aus Chile stammende Claudio Arrau. Sein Buch »Leben mit der Musik« ist ein Musikerporträt besonderer Art – Autobiographie, Biographie und Würdigung in einem. Es entstand unter Mithilfe des amerikanischen Musikwissenschaftlers Joseph Horowitz, der Arrau Fragen gestellt hat und einfühlsame Überleitungen zu dem jeweils neuen Thema geschrieben hat.

Arrau erzählt aus seinem Leben: das erste Auftreten als fünfjähriges Wunderkind in Chile, seine Ausbildung bei dem berühmten Klavierpädagogen und Liszt-Schüler Martin Krause in Berlin, die Lehr- und Wanderjahre und die Konzerttourneen in der ganzen Welt. Der große Pianist geht ein auf seine einzigartige Spieltechnik und gibt an klassischen Beispielen Einblicke in seine Kunst der Interpretation. Immer wieder fallen dabei Streiflichter auf andere berühmte Musiker wie Cortot, Schnabel, Kempff, Horowitz, Furtwängler oder Toscanini. In kurzen Kapiteln kommen Daniel Barenboim, Garrick Ohlsson und Colin Davis zu Wort.

Arraus Selbstzeugnis, die Rückschau auf ein erfülltes Künstlerleben, ist ein Stück lebendige Musikgeschichte.

»Dieses ungewöhnliche Buch offenbart uns nicht nur Claudio Arraus künstlerische, sondern auch seine menschliche Größe.«

Daniel Barenboim

Claudio Arrau, geboren 1903 in Chilán/Chile, erstes Konzert im Alter von fünf Jahren mit Werken von Mozart und Beethoven, Klavierstudium u. a. in Berlin, konzertiert bis heute in aller Welt, lebt in den USA.

Joseph Horowitz lebt als Musikwissenschaftler in den USA.

Claudio Arrau

Leben mit der Musik

Aufgezeichnet von Joseph Horowitz

Piper
München Zürich

Aus dem Amerikanischen von Rudolf Hermstein
Die Originalausgabe erschien 1982 unter dem Titel
»Conversations with Arrau« bei Alfred A. Knopf, New York,
die deutsche Ausgabe 1984 beim Scherz Verlag,
Bern und München.

ISBN 3-492-10597-1
Februar 1987
R. Piper GmbH & Co. KG, München 1987
Lizenzausgabe mit freundlicher Genehmigung des Scherz Verlags,
Bern und München
© Joseph Horowitz 1982
Gesamtdeutsche Rechte beim Scherz Verlag, Bern und München
Umschlag: Federico Luci,
unter Verwendung eines Fotos von Siegfried Lauterwasser, Überlingen
Satz: H. Mühlberger, Augsburg
Druck und Bindung: Clausen & Bosse, Leck
Printed in Germany

Inhalt

Auftakt

Das Wunderkind

Der chilenische Mozart – Claudio Arrau Leon

VON ANTONIO ORREGO BARROS*

Jubel erfüllt mein Herz. Während das Kind seine Wunder auf dem Klavier vollbringt, meine ich, eine geheimnisvolle Stimme zu hören, die mir ins Ohr flüstert, Claudio Arrau Leon sei eines jener Wesen, die von der Natur mit einem Überfluß an Begabung ausgestattet wurden, daß die Welt sich einst vor ihm verneigen wird.

Doch in die Freude und den Stolz, die ich als Künstler und als Chilene empfinde, während ich zusehe, wie sich dieses Wunder auf unserem Boden vollzieht, mischt sich eine melancholische Vorahnung, wenn ich daran denke, wie leicht Menschen auf dieser Welt von ihrem Weg abkommen; ihre Talente werden vergeudet und führen zu nichts; die Begabungen der Seele werden vernachlässigt und vergessen . . .

Ich weiß nicht, ob das Kind am Klavier oder die Harmonien Beethovens diese düsteren Grübeleien ausgelöst hatten, aber das dachte ich jedenfalls, als ich vor dem Wunderkind saß.

Und dieses Kind mit dem widerspenstigen Haarschopf und den nachdenklichen Augen hat alles: feine Manieren, Eleganz, gutes Aussehen. Er verliert nie die Frische und Aufrichtigkeit eines Kindes, das Spielzeug und Bonbons liebt, und doch hat sein Blick den intensiven und leuchtenden Ausdruck eines Menschen, der fähig ist, die Geheimnisse der Kunst zu durchschauen.

Von den Bonbons zum Klavier und vom Klavier zu den Bonbons geht er mit gleicher Leichtigkeit und Heiterkeit über. Er setzt in Erstaunen, aber er macht nicht Angst; man spürt die Gegenwart des Genies, aber nichts von der Launenhaftigkeit, die oft

* Der nach einem Auftritt des sechsjährigen Wunderkinds geschriebene Artikel erschien im November 1909 in Santiago in der Zeitschrift *Selecta*.

mit Genie einhergeht. Er ist in jeder Hinsicht ein Kind, selbst wenn er spielt; man hat fast das Gefühl, das Klavier sei ein Kinderspielzeug. Doch dies ist ein Kind, dessen Blick verlockend ist, dessen Bewegungen fesselnd sind und dessen ganzes Wesen etwas Unausgesprochenes und Wunderbares ahnen läßt.

Weiß gekleidet, am Klavier sitzend, mit seinem Haarschopf, den Blick auf die Noten geheftet, ist er für mich das leibhaftige Ebenbild des jungen Mozart.

Es war nicht einmal sein Vortrag, der mich am meisten überraschte. Was mich fassungslos staunen ließ, war sein künstlerischer Instinkt, die Tatsache, daß dieses Kind sich in die tiefgründigen Harmonien Beethovens versenkt, sie höher schätzt als jede andere Musik. Gewiß, sein Kinderherz vermag die großen menschlichen Leidenschaften, die Emotionen, das Pathos nicht zu ergründen, aber es errät sie, es ahnt und begreift sie mit der Hellsichtigkeit, die im Wesen künstlerischer Inspiration liegt.

Den größten Spaß hat der Knabe nicht daran, ein Stück, das er bereits kennt, perfekt vorzutragen, sondern daran, vom Blatt zu spielen. Immer wenn er einen neuen bedeutenden Komponisten entdeckt oder auf ein Werk seiner Lieblingskomponisten Beethoven, Mozart und Liszt stößt, das er noch nicht kennt, ist er nicht vom Klavier wegzubekommen...

An dem Abend, an dem wir ihn spielen sahen, begegnete er zum erstenmal der Musik Bachs. Er fand Gefallen an der Musik des Meisters, und es war wundersam anzusehen, wie er sich mühte, die Schwierigkeiten dieser anspruchsvollen Werke zu überwinden. Die Aufgabe war um so gewaltiger, als er mit der rechten Hand noch nicht einmal eine Oktave greifen konnte, so daß er oft die linke zu Hilfe nehmen mußte, um einen Akkord zu vervollständigen.

Eine Frauenstimme hinter mir sagte: «Großer Gott! Dieses Kind spielt ein Stück vom Blatt, das mich zum Weinen brachte, als ich es studierte... und ich habe es nie richtig hingekriegt. Und jetzt seht euch an, wie er es spielt!»

Ich drehte mich um und stellte fest, daß die Stimme einer gefeierten Konzertpianistin gehörte!

Etwas später schlug mein Nebenmann ein Notenheft auf und zeigte es Claudito mit der Frage: «Was ist das?»

Der Kleine schaute mit leuchtenden Augen auf und rief aus: «Das ist Beethoven!»

Er nahm das Heft und begann eifrig darin zu blättern. Dann kam ein Titel, und ein Stück eines anderen Komponisten begann.

Claudio erkannte, daß sich etwas geändert hatte, bloß indem er diese Zeichen ansah, die für den Mann auf der Straße nichtssagend sind wie Markierungen auf einem Lineal, und er sagte: «Das ist Liszt.»

«Woher weißt du das denn?»

«Liszt ist eben so», erwiderte er schlicht.

Und er hatte recht: es war Liszt.

Das Kind ist mit den großen Meistern der Kunstmusik so vertraut wie unsereiner mit seinen Familienangehörigen. Um zu wissen, wer gerade vorbeigegangen ist oder wer spricht, brauchen wir nur seine Schritte oder den Klang seiner Stimme zu hören. Genauso braucht er nur ein paar Akkorde zu sehen, und schon weiß er, um welchen Komponisten es sich handelt.

«Soll ich das transponieren, Mami?» flüstert er seiner Mutter ins Ohr.

Sie versucht, es ihm auszureden, aber er gibt keine Ruhe, wie ein Kind, das um die Erlaubnis bittet, spielen zu gehen. Schließlich gibt seine Mutter nach; er setzt sich ans Klavier und transponiert eine ganze Komposition in eine andere Tonart. Er hat ein neues Spiel entdeckt!

Erst zwei Tage zuvor war er zum erstenmal gebeten worden, etwas zu transponieren, im Verlauf eines Tests, dem ihn unsere Musiker Paoli und Guiarda unterzogen. Er löste die ihm gestellten Aufgaben zur Verwunderung seiner Lehrer mit spielerischer Leichtigkeit.

Doch der Knabe hatte noch eine Überraschung für uns. Er stieg vom Klavierhocker herab, um ein paar Pralinen zu essen, und zwischendurch schlugen die Musiker aus bis zu zehn Tönen bestehende Akkorde auf dem Klavier an. Mit dem Rücken zum Klavier bezeichnete er die Akkorde fehlerfrei, Ton für Ton, so wie ein gewöhnlicher Sterblicher Haushaltsgegenstände aufzählt.

Wann hatte sich seine musikalische Begabung zum erstenmal bemerkbar gemacht? Eine müßige Frage vielleicht, aber wir stellten sie trotzdem seiner Mutter.

«Als er zwei Jahre als war», antwortete sie.

Mit zwei Jahren kannte er schon Beethoven und konnte seine Musik von der aller anderen Meister unterscheiden.

«Das ist so hübsch . . . spiel weiter!» sagte er immer zu seiner Mutter, wenn sie die Harmonien des tauben Meisters aus Bonn erklingen ließ.

Und diese Musik, in der sich die tiefsten Geheimnisse des menschlichen Herzens offenbaren, hüllte schon bald die Seele des Kindes ein. Claudito lernte Beethovens Lebensgeschichte auswendig und rief von Zeit zu Zeit mit betrübter Stimme aus: «Armer Beethoven . . . er konnte nicht hören!»

Zu dieser Zeit konnte er bereits die großen Meister vom Mittelmaß unterscheiden, und wenn seine Mutter nur die ersten Takte einer Komposition eines unbedeutenden Komponisten spielte, wandte er sich schon ab und sagte: «Nein, Mami, nicht das. Das ist häßlich.»

Im Alter von vier Jahren verwirrte er seine Mutter mit Fragen nach der Bedeutung musikalischer Symbole. Wenn sie seiner Fragen müde wurde, ging er zu seiner älteren Schwester, die ihm die Symbole mit der Geduld erklärte, die Kinder oft füreinander aufbringen. Auf diese Weise lernte er Musiktheorie.

In seinem Eifer, das Klavierspiel zu lernen, schrieb er die Werke seiner Lieblingsmeister ab und spielte sie immer wieder, bis er sie auswendig konnte.

So kam es, daß er mit fünf Jahren bei einem Wohltätigkeitskonzert in seiner Geburtsstadt Chillán Kompositionen von Beethoven, Mozart und Liszt spielte. Nun, da er sechs geworden ist (er kam am 6. Februar 1903 auf die Welt), hat er die Tradition von Mozart aufgenommen, der als Kind die Welt in Erstaunen setzte. Er hat gelernt, diese Wunderwerke zu spielen, und wir hörten ihm mit der Freude und der Beklemmung zu, die man in Gegenwart des Außerordentlichen empfindet.

Wir sagten alle: «Er ist ein Genie!» Aber wir sagten es fast im Flüsterton, aus Angst, uns vielleicht doch durch Übertreibung zu blamieren.

Doch so wie wir ihn im häuslichen Kreis ein Genie nannten und wie man ihn im Salon seiner Mutter ein Genie nannte, wurde er stillschweigend auch in den Räumen des Palacio de la Moneda als Genie eingeschätzt, wo er ohne viel Aufhebens eintraf und zur Freude und Verwunderung Seiner Exzellenz des Präsidenten der Republik und einiger Mitglieder des diplomatischen Corps das Wunder seiner außergewöhnlichen Frühreife demonstrierte.

Paoli sagte mir, Claudio sei seiner Meinung nach ein Kind von ganz außergewöhnlichen natürlichen Fähigkeiten; unter anderem könne er sich nicht vorstellen, wie der Knabe zu solchen Händen gekommen sei – man könne fast meinen, diese Hände hätten schon länger Klavier gespielt, als Claudio überhaupt auf der Welt sei. Was den Lehrer neben Clauditos perfektem Gehör am meisten faszinierte, war die unglaubliche Fähigkeit, Noten zu lesen.

«Er würde einen guten Dirigenten abgeben», fuhr Paoli fort. «Ich habe gesehen, wie er eine Gesangsstimme und eine Geige begleitete und aus dem Stegreif den Gesangspart in die Begleitung einbezog. Das ist eindrucksvoll.

Was seine Chancen angeht, ein großer Musiker zu werden», fuhr er mit der Skepsis des erfahrenen Pädagogen fort, «so muß man sich darüber im klaren sein, daß diese Fähigkeiten sich noch im Ruhezustand befinden. Aber *daß* sie in ihm schlummern, das sieht man an seiner Vorliebe für gute Musik, seinem sicheren Gespür für diese Kunstgattung und an seinen Augen, denn die sprechen Bände.»

Vor einiger Zeit machte eine eigenartige Anekdote die Runde. Wie man erzählte, war Claudito von einem Stück von Godard bezaubert gewesen, das der Geiger Premyslav gespielt hatte; deshalb bat er seine Mutter, ihm die Noten zu kaufen. Sie ging mit ihm in eine Musikalienhandlung, wo er nach Werken von Godard fragte.

«Aber welches Stück brauchst du denn?» wollte der Geschäftsinhaber wissen.

«Zeigen Sie mir alle», sagte der Knabe und begann sie durchzublättern.

Der Ladenbesitzer fand das erstaunlich und erzählte es Premyslav, der zufällig ebenfalls gerade in dem Geschäft war. Unterdessen hatte Claudio das gewünschte Stück, das er nur einmal gehört hatte, anhand der Noten gefunden.

«Soll ich es spielen?» fragte der Knabe.

Premyslav war sofort Feuer und Flamme und ging mit ihm ans

Klavier. Claudio spielte fehlerfrei vom Blatt die Komposition, für die der große Geiger berühmt war.

Premyslav war sprachlos und erklärte, er habe noch nie ein solches Wunderkind gesehen und nie zu hoffen gewagt, jemals eines zu sehen.

Ich erzählte einem Journalisten von Claudio Arrau, und er meinte: «Sie führen da eine gute Kampagne; Sie müssen eine Sensation aus dem Kind machen, damit die Regierung ihm ein Stipendium für ein Studium in Europa gewährt.»

Ich meine aber nicht, daß wir eine Sensation aus diesem Kind machen sollten, sondern daß wir unser nationales Erbe nicht vernachlässigen sollten.

Während dieser Journalist mit seinem nüchternen Zweckdenken von der Notwendigkeit einer Sensation sprach, kamen mir die Namen Beethoven und Mozart in den Sinn, und ich dachte an die Schande der Nationen, die sie hervorgebracht hatten, sie aber nicht zu würdigen wußten. Ich dachte daran, wie das Wunderkind, das im Alter von sechs Jahren am Hofe Franz I. vorspielte und später mit seiner Genialität die Musikwelt in seinen Bann schlug, nicht mehr zum Leben hatte als den Hungerlohn, den er als Kirchenmusiker vom Erzbischof von Salzburg bekam. Ich dachte daran, welche Scham Österreich bei den letzten Worten von Mozarts Biographie empfinden mußte:

«Sein Begräbnis gereichte dem Kaiser, dem Hofe, der Öffentlichkeit, dem ganzen Volk zu Schande. Am Abend des 6. Dezember 1791 wurde sein Leichnam in aller Eile auf einen Armenfriedhof gebracht, und weil es regnete, machten seine Freunde Swieten, Süßmayr und drei andere kehrt und ließen ihn allein auf dem Weg zu seiner letzten Ruhestätte.»

Und ich dachte daran, welche verdiente Genugtuung es für die Engländer sein muß, und welche Scham Deutschland empfinden muß, immer wenn die Geschichte von Beethovens Leben erzählt wird, die Geschichte des größten aller Musiker, mit den Worten, die kein Engländer jemals vergessen kann:

«Es muß das Herz jedes Engländers mit Stolz erfüllen, daß es die Philharmonic Society of London war, die mit einer großzügigen Gabe am meisten dafür tat, Beethovens Leiden auf seinem Sterbebett zu lindern, und daß praktisch die letzten Worte des Sterbenden Worte des Dankes an seine Freunde und Bewunderer in diesem Land waren.»

All dies wurde geschrieben und gesagt, um der Empörung über Nationen Ausdruck zu geben, die das Glück gehabt hatten, ein Genie hervorzubringen, und die Niedertracht, ihm ihre Ehrerbietung zu verweigern. Heute haben wir ein Wunderkind unter uns, das in diesen frühen Jahren seines Lebens mit Mozart verglichen werden kann. Wird die Geschichte dieses Lebens Chile zum Stolz oder zur Schande gereichen? Laßt uns die Lehre daraus ziehen und unseren Künstlern Ehre erweisen.

Erster Teil

Leben mit der Musik

Einführung

Nicht lange nachdem ich Claudio Arrau im Jahre 1976 zum erstenmal begegnet war, wurde ich eingeladen, ihm bei der Probe zu einer Aufführung von Beethovens drittem Klavierkonzert in der New Yorker Avery Fisher Hall zuzusehen. Im makellosen dreiteiligen Anzug saß Arrau ernst und konzentriert am Flügel und ließ die eher gleichgültigen New Yorker Philharmoniker zu einem prosaischen Hintergrund verblassen. Hinterher, in Arraus Garderobe, gab es Klagen über die Lustlosigkeit des Orchesters. Im Konzert würden sie besser spielen, meinte Arrau; bei Proben nähmen es Musiker gewöhnlich nicht so genau. Ob es auch vorkomme, daß Claudio Arrau es einmal nicht so genau nehme, wollte jemand wissen. *«Niemals!»* stieß er hervor, Empörung im Blick, die Züge in jäher Gefühlsaufwallung entflammt.

Dieser Anblick des seinen Emotionen hilflos ausgelieferten Künstlers hat sich im Laufe unserer Bekanntschaft noch viele Male wiederholt. Schon bei einer normalen Begrüßung spürt man seine entwaffnende Aufrichtigkeit. Er ist zu unverbindlicher Liebenswürdigkeit offenbar ebenso unfähig wie zu Taktlosigkeit. Trotz seiner Berühmtheit und des mächtigen Stroms seiner inneren Energien ist er ein Mensch von gewinnender Güte und Freundlichkeit.

Weder sein Englisch, in dem Anklänge an Spanisch und Deutsch mitschwingen, noch seine wandlungsfähigen Gesichtszüge erlauben Rückschlüsse auf seine Herkunft. In der Tat stammt er aus einem entlegenen Winkel der Welt. Chillán in Chile, wo er 1903 geboren wurde, war eine Kleinstadt viele Stunden von Santiago entfernt. Seine Mutter, die schon dreiundvierzig und seit einundzwanzig Jahren verheiratet war, gab Klavierstunden. Sein Vater starb, als Claudio ein Jahr alt war. Notenlesen hat er sich offenbar im wesentlichen selbst beigebracht, und zwar noch bevor er Wörter lesen konnte. Mit acht Jahren konnte er dank einem Stipendium, das der chilenische Kongreß dem Wunderkind bewilligt hatte, ein Studium im Ausland antreten. In Berlin, wohin er mit seiner Mutter und seinen Geschwistern zog, wurde er der Lieblingsschüler von Martin Krause, einem gebieterischen Pädagogen, der seinerseits bei Liszt studiert hatte. Arraus frühe Berühmtheit hielt an: Er spielte vor Königinnen und Königen sowie unter den Dirigenten Arthur Nikisch und Fritz Steinbach. Doch als Krause 1918 starb, wußte Arrau nicht weiter. Im Nachkriegs-Berlin sich selbst überlassen, hatte der Fünfzehnjährige nicht genug Erfahrung und Durchsetzungsvermögen, um seine Karriere voranzubringen oder auch nur den Lebensunterhalt für sich und seine Angehörigen zu verdienen. Von einer abgebrochenen Amerika-Tournee 1923–24 kehrte er völlig mittellos zurück. Nahe daran aufzugeben, suchte er Hilfe in der Psychoanalyse. Nach und nach festigte sich sein künstlerischer Ruf wieder, und der Prozeß des Erwachsenwerdens konsolidierte sich. In den Jahren 1935–36 machte er durch eine groß angekündigte Ausdauer- und Gedächtnisleistung auf sich aufmerksam: An zwölf Abenden spielte er sämtliche Klavierwerke von Johann Sebastian Bach. Im Jahre 1937 heiratete er Ruth Schneider, eine Mezzosopranistin aus Frankfurt, und zog aus der Wohnung aus, die er bis dahin zusammen mit seiner Mutter und seiner Schwester bewohnt hatte. Der Zweite Weltkrieg trieb die Arraus 1940/41 in die Vereinigten Staaten.

Ein zermürbender Tourneeplan, großzügige Programme und ein umfassendes Repertoire sind seit langem Arraus Markenzeichen. Noch immer gibt er über siebzig Konzerte je Saison. Er wohnt in dem New Yorker Vorort Douglaston, eine halbe Autostunde von Manhattan, ist aber selten zu Hause. Außerdem besitzt er ein Sommerhaus im Süden Vermonts, sechs Kilometer außerhalb des 500-Seelen-Dorfes Weston, für das er allerdings noch weniger Zeit erübrigen kann. Zu seiner engsten Umgebung zählen überraschend wenige Menschen. Die drei Kinder der Arraus sind Carmen, geboren 1938, die als Anwaltssekretärin in Springfield, Massachusetts, lebt; Mario, geboren 1940, früher Reiter in seinem eigenen Rodeo in Vermont und heute Schmied in Florida; und Christopher, geboren 1959, Student an der University of Vermont. Nach seiner Frau Ruth sind seine wichtigsten Lebensgefährten William Melton, ein Schüler, der ihn oft auf Tourneen, in Konzerte und ins Theater begleitet, und Friede Rothe, die als seine persönliche Managerin seit 1941 seine hingebungsvolle Vorzimmerdame, Karriere-Beraterin und Public-Relations-Chefin ist. Miss Rothe überwacht seine Konzert- und Aufnahmetermine und plant seine sonstigen Auftritte in der Öffentlichkeit. Sie hat ein wachsames Auge auf seine Gesundheit, staunt über seine Energie und kränkt sich über seine Kritiken. Wenn sie bei Konzerten anwesend ist, bestimmt sie, wer in seine Garderobe darf. Wenn Arrau in den Vereinigten Staaten ist, ruft sie ihn fast täglich an. Ist er im Ausland, vergeht kaum eine Woche, in der sie nicht mit ihm telefoniert. Arrau selbst ruft fast nie jemanden an.

Zwei ineinandergreifende Persönlichkeitstypen bestimmen Arraus Identität: das erwachsene Kind und der Künstler. Der erstere Typus wurzelt in seinen Wunderkindjahren und ruft Bilder von dem kleinen Klavierspieler in Kniehosen wach, dessen Füße über den Pedalen baumeln. In Chile spielte er unter der Obhut seiner Mutter für den Staatspräsidenten. In Europa, wo ihn Krause unter seine Fittiche nahm, saß er auf dem Schoß von Herzoginnen und Königinnen. Fotos aus diesen frühen Jahren zeigen ein offenbar schüchternes, stilles Kind mit weichen Gesichtszügen und seltsam wissenden Augen.

Der autokratische Krause mit seinem gezwirbelten Schnurrbart hätte fast einer von E. T. A. Hoffmanns dämonischen Kapellmeistern sein können. Die meisten Autoritätspersonen in Arraus Kindheit und Jugendzeit waren jedoch mütterliche Frauengestalten, angefangen bei seiner zur Überbehütung neigenden Mutter, die nach dem Tod ihres Mannes jahrzehntelang in Schwarz ging und neunundneunzig werden sollte.

Daß Arrau sich bis ins hohe Alter ein gewisses Maß an Unschuld bewahren konnte, ist teilweise die Folge seiner Berühmtheit als Kind. Nichts liegt ihm ferner als Zynismus oder Unaufrichtigkeit. Er trinkt nicht und raucht nicht. Maschinen mißtraut er: Er kann nicht Auto fahren, ein Ei kochen oder auch

nur einen Plattenspieler bedienen. Ich habe erlebt, wie er minuten-
lang mit wachsender Erbitterung versuchte, die drei Schlösser an
seiner Haustür aufzuschließen.

Ein zweiter Aspekt seiner Unschuld hängt mit seiner Berufung
zusammen. Er hält sehr auf die Reinheit seiner Umgebung. Er
meidet Partys und verliert bei belanglosem Geplauder den Faden.
Er ist gerne allein mit der Musik und – vor allem in Vermont, wo
er pflanzt und jätet – mit der Natur. Im Gespräch offenbart er
genau wie am Klavier seine Gefühlskonflikte mit erstaunlicher
Freimütigkeit. Kein Zweifel, er verkörpert das Ideal des 19. Jahrhunderts – den Künstler als einsamen, duldenden Helden.

Arraus konzentrierter Lebensstil entspricht der Intensität seiner
Stimmungen. Er ist kein Ironiker, spielt nicht mit Worten. Selbst
in seinen sanftesten Momenten ist er durch das schiere Gewicht
seiner Persönlichkeit stets spürbar präsent.

Er ist von kleiner Statur – knapp einssiebzig –, und wenn er
müde ist, wirkt sein großer Kopf manchmal wie eine archaische
Last auf dem Körper mit seinen alten, gebrechlichen Beinen. Seine
Hände, im Vergleich zum Körperbau ebenfalls relativ groß, fallen
sofort ins Auge. Die Finger sind individuell gegliedert, die Fingerspitzen gepolstert und leicht verbreitert. Die Beweglichkeit seiner
Daumen, die aus der besonderen Geschmeidigkeit der Gelenke
resultiert, läßt sie länger erscheinen, als sie sind.

Da jede Stimmung sich in seinen Zügen widerspiegelt, hat er
viele Gesichter. Seine großen Nasenflügel und vorspringenden
Backenknochen, der gepflegte Schnurrbart und das glänzende
Haar lassen mitunter immer noch an die dunkle Eleganz eines
südamerikanischen Kosmopoliten denken. Wenn er unversehens
nachdenklich wird, verdunkeln sich seine braun-grünen Augen,
und sein Blick wird unstet. Am Klavier ist sein Profil wie gemei-
ßelt, die Haut straff und von leidvollen Furchen durchzogen. Entspannt er sich, wird sein Antlitz rund und fast cherubhaft; um die
Augen bilden sich Fältchen, die Wangen werden weich und voll.

Im Gespräch neigt er zur Dramatisierung des Augenblicks,
manchmal bewußt, manchmal unbewußt. Bei der Schilderung
des Chopin-Spiels eines anderen Pianisten beugt er sich im Sitzen
vor, hält inne, um noch einmal nachzudenken, und vertraut mir

mit leiser, ungläubiger Stimme an: «Vom interpretatorischen Standpunkt aus war es absolut *widerwärtig*.» Als es ihm nicht gelingen will, den Gasherd in der Küche anzuzünden, zieht er sich kichernd in seinen Sessel zurück und wirft verstohlene Blicke nach allen Seiten. «Wahrscheinlich», erklärt er, «würde ich das Haus in Brand stecken.» Als ein großer, zutraulicher Hund hereingetrottet kommt und sich nicht wegschicken läßt, verdüstert und verhärtet sich sein Gesicht. «Geh hinaus, mein Lieber», sagt er zu dem Hund. «Geh zu Frauchen.» Das Tier rührt sich nicht vom Fleck. Arrau schürzt die Lippen, und seine an sich schon großen Augen werden kreisrund und treten hervor. Jählings fährt er herum und ruft: «Ruth! Ruth! Ruf Rexie. Er stört uns!»

Seine Stimme, die eine angenehme Baritonlage hat, ist sanft und ausdrucksvoll. Die Worte selbst sind oft eher von untergeordneter Bedeutung, denn Arrau hat Mühe mit dem sprachlichen Ausdruck. Bevor er eine Frage beantwortet, atmet er manchmal tief ein und sieht weg. Seine Sätze brechen ab, wenn ihm eine Redewendung oder ein Name nicht einfällt, und die dann folgende Stille kann prekär wirken. Selbst wenn der Redefluß stetig ist, hält er meist nicht lange an: nach vier oder fünf Sätzen ist das Uhrwerk abgelaufen.

Besonders wenn Musik sich in den Vordergrund drängt, fehlen Arrau oft die Worte. Die Musik verträgt sich sogar so wenig mit seiner Rolle als geselliges Wesen, daß es ihm unvorstellbar wäre, Schülern oder Freunden vorzuspielen. Es ist wirklich nicht weit hergeholt zu vermuten, daß bei Arrau Sprache und Musik zwei getrennte Bereiche der Persönlichkeit einnehmen und daß die ausgeprägte Höflichkeit der ersteren die instinktive Hingabe an die letztere mäßigt. Seine liebenswürdigen Umgangsformen, seine elegante Kleidung (das Magazin *Time* schrieb einmal, er wirke wie «einer Anzeige für den Mann von Welt entsprungen»), die Kunstwerke, die seine Arbeitszimmer verschönen – dies alles läßt auf einen Ordnungssinn schließen, dessen musikalische Entsprechung die absolute Texttreue und dessen Widersacher ein Untergrund von Feuer und Eis ist.

Erlebt man, wie Arrau eine Liszt-Sonate vorträgt, so ahnt man, wie vollständig dieser Untergrund sein normales Selbstverständnis auslöschen kann. Selbst im Schlaf lassen die Dämonen ein

Flackern über das Gesicht gehen, das in der Öffentlichkeit so gütig und milde wirkt. Und sie schwingen im Timbre seiner Stimme mit.

Seine eigenen Aufnahmen zu hören, bereitet Arrau sichtliches Unbehagen; er merkt, wie der schützende Vorhang der Höflichkeit zurückgezogen wird.

Die Gespräche, die den größten Teil des vorliegenden Buches einnehmen, fanden zwischen Mai 1980 und Juli 1981 in Douglaston und in Vermont statt. Wie nicht anders zu erwarten, erzählte Arrau keine Anekdoten und enthielt sich auch längerer Vorträge. Seine Bemerkungen waren konzentriert, knapp und direkt. Der Leser sollte sich vor Augen halten, daß das Porträt, das sich in diesem Buch entfaltet, einen Künstler in seinen späten Lebensjahren zeigt; früher einmal war Arrau lebhafter und geselliger. Anstatt eine Ich-Erzählung daraus zu basteln oder Arraus Aussagen in eine Biographie einzubauen, habe ich den Gesprächsrahmen beibehalten, in dem er seine Bemerkungen machte. Eine von mir nachträglich fabrizierte Ich-Erzählung wäre irreführend gewesen. Eine Biographie wiederum hätte auf die Vorteile des unmittelbaren, flexiblen Gedankenaustauschs verzichten müssen, in dem Stil und Temperament der Sprache eines Menschen oft ebenso aufschlußreich sind wie der Inhalt seiner Äußerungen.

Die Gespräche, die ich auf Tonband aufgenommen habe, wurden gestrafft und im Hinblick auf sprachliche Richtigkeit und inhaltliche Genauigkeit redigiert. Ich habe jedoch darauf verzichtet, Arraus Sprache zu schönen, also keine neuen Wörter oder Ausdrucksnuancen eigenmächtig eingefügt.

Da ich ebenso geschwätzig bin, wie Arrau wortkarg ist, habe ich meine Beiträge stärker gekürzt als seine. Wo sich eine Möglichkeit bot, habe ich meine Fragen und Bemerkungen gestrafft. Um sie ganz weglassen zu können, hätte ich jedoch Arraus Sätze mit künstlichen Überleitungen versehen oder einfach aneinanderreihen müssen.

In der Anordnung der Gespräche spiegelt sich das zweifache Anliegen des Buches. Die ersten acht Gespräche bilden eine Art Autobiographie, die durch zwei weitere Kapitel ergänzt wird, in denen Arrau auf seine Klaviertechnik und seine Auffassung von

Interpretation eingeht. Eingeschaltet ist in diesem Teil auch ein 1967 entstandener Essay, in dem Claudio Arrau seine Gedanken über die menschliche und künstlerische Selbstverwirklichung mit Hilfe der Psychoanalyse darlegt. Die Aussagen zur Klaviertechnik werden besonders auch für musikalische Laien aufschlußreich sein, die oft der Ansicht sind, die physische Seite des Klavierspiels beschränke sich auf Fingerfertigkeit.

Das neunte und zehnte Gespräch stellen den Übergang zu den «Werkstattgesprächen» her, in denen Arrau sich mit einigen berühmten Klavierstücken auseinandersetzt. Die musikalischen Erörterungen sind stellenweise recht anspruchsvoll. Aber selbst wenn der Leser mit den Aussagen über bestimmte Passagen oder mit den Notenbeispielen wenig anzufangen weiß, bleibt stets klar, worauf Arrau hinauswill. Abgerundet wird das Bild des großen Pianisten durch Gespräche mit Philip Lorenz, Daniel Barenboim, Garrick Ohlsson und Sir Colin Davis, Musikern also, die mit Arrau als Kollegen oder Schüler zusammengearbeitet haben.

Allen Gespräche habe ich jeweils Einleitungen vorangestellt. In manchen Fällen sind diese recht umfangreich und ergänzen die Gespräche, statt nur auf sie hinzuführen. Die Einführung zu Arraus Kindheitserinnerungen zum Beispiel ist teilweise ein Essay über das Wunderkind-Phänomen in der Musik. Da auch die Gespräche oft abschweifen, sollte der Leser nicht immer eine logische Reihenfolge der Ereignisse oder Gedanken erwarten. Das Kapitel «Arrau auf Schallplatten» ist dann eine zusammenfassende Darstellung von Arraus künstlerischer Entwicklung, für die ich einige seiner Plattenaufnahmen zur Illustration technischer und interpretatorischer Details herangezogen habe. Hier werden bestimmte wiederkehrende Aspekte des schöpferischen Akts noch einmal diskutiert, wobei wiederum Arrau als Beispiel dient.

Es versteht sich von selbst, daß die persönlichen Ansichten und Erfahrungen, die den Kern des Buches bilden, so etwas wie Objektivität ausschließen. Ich habe Daten und andere Fakten durch Rückfragen bei Arraus Angehörigen und Freunden und anhand von Zeitungen, Zeitschriften und Programmheften überprüft. Arraus Berichte sind jedoch zwangsläufig subjektiv.

Ich habe keinen Versuch unternommen, Arraus Porträt von Schönheitsfehlern zu reinigen. Innerhalb gewisser Grenzen sträubte er sich nicht dagegen, auch über Perioden des Selbstzweifels zu sprechen. Vielleicht werden einige Leser finden, wir seien in dieser Richtung nicht weit genug gegangen, andere dagegen meinen, daß wir zu weit gegangen sind – daß das Privatleben eines Künstlers hinter einem Schleier des Geheimnisses verborgen bleiben sollte.

Bis zu einem gewissen Grade ist das Lüften dieses Schleiers eine Zeiterscheinung und unvermeidlich. Liszt brauchte sich natürlich niemals Fragen über seine Ängste und Mißerfolge zu stellen oder auf Tonband zu sprechen. Doch wenn man sich nun einmal vornimmt, hinter den Kulissen der Begabung eines Interpreten nachzuspüren, ist Arrau ein hervorragendes Studienobjekt. Der einfache Grund dafür ist, daß in seinem Fall Mensch und Künstler ein und dasselbe sind – nicht in dem Sinne, daß die Musik Arraus ganzer Lebensinhalt wäre (denn dem ist offensichtlich nicht so), wohl aber in dem Sinne, daß es ihm gelingt, sein ganzes Leben in seine Musik zu legen. Die gegenseitige Durchdringung von Mensch und Musik ist ein Leitmotiv dieses Buches.

Die Wurzeln

Arraus zwei Domizile haben viel gemeinsam. Beide liegen versteckt. In Douglaston verbirgt sich Arraus Haus, eines von vielen, die sich, eng aneinandergereiht, den Long Island Sound entlangziehen, hinter einer meterhohen Hecke und dem dichten Laubwerk der Bäume und Sträucher in dem kleinen Garten. In Vermont schirmen rund 150 Hektar bewaldeten Grundes Arraus Anwesen vor neugierigen Blicken ab. Ein handgemaltes Schild ARRAU weist auf einen ganz von Bäumen überschatteten Fahrweg. Je weiter man auf dieser Straße vordringt, um so enger wird sie. Erst wenn das Haus schon in Sicht ist, geben die Bäume einen breiten Ausschnitt offenen Himmels frei. Das letzte Stück der Auffahrt ist von einem Dutzend Trauerweiden gesäumt. Arrau hat nahebei auch Hängebirken und Trauerbuchen gepflanzt. (Er lacht selbst über diese Eigentümlichkeit, aber er liebt nun einmal Bäume mit hängenden Zweigen.) Das Haus, noch etwas zurückgesetzt, ist eine weitläufige Holzkonstruktion, die teilweise aus dem Jahr 1806 stammt. Dahinter liegt ein Teich, an dem Thoreau seine Freude gehabt hätte.

Drinnen sind beide Häuser Arraus gediegen und mit geduldiger Hand eingerichtet; sie sind in dunklen Tönen gehalten und haben eine Stimmung von Abenddämmerung.

In Douglaston führt eine Treppe aus dem Hausflur in Arraus Arbeits- und Studierzimmer hinab. Die Vorhänge in diesem Raum bleiben zugezogen. Die Einrichtung ist mit ihren dunklen Hölzern und dezenten Möbelstoffen eher beruhigend als luxuriös. Die meisten der zahlreichen Gemälde entstammen entweder nicht dem abendländischen Kulturkreis oder sind sehr alt: byzantinische Ikonen, japanische Aquarelle, ein Bassano, ein Van Dyck. Von den vielen Plastiken und sonstigen Kunstgegenständen fallen besonders mehrere Dutzend Ebenholzfiguren aus Afrika ins Auge, manche über sechzig Zentimeter hoch, die den Kaminsims zieren. Eine zweite, ebenso große Sammlung enthält anthropomorphe präkolumbische Keramikgefäße. Auf einem Ecktisch stehen Arraus kostbarste Einzelstücke, Holzplastiken aus Ägypten (Zwölfte Dynastie), Neuguinea (Sepik-Fluß-Stil) und China (Han-Dynastie). Bücher, Zeitschriften und Noten füllen die Regale. Die Fotos zeigen Weber, Liszt, Clara Schumann und Martin Krause sowie Karlrobert Kreiten, einen Schüler Arraus, der von den Nazis ermordet wurde. Ein Flügel beherrscht das eine Ende des Raums. Beiderseits über der Tastatur stehen ein Metronom, eine Stoppuhr, zwei Becher mit Federhaltern und Bleistiften sowie ein deplaziert wirkendes Telefon. Der Klavierdeckel ist geschlossen, auf ihm stehen Kerzen, Glasvasen und ein Miniatur-Bücherregal mit seltenen Ausgaben von Shakespeare und Lessing. Das weiche Licht und die vollkommene Ordnung des Zimmers lassen vergessen, daß es so vollgestellt ist. Das übrige Haus bleibt dem Besucher verborgen. Die Vögel draußen hört man wie von weitem singen.

Arraus Studio in Vermont ist etwas kühler und kleiner. Es liegt ebenfalls unter dem Hauptgeschoß des Hauses und seitlich vom Hauseingang. Fußboden, Wände und Decke sind aus gebeiztem Holz. Die Decke ist niedrig und erscheint durch Hängelampen und massive Balken noch niedriger. Dichte immergrüne Pflanzen draußen vor den Fenstern lassen die Sonne nicht herein. Die meisten Möbel sind Antiquitäten aus Neuengland. Es stehen zwei Klaviere in dem Raum. Das eine, ein Tafelklavier aus dem 19. Jahrhundert, dient als Tisch für Fachzeitschriften. Verglichen mit dem Arbeitszimmer in Douglaston, ist dies ein rustikaler, weniger streng wirkender, aber trotzdem eleganter Raum. Abgesehen von den Lampen, einem Lehnstuhl aus Kunststoff und zwei Bildern zeitgenössischer chilenischer Maler, könnte er aus einem anderen Jahrhundert stammen.

C. A. Die Familie meines Vaters stammte ursprünglich aus der Provence. Der Name war «Arrault». Später, im Mittelalter, gingen meine Vorfahren nach Barcelona und ließen fortan die letzten beiden Buchstaben des Familiennamens weg. Der erste Arrau, der nach Chile ging, war ein Ingenieur, der von König Karl III. nach Südamerika geschickt wurde. Don Lorenzo de Arrau, das war sein Name. Er erhielt als Geschenk ein riesiges Stück Land bei Chillán, wo ich geboren bin. Es gibt in der Familie meines Vaters auch eine schottische Linie. Wahrscheinlich waren es Piraten, die erst nach Panama und dann nach Peru und Chile segelten. Das ist so ziemlich alles, was ich über die Vorfahren meines Vaters weiß. Er selbst war Augenarzt. Er kam ums Leben, als ich ein Jahr alt war, durch einen Reitunfall. Das Pferd scheute und warf meinen Vater ab; er lebte noch ein paar Tage, dann starb er. Er war erst achtundvierzig.

Nun zu meiner Mutter. Ihr Mädchenname war Ponce de Leon, wahrscheinlich irgendwie verwandt mit Ponce de Leon, dem Mann, der Florida entdeckte. Ihre Familie kam aus einem kleinen Ort nördlich von Chillán. Sie war spanischer Abstammung, teils andalusisch und teils kastilisch. Wahrscheinlich kamen sie Anfang des 18. Jahrhunderts nach Chile – das nehme ich jedenfalls an.

J. H.   Haben Sie irgendwelche Erinnerungen an Ihren Vater?

C. A.   Nein, überhaupt keine.

J. H.   Hat Ihre Mutter von ihm erzählt?

C. A.   Sie war sehr zurückhaltend, wenn sie über ihn sprach. Später erfuhr ich von ihrer Schwester, daß es eine unglückliche Ehe gewesen sei. Angeblich war er ein Schürzenjäger. Er soll auch viele uneheliche Kinder gehabt haben. Ich kannte zwar nur eines. Aber so erzählte man sich jedenfalls. Meine Mutter muß furchtbar gelitten haben.

J. H.   Empfanden Sie es als ungerecht, keinen Vater zu haben?

C. A.   Einerseits ja, andererseits war ich in gewisser Weise glücklich darüber. Er kam nämlich aus einer Familie mit sehr strengen Ansichten darüber, was ein Mann im Leben tun darf. Musik war seiner Meinung nach etwas sehr Schönes, aber nur für Mädchen. Man kann sich also vorstellen, was ich hätte durchmachen müssen. Aber abgesehen von seinem Machismo, war er ein wunderbarer Mensch. Wenn er wußte, daß jemand kein Geld hatte, behandelte er ihn umsonst.

J. H.   War man als Augenarzt in Chillán ein angesehener Bürger?

C. A. Ja. Man könnte sagen, meine Familie gehörte zum Land-
adel. Aber das Land, das uns gehört hatte, wurde immer wieder
geteilt. Schließlich war nur noch recht wenig übrig. Obendrein
hinterließ mein Vater hohe Schulden. Um uns über Wasser zu
halten, mußte meine Mutter nach seinem Tod sofort anfangen,
Klavierstunden zu geben. Und sie mußte das letzte Stück Land
verkaufen, das wir noch besaßen.

J. H. Glauben Sie, daß sie jemals daran dachte, wieder zu heiraten?

C. A. Ja, wahrscheinlich. Aber mein älterer Bruder Carlos – ich
war das jüngste von drei Kindern – war in mancher Hinsicht
schlimmer als mein Vater. Einmal erzählte sie mir, es habe einen
Mann gegeben, den sie gerne geheiratet hätte, aber mein Bruder
habe gedroht, er werde ihn umbringen, wenn er sich noch einmal
in unserem Haus sehen ließ. Es galt damals als unehrenhaft für
eine Witwe, wieder zu heiraten. Die Frauen mußten für den Rest
ihres Lebens trauern. Meine Mutter hat übrigens auch fast zwanzig Jahre lang nur Schwarz getragen.

J. H. Ihre Mutter verlor ihren Mann und hat nie wieder geheiratet. Das hat doch sicher dazu geführt, daß sie sich ganz auf ihre
Kinder konzentrierte, besonders auf Sie.

C. A. Man könnte sagen, daß sie überhaupt erst von dem Moment an richtig zu leben begann, als mein Talent entdeckt wurde.
Von da an war es ihr ganzer Lebensinhalt, meine Karriere zu
fördern. Immer wenn etwas mit meiner Entwicklung schiefging,
war sie verzweifelt. Aber sie hat sich nie eingemischt. Sie war eine
sehr intelligente Frau. Sie war klug genug zu wissen, daß sie von
dem Moment an, als ich bei Krause zu studieren anfing, alle Ent-
scheidungen ihm überlassen konnte, falls es irgendwelche Schwierigkeiten gab. Sie überließ Krause meine Erziehung. Das einzige
Mal, daß sie mich, in Maßen, zum Üben drängte, war in Berlin,
kurz bevor wir Krause kennenlernten. Ich hatte damals das Interesse am Klavier verloren. Das war das einzige Mal, daß sie mich
gedrängt hat.

J. H. Was für ein Mensch war sie für andere?

C. A. Sie galt immer als überaus charmant. Und witzig. Sie erzählte gern Geschichten aus meiner frühen Kindheit. Sie hing sehr
an mir.

J. H.   War sie streng?

C. A.   Eigentlich nicht. Sie war ein klein wenig die lateinamerikanische Matriarchin. Aber sie kannte ihre Grenzen.

J. H.   Hat Ihre Mutter Sie Ihrem Bruder und Ihrer Schwester vorgezogen?

C. A.   Ja, leider. Meine Schwester hat auch darunter gelitten. Sie war immer sehr, sehr lieb zu mir. Meine Schwester war damals wie eine zweite Mutter zu mir.

J. H.   Hat Ihr Bruder auch gelitten?

C. A.   Ich glaube nicht. Er hatte nur die Frauen im Kopf. Er war ständig unterwegs. Ich mochte ihn sehr, aber er hat mich zu sehr wie ein Kind behandelt.

J. H.   Offenbar konzentrierten sich alle Kräfte in Ihrer Familie auf Sie. Ihr Vater starb. Ihr Bruder verlor das Interesse an der Familie. Ihre Schwester war wie eine Mutter zu Ihnen.

C. A.   Auch meine Tante Celina war wie eine Mutter. Sie war die Schwester meiner Mutter. Sie folgte uns nach Berlin. Ich glaube, das war zwei Jahre, nachdem wir Chile verlassen hatten. Und dann blieb sie viele, viele Jahre bei uns. Die Welt der Mütter.

J. H.   Sie sagten mir einmal, Ihre Mutter habe in all den Jahren in Berlin nie Deutsch gelernt.

C. A.   Das stimmt. Sie war auf einer französischen Klosterschule gewesen. Sie sprach Französisch recht fließend. Aber nie Englisch und Deutsch. Sie weigerte sich rundweg, Deutsch zu lernen – sie fand es zu schwierig.

J. H.   Ich stelle mir Ihre Mutter als eine Frau vor, die sich stets im Hintergrund hielt, nie wirklich am gesellschaftlichen Leben außerhalb der Familie teilnahm oder auch nur viel mit den Leuten redete. Und trotzdem wurde sie 99.

C. A.   Sie starb vier Wochen vor ihrem 100. Geburtstag. Es hätte leicht eine jener Beziehungen sein können, wo die Liebe zu groß wird, wo die Mutter sich zu sehr an das Kind klammert. Aber dafür war sie zu intelligent. Sie wußte von den Fällen, in denen Mütter Wunderkinder durch ihre Liebe ersticken.

J. H.   Trotzdem waren Sie doch offenbar ihr ganzer Lebensinhalt.

C. A.   Ja. Sie hielt es für ihre Mission, es mir zu ermöglichen, zu einem bedeutenden Künstler heranzuwachsen. Aber natürlich kam dann der Augenblick, wo mir das alles ein bißchen zuviel wurde. Immer wollte sie wissen, was ich tat und wo ich hinging. So begann sich in mir eine sehr gesunde Auflehnung dagegen zu rühren, als ich ungefährt fünfzehn oder siebzehn war. Und sie fand sich ohne viel Aufhebens damit ab.

J. H. Haben Sie den größten Teil Ihres Lebens mit Ihrer Mutter zusammengelebt?

C. A. Ich wohnte mit ihr zusammen, bis ich 1937 heiratete. Im Jahre 1953 zog sie dann zu Ruth und mir nach Douglaston. Sie war 1938 mit meiner Schwester und meiner Nichte von Berlin aus wieder nach Chile gegangen. In Chile wurde sie verwöhnt; sie galt als die Mutter eines Nationalhelden. Wenn ausländische Pianisten nach Chile kamen, wurde sie regelmäßig eingeladen und bekam eine Freikarte für das Opernhaus. Sie ging auch immer hin. Sie verstand sehr viel vom Klavierspiel. Und sie kritisierte die Pianisten mitten im Konzert. Wie viele alte Leute glaubte sie zu flüstern, aber in Wirklichkeit sprach sie ganz laut. Ich war mehrmals selbst dabei. *«Er hat einen sehr schlechten Anschlag.»* Die Leute drehten sich um und machten «Pst!» Oh, es war furchtbar. *«Viel zu langsam. Zu schnell.»*

J. H. Wie oft haben Sie Ihre Mutter gesehen, als sie in Chile lebte?

C. A. Alle drei Jahre, wenn ich auf Tournee in Chile war. Natürlich hat sie sich jedesmal riesig gefreut, wenn ich kam. Aber wenn ich wieder fort mußte, war sie traurig. Sie hing so sehr an mir, daß es für sie eine Tortur war, so weit von mir entfernt zu leben. Deshalb beschlossen Ruth und ich, sie zu uns zu nehmen für ihre letzten Lebensjahre. Zu uns nach Hause.

J. H. Und wie kamen Sie mit Ihrer Mutter aus in diesen letzten sechs Lebensjahren?

C. A. Sie war eine recht angenehme alte Dame. Sie war nicht sehr anspruchsvoll. Natürlich hatte sie eine Pflegerin, die sich ständig um sie kümmerte. Aber ich muß gerade daran denken, wie *widerstandsfähig* sie noch war, körperlich meine ich. Im Alter von 95 oder 96 war sie immer noch neugierig. Sie wollte von jeder Tür wissen, wohin sie führte. Einmal, als sie ein paar Minuten unbeaufsichtigt war, öffnete sie eine Tür zum Keller und stürzte ungefähr fünfzehn Stufen hinab. Und sie hat sich nichts gebrochen, gar nichts. Sie stand auf und stieg mit unserer Hilfe wieder die Treppe hinauf. Ihre Großmutter wurde hundertzwanzig, wissen Sie. Und sie soll bis zum Schluß noch Zeitung gelesen haben. Ihre Schwester starb mit fünfundneunzig.

J. H. Ich habe gehört, daß Sie bei den Mahlzeiten immer für sie übersetzten.

C. A. Ich saß neben ihr und übersetzte ihr Spanisch ins Englische. Oder ins Deutsche, wenn die Kinder nicht da waren.

J. H. Möchten Sie über den Tod Ihrer Mutter sprechen?

C. A. Das war ein furchtbarer Schlag für mich. Ich weiß nicht – ich muß wohl gedacht haben, es würde nie geschehen. Und ich war gar nicht da. Ich war auf Tournee in Italien, in Mailand, und kam nur noch rechtzeitig zur Beerdigung. Ich glaube, das war der schwerste Schock in meinem Leben, und ich mußte mich erst mühsam daran gewöhnen, ohne sie im Hintergrund zu leben.

J. H. Haben Sie einmal darüber nachgedacht, ob ihr Tod Sie irgendwie verändert hat, entweder als Künstler oder in Ihrem täglichen Leben?

C. A. Die Sache ist die, wissen Sie, obwohl ich sie verehrte, hatte ich mich schon weitgehend unabhängig gemacht – übrigens von allem und von jedem. Das geschah ganz allmählich. Auch daß ich nach Martin Krause nie mehr einen Lehrer hatte, trug zu meiner Unabhängigkeit bei.

J. H. Unabhängigkeit. Das ist für mich eine Ihrer hervorstechenden Eigenschaften. Sie haben ja wohl nicht einmal in der Musik Kollegen, die Ihrer Auffassung sehr nahestehen.

C. A. Ja, es ist seltsam. Aber andererseits finde ich das auch ganz gut, weil ich immer wieder erlebe, daß ein Musiker einen anderen fragt: «Bitte, wie spielen Sie das denn?» oder: «Finden Sie das richtig so?» Das machen sie alle. Sie leben heute alle in Cliquen und spielen einander vor. Das ist etwas, was ich überhaupt nicht verstehe. Es ist *gefährlich,* sich dem Geschmack einer Gruppe unterzuordnen.

J. H. Spielen Sie jemals privat jemandem vor – um ein Urteil zu hören, meine ich?

C. A. Ja, aber nie anderen Musikern. Einer der wenigen, denen ich vorspielte, war Erich Kleiber – die Beethoven-Konzerte und das Schumann-Konzert, als ich ungefähr fünfundzwanzig war.

Wenn er beschloß, einen Solisten zu akzeptieren, studierte er das Instrumentalkonzert immer genauso gründlich wie eine Sinfonie. Er lehrte mich damals, einer bestimmten Passage im zweiten Satz des Schumann-Konzerts einen Sinn zu geben. Bis dahin hatte mich nämlich noch niemand darauf hingewiesen, und mir selber war es auch nie aufgefallen, daß es sich dabei um die Ankündigung des Cello-Themas im Mittelteil des Satzes handelt. Seltsamerweise erkennen das die Dirigenten nur selten. Auch von Furtwängler habe ich etwas über diesen Satz gelernt. Es gibt da im 52. Takt ein Fortepiano, das niemand spielt, und er machte an dieser Stelle ein phantastisches Rubato – zum Fortepiano hinschreitend und ein wenig darauf verweilend. Das war wirklich schön. So etwas – wenn ich jemanden fand, der mich auf etwas Schönes aufmerksam machte, das habe ich immer akzeptiert. Aber Pianisten – ich glaube nicht, daß ich jemals eine so gute Anregung von einem Pianisten bekommen habe. Ein weiterer Einfluß, das Schumann-Konzert betreffend, aber diesmal ein schlechter Einfluß, war Klemperer. Als ich das erste Mal mit ihm spielte. Ich glaube, ich war dreiundzwanzig oder vierundzwanzig. Er leitete damals das Wiesbadener Orchester. Schnabel sagte das Schumann-Konzert ab, und man engagierte mich. Klemperer benahm sich einfach *abscheulich*. Viele Jahre später, als wir wieder einmal zusammen spielten und ich viel selbstbewußter geworden war, sagte ich zu ihm: «Wissen Sie eigentlich noch, was Sie mir damals in Wiesbaden angetan haben?» – *«Nein, was denn?»* Ich sagte es ihm. Oh, es war schrecklich gewesen. Unmittelbar vor dem Konzert spielte er mir einzelne Stellen vor, um mir zu zeigen, wie ich sie zu spielen hätte. Das war eine meiner schlimmsten Erfahrungen. Er konnte es nicht glauben, als ich es ihm erzählte – wie sehr er mir damit geschadet hatte, zu einer Zeit, als ich mich noch in der Entwicklung befand.

J. H. Würden Sie sagen, daß Klemperers Verhalten – Ihre Interpretation am Tag des Konzerts zu «korrigieren» –, Ihnen damals Angst vor weiteren Begegnungen mit Musikern machte, die ähnliche Kritik an Ihnen üben würden?

C. A. Ja, natürlich. Aber zum Glück waren alle berühmten Dirigenten jener Zeit sehr positiv. So etwas habe ich nie mehr erlebt. Das Seltsame war, daß mir, obwohl ich furchtbare Angst hatte, natürlich nicht entging, wie Klemperer spielte, mir *vorspielte* – es war *schauderhaft*. Aber er hielt es für wunderbar.

J. H. Das sind aber doch Episoden aus einer Periode einer gewissen künstlerischen Unsicherheit?

C. A. Ja. Ich steckte damals mitten in einer Übergangsphase.

J. H. Aber seither sind Sie vollkommen selbstsicher geworden.

C. A. Nun – ja. Nicht daß ich gedacht hätte, alles, was ich machte, sei richtig. Oftmals habe ich ein Werk fallengelassen, wenn ich es nicht verstand – aus Angst, mitunter. Aber Selbstsicherheit ist etwas Wunderbares, wenn man ein Mensch ist, der das Alleinsein liebt. Sie kann gefährlich sein für Menschen, die nicht genug Intuition besitzen, um ihre Entwicklung selbst in die Hand zu nehmen. Sie kann beängstigend sein.

J. H. Manchmal beschwören Sie regelrecht ein Sturm-und-Drang-Bild herauf – der Wanderer auf stürmischer Bergeshöhe, auf den die Inspiration vom Himmel herabströmt.

C. A. Naturmystik – das empfinde ich sehr stark. Ich erlebe manchmal eine Art mystischer Trance. Manchmal, wenn ich aus einem solchen Zustand erwache, weiß ich auf einmal, wie ich schwierige Passagen spielen muß. Es kommt auch vor, daß ich mich im Traum zwanghaft mit einer bestimmten Passage eines Werkes beschäftige, die mir nie richtig gelingt. Sie ist schrecklich, diese Besessenheit. Die Passage kommt immer und immer wieder. Aber dann wache ich auf, und siehe da, ich habe die Lösung.

J. H. Sehen Sie dabei im Traum etwas vor sich?

C. A. Ja, manchmal sehe ich Noten vor mir. Und ich höre die Musik – bis ich dann im Traum steckenbleibe.

J. H. Hören Sie in solchen Träumen oder tranceähnlichen Zuständen eine klare innere *Stimme*?

C. A. Nein, nein, nein.

J. H. Also keine Sprache.

C. A. Nein. Es ist sogar so, daß ich in bestimmten Augenblicken – oder auch tagelang – absolut unfähig bin zu sprechen. Ich kann dann einfach nichts in Worte fassen. In keiner Sprache. Ich lebe in einer anderen Sprache.

J. H. Selbst *wenn* Sie sprechen, liegt Ihnen glatte Redegewandtheit fern. Sie sind kein *raconteur*.

C. A. Als junger Mann habe ich darunter gelitten. Ich dachte, irgend etwas sei mit mir nicht in Ordnung. Ich scheute Geselligkeiten, wo ich Konversation machen mußte. Später wurde mir dann klar, daß es sich dabei keineswegs um einen Mangel handelte. Ich ging natürlich nicht zur Schule. Damit hängt es meiner Meinung nach zusammen, daß mir oberflächliches Geplauder im allgemeinen so schwerfällt. Ich ging nur ein halbes Jahr zur Schule, in Berlin. Ich brauchte nicht weiterzumachen, weil sich gezeigt hatte, daß mir zuwenig Zeit zum Üben blieb. Ich muß da etwa acht gewesen sein. Dann wurde ich so eine Art Zirkuspferd. Gleichaltrige Kinder bestaunten mich entweder, weil ich solche Kunststücke mit meinen Händen fertigbrachte, oder sie fanden mich komisch, sonderbar, nicht ganz normal. Beide Reaktionen waren unerfreulich.

J. H. Sie fühlten sich dadurch ausgeschlossen, isoliert.

C. A. Ja.

J. H. Und in mancher Hinsicht sind Sie Ihr Leben lang ein Außenseiter geblieben.

C. A. Ja, unbedingt. Ich habe versucht, diese Isolierung zu überwinden. Und die Schüchternheit. Ich war nämlich bis etwa zum Alter von 35 Jahren sehr schüchtern. Darüber bin ich bis zu einem gewissen Grad hinweggekommen. Nicht ganz. Diese Schüchternheit verschwand immer nur, wenn ich spielte. Dann spürte ich dieses Einswerden mit dem Publikum, namentlich wenn ich gut spielte. Dieser Augenblick der Kommunikation mit einem Kollektiv ist sehr befriedigend. Er macht mich sehr glücklich.

Chillán, Hauptstadt der chilenischen Provinz Nuble, liegt etwa 400 Kilometer südsüdwestlich von Santiago. Die Stadt wurde Ende des 16. Jahrhunderts gegründet, jedoch mehrmals durch Erdbeben in Schutt gelegt. Im Jahre 1903, als Arrau dort zur Welt kam, hatte Chillán etwa 30 000 Einwohner. Eine staubige Eisenbahnfahrt von sieben Stunden verband die Stadt mit Santiago.

Außer Arrau stammen noch zwei berühmte Chilenen aus Chillán, Bernardo O'Higgins (1776–1842), eine führende Gestalt der Unabhängigkeitsbewegung, und der berühmte Opernsänger Ramón Vinay (geb. 1914).

Eine Ahnung von Atmosphäre und Lokalkolorit der Stadt vermitteln die umfänglichen Nachrufe, die Arraus Mutter 1904 nach dem Tode ihres Mannes aus den Zeitungen ausschnitt. Darunter sind die vollständigen Texte von sechs blumigen Grabreden. Der Trauerzug, so hieß es, bestand aus Musikern, der Hälfte der Polizisten Chilláns, allen Feuerwehrleuten der Stadt, Scharen von Einwohnern zu Fuß sowie «der endlosen Reihe der Kutschen von Privatleuten und Honoratioren». Obwohl Arrau glaubt, sein Vater sei hauptsächlich Augenarzt gewesen, war Dr. Don Carlos Arrau, der auch als «Vizepräsident der Versammlung und angesehenes Mitglied einer der ersten Familien von Chillán» bezeichnet wird, offenkundig ein prominenter Arzt, der auch auf vielen anderen medizinischen Gebieten praktizierte. Des weiteren wird er als entschieden, tatkräftig, jugendlich und großzügig geschildert sowie als vorbildlicher Bürger und Vertreter «der Grundsätze des fortschrittlichsten Liberalismus».

Arrau erinnert sich vage an Chillán als den Hintergrund für ein Märchen. In einem Alter, in dem die meisten noch zu jung sind,

37

um die Musik zu entdecken, entdeckte die Musik ihn. Es stand von Anfang an außer Frage, daß er sein Leben dem Klavier widmen würde. Seinen ersten öffentlichen Auftritt, im Stadttheater von Chillán, hatte er offenbar im Alter von fünf Jahren. Später übersiedelten die Arraus nach Santiago, wo ihn der angesehene Pädagoge Bindo Paoli unter seine Fittiche nahm. Auch in Santiago spielte er vor Mitgliedern der Regierung. Das erstrebte Resultat war ein Stipendium für ein Studium im Ausland. Dies alles vollzog sich unter der Obhut der unbezähmbaren Doña Lucrecia Leon de Arrau, die ihren Sohn in die Musik einführte und seine öffentlichen Auftritte überwachte.

Arraus Erinnerungen an diese frühen Jahre in dem anschließenden Gespräch sind zwangsläufig verschwommen. Nicht in allen Einzelheiten stimmen sie mit den Zeitungsmeldungen überein. Arrau erinnert sich, das Notenlesen allein gelernt zu haben. Es steht außer Zweifel, daß er keinen regelrechten Unterricht bekommen hat, bevor er zu Paoli kam. Aber Bemerkungen seiner Mutter in einem Zeitungsinterview aus dem Jahre 1939 deuten darauf hin, daß sie eine aktive Rolle gespielt hat:

«Claudio spielte nicht mit den anderen Kindern; er wich nicht von meiner Seite und hörte mir zu, wenn ich Klavier spielte oder Fingersätze einübte. Mit drei Jahren kritzelte er nicht wie andere Kinder Häuschen und Strichmännchen, sondern zeichnete Linien, Notenschlüssel und Noten. Dann zeigte er mir seine Zeichnungen. Da er nicht von diesem Spiel abließ, half ich ihm bei seinen Schreibversuchen und brachte ihm später auch bei, sich die Noten auf dem Klavier zusammenzusuchen... Ich war offen gestanden lange Zeit fassungslos über das Talent meines Sohnes und sagte niemandem etwas davon, weil ich Angst hatte, ausgelacht zu werden. Einmal überraschte mich der Kleine mit seinem guten Geschmack: jedesmal, wenn ich Bach spielte, zupfte er mich am Kleid und sagte: ‹Mehr!›»

In diesem Interview sagt Doña Lucrecia, Claudios erster Auftritt habe 1908 stattgefunden. Arrau meint, das Programm habe Stücke von Mozart, Beethoven und Schumann enthalten. Antonio Orrego Barros berichtete 1909 in seinem Artikel über den «chilenischen Mozart», Arrau habe mit «der Musik seiner Lieblings-komponisten Beethoven, Mozart und Liszt» debütiert. Am 22. September 1908 veröffentlichte die in Chillán erscheinende Zeitung *El Comercio* unter der Überschrift «Konzert am 19. September im Städtischen Theater» folgenden Bericht:

«Der fünfjährige Claudito überraschte mit dem perfekten Vortrag des *Aire Luis XIII.* von L. Streabbog. Das hingerissene Publikum überschüttete ihn mit Beifall, bis er ans Klavier zurückkehrte, um ein vierhändiges Stück mit seiner Mutter, Doña Lucrecia L. de Arrau, zu spielen. Dieser Knabe weckt große Erwartungen in der Musikwelt; er lebt nur durch und für die Musik. Wenn seine Liebe zur Kunst anhält, wird er mit Sicherheit zu einer musikalischen Sensation.»

Im Oktober 1909 spielte Claudio wieder in Chillán. Ein Berichterstatter von *El Comercio* schrieb: «Das größte Lob gebührt einem Menschenkind, das gerade erst laufen gelernt hat: Claudito Arrau Leon. Da mir die Zeit und der Platz fehlen, dieses Phänomen angemessen zu würdigen ... möchte ich lediglich bemerken, daß der Knabe dem bemerkenswerten Ruf, der ihm vorausgeht, mehr als gerecht wurde. Er bezauberte das distinguierte und zahlreiche Publikum mit meisterlichen Interpretationen so schwieriger Stücke wie Haydns *Zigeunerrondo*, Beethovens «*Für Elise*», Schüllers *Friedrich-Seitz-Konzert* – auf der Violine begleitet von Heriberto Urrutia, dessen Spiel ein Glanzstück an Perfektion war – und Griegs bezaubernder Suite *Le Matin*, letztere mit liebevoller Begleitung seiner Mutter, Doña Lucrecia Leon de Arrau.» Ein zweites Lokalblatt, *La Discusión de Chillán*, erklärte Claudio zum «Helden des Abends» und fuhr fort: «Sein Vortrag war unglaublich; es war unverkennbar das Spiel eines künstlerischen Genies, dessen Name einst einem ruhmreichen Klang haben wird.»

Arrau erinnert sich im folgenden, daß er auch vor Mitgliedern des chilenischen Kongresses spielte, die daraufhin dafür stimmten, ihn mit einem Stipendium versehen ins Ausland zu schicken. Zeitungsberichten zufolge sorgte der chilenische Präsident Pedro Montt dafür, daß Arrau das Stipendium bekam. Er lud ihn kurz vor dem Konzert in Chillán ein, für ihn zu spielen. Das Kind erhielt zur Belohnung das Buch *Les Nationalistes musicales* mit der Widmung «Für Claudio Arrau, zur Erinnerung an die herzliche

Bewunderung, mit der ich ihn als Sechsjährigen Klavier spielen hörte. Santiago, den 30. September 1909. Pedro Montt.» Einige Zeit danach kam es laut einem Bericht in *La Discusión de Chillán* zu einer zweiten Begegnung mit dem Präsidenten:

«Eines Tages wurde der Knabe zu einem Empfang für Botschafter und Künstler, Minister und Schriftsteller eingeladen. Man bat ihn, etwas auf dem Klavier zu spielen, aber er war unruhig und gereizt, so daß man ihn immer wieder bitten mußte. Nach einer Weile wurden die Gäste der Sache überdrüssig; schließlich sagte Don Pedro zu ihm: ‹Nun gut, Claudio... wenn du nicht spielen willst... gibt es auch keine Reise nach Europa.› Der Präsident hatte kaum ausgesprochen, als das schlaue Kind zum Klavier lief und die Tasten in einer Kaskade bezaubernder Klänge aufglitzern ließ.»

Kurz vor der Abreise nach Deutschland im Jahre 1911 besuchten die Arraus Valparaiso, wo Claudio sich abermals launisch zeigte. Die Zeitschrift *Sucesos* berichtete:

«Ein außerordentlich gepflegter, schlanker, eleganter Knabe – das Kind wohlhabender Eltern, würde man meinen – geht ernst durch unsere Redaktionsräume, und zwei Frauen folgen ihm.

Claudio Arrau, das Wunderkind, das so viel Interesse in der Musikwelt erregt, hat sein Versprechen gehalten, uns einen Besuch abzustatten. Er verbringt in Valparaiso seine Sommerferien und wird bald nach Berlin abreisen. Wir tauschen Begrüßungen aus. Mit ziemlich gelangweilter Miene mustert der Knabe den Raum, und sein Blick bleibt schließlich an den Karikaturen von Wiedner haften, die über die eine Wand verteilt sind.

Wir würden uns gerne mit ihm unterhalten, aber er schweigt melancholisch. Während er mit abwesendem Blick dasitzt, erfahren wir von seinen Begleiterinnen, daß er sieben *(sic)* Jahre alt ist und sich für Musik interessiert, seit er vier war. Er eignete sich mit erstaunlicher Leichtigkeit Theorie und Praxis an und brachte sich selbst Lesen und Schreiben bei.

‹Könnten wir ein Autogramm von dir bekommen, Claudio?›

‹Ich bin so müde!› Er macht eine matte Geste.

‹Nun sei doch nicht so, Claudio . . .›

Und ruhig und selbstbewußt schreibt der Knabe: ‹Herzliche Grüße an *Sucesos*.›»

Eine noch lebende Augenzeugin von Arraus Wunderkind-Erfolgen ist seine Schwester, Mrs. Lucrecia van den Daele. Die alte Dame – sie wurde 1897 geboren – wirkt noch erstaunlich lebhaft und hat sich die hingebungsvolle Liebe zu ihrem jüngeren Bruder bewahrt. In ihrer Jugend war sie selbst Pianistin. Sie bekam von neun Jahren an Klavierunterricht von ihrer Mutter. In Berlin, wo sie ihre Studien fortsetzte, spielte sie mit Claudio Werke für zwei Klaviere von Mozart und Arensky. Aber sie konnte es nervlich nicht verkraften, vor Publikum zu spielen, und brach ihre Ausbildung ab, noch ehe sie zwanzig war.

In deutscher Sprache erzählt Mrs. van den Daele, wie ihr Bruder als Kleinkind Ohren und Augen aufsperrte, wenn sie Klavierstunden bekam. «Meine Mutter gab mir Klavierunterricht. Er stand dabei und sah zu, und wenn ich falsch spielte, fing er zu lachen an. Mutter sagte: ‹Wenn du lachst, mußt du hinausgehen.› Und dann spielte Mutter etwas – Mendelssohns *Rondo capriccioso*, das sie wundervoll spielte. Und er sagte: ‹Das gefällt mir so gut, ich möchte es abschreiben.› Er legte sich mit den Noten flach ausgestreckt auf den Fußboden und kopierte sie; die Abschrift verwahrte er in seinem Zimmer. Manchmal kamen Nachbarn, die ihn spielen sehen wollten, und dann rief ihn Mutter. Er spielte schon kleine Stücke auswendig – Mozart und so weiter. Wenn ich von Mutter eine Stunde bekam, saß er dabei und hörte zu. Hinterher setzte er sich dann ans Klavier und spielte, was Mutter mir gerade beigebracht hatte. Zu der Zeit konnte er noch nicht lesen und schreiben.

Ich war nie eifersüchtig. Ich war wie eine zweite Mutter zu ihm. Er war so ein gutes Kind – so liebevoll und nie wütend. Er war ziemlich klein, hatte aber einen ungewöhnlich großen Kopf, auf dem er dann auch prompt jedesmal landete, wenn er hinfiel. Er liebte Blumen. Jeden Morgen zog er sich eine weiße Schürze an und ging in den Garten, um seine Lieblingsblumen zu pflücken – Veilchen, Nelken –, und eine steckte er immer in die Schürzentasche. Oft stand er im Garten und roch die Blumen, atmete ihren Duft ein.»

Als Claudio, ganz in Weiß, zum erstenmal auftrat, führte ihn seine Schwester aufs Podium und hob ihn auf den Klavierstuhl. «Da merkten wir, daß er noch seine weißen Handschuhe anhatte, und wir mußten sie rasch ausziehen, damit er zu spielen anfangen konnte. Er war überhaupt nicht aufgeregt oder ängstlich. Die Zuhörer klatschten so begeistert, daß Mutter aufs Podium ging, und ich glaube, sie haben dann noch vierhändig gespielt.»

Dann erzählte Claudios Mutter ihrer Schwester Clarisa von ihrem Sohn. «Sie schrieb meiner Tante: ‹Ich fürchte, dieses Kind ist nicht normal.› Meine Tante schrieb zurück, sie glaube, meine Mutter übertreibe, und werde nach Chillán kommen, um sich selbst ein Bild zu machen. Als sie dann kam und sich ein Bild gemacht hatte, sagte sie sofort: ‹Packt eure Sachen! Verkauft alles! Zieht nach Santiago! Dieses Kind muß studieren! Dieses Kind muß dem Präsidenten vorgestellt werden! Dieses Kind ist ein Phänomen!› So übersiedelten wir denn alle nach Santiago.»

Arraus Gaben blühten zwar gewissermaßen im verborgenen – auf einem unwahrscheinlichen Kontinent –, aber ihre Entfaltung vollzog sich nach einem bekannten Muster. Das klassische Beispiel für extreme musikalische Frühreife ist Mozart, der als Siebenjähriger eine Tournee durch Europa machte. Auch er hatte eine ältere Schwester, die Klavier spielte, und stand unter der Obhut eines Elternteils, dessen eigene musikalische Begabung nicht unbeträchtlich war. «Wenn du beym Clavier sassest oder sonst Musik zu thun hattest», erinnerte sich der Vater einmal in einem Brief (16. Februar 1778) an den Sohn, «so durfte sich niemand unterstehen dir den mindesten Spaß zu machen.» In demselben Brief spricht Leopold Mozart auch von Wolfgangs «immer ernsthaft nachdenckende[r] Gesichtsbildung». Der junge Arrau widmete sich seinem Instrument mit ähnlicher Hingabe, und auf frühen Fotografien ist sein Gesicht ebenso unkindlich ernst wie das Mozarts. Und wie der junge Mozart mußte auch der junge Arrau seine Familie ernähren – ein Umstand, der, weit davon entfernt, ihm zu Kopf zu steigen, vielmehr sein Pflichtbewußtsein gegenüber der Familie stärkte.

Zahllose Wunderkinder gelangen nie über die Unschuld und

Ichbezogenheit ihrer frühen Jahre hinaus, und ihre Karriere verläuft infolgedessen im Sande. (Ich kenne nur einen Fall aus jüngerer Zeit – den Pianisten Shura Cherkassky –, wo der Erwachsene noch ganz von der ungezügelten Unschuld des musikalischen Wunderkinds lebt, durch keine Selbstzweifel beirrt.) Arrau dagegen entwickelte sich weiter und überlebte. Doch die Spuren des Wunderkinds sind keineswegs ausgelöscht. Künstlerisch hat er sich die Intensität bewahrt, die daher kommt, daß man sich nie ablenken läßt. In gewissen weltlichen Angelegenheiten hat er sich die respektvolle Bescheidenheit des jungen Menschen bewahrt, der Zustimmung sucht und tut, was man ihm sagt. Ich habe erlebt, wie er mit einer Mischung aus verwirrter Resignation und willkürlicher Entschlossenheit davon sprach, was er nach Meinung anderer tun müsse: beispielsweise die Beethoven-Konzerte neu in Digitalaufnahmen einspielen, damit seine Platten konkurrenzfähig blieben.

Ein Gebiet, auf dem er keinerlei Autorität beansprucht, ist das Geld. An die verheerende Inflation, die er in Deutschland miterlebte, erinnert er sich unbegreiflicherweise nur vage. «Ich weiß natürlich noch, daß viele Menschen davon betroffen waren – daß ihr Geld jeden Tag weniger wert war als am Tag zuvor. Aber an unsere eigene Lage erinnere ich mich überhaupt nicht mehr. Manchmal kaufte ich mir ein Buch, und dann hatten wir drei Tage nichts zu essen. So etwas konnte schon passieren.» Seit er verheiratet ist, überläßt Arrau alle Geldangelegenheiten seiner Frau.

Mozart war nach Alfred Einsteins Ansicht auch als Erwachsener «ganz und gar nicht weltklug».[1] Obwohl er ein geistreicher und oft scharfsichtiger Menschenkenner war, war es seinem Vater zufolge leicht, ihn zu täuschen. Und Friedrich Schlichtegroll sagte in seinem berühmten Nekrolog von 1792: «Für gehörigen Gebrauch des Geldes . . . hatte er keinen Sinn. Immer bedurfte er eines Führers, eines Vormundes, der an seiner Statt die häuslichen Angelegenheiten besorgte.»[2]

Die heutigen Kinder sind zu weltgewandt und in gewissem Sinne zu privilegiert, um das klassische Wunderkind-Syndrom zu

---

1 Die hochgestellten Ziffern verweisen auf die entsprechend numerierte Anmerkung im Anhang des Buches.

zeigen. Bewußte Autorität und selbstlose Hingabe in diesem Ausmaß sind bei Eltern und Lehrern aus der Mode gekommen. Ohnedies ist die Technik heutzutage schützender Absonderung und gesunder Unschuld nicht förderlich; Film und Fernsehen ermöglichen mehr unbeaufsichtigtes «Reisen», als es dem gewiß weitgereisten Mozart jemals möglich war.

Vor etwas mehr als einem halben Jahrhundert wuchs Yehudi Menuhin noch ganz nach dem althergebrachten Wunderkind-Schema auf. Seine von den Wertvorstellungen der Alten Welt durchdrungenen Eltern lenkten und überwachten seinen Werdegang bis ins kleinste. Louis Persinger, sein Geigenlehrer, gab ihm wöchentlich bis zu fünf Stunden und begleitete ihn auf Konzertreisen. Seine Eltern waren immer zu Hause, und unterrichtet wurde er von Privatlehrern. Er kannte keine anderen Kinder außer seinen Schwestern, die beide (wie Arraus und Mozarts Schwester) Klavier spielten. Sein Vater schnitt aus den Zeitungen Artikel aus, die er lesen durfte; im übrigen waren Zeitungen für ihn tabu. Auf einer Stadtrundfahrt durch Los Angeles im Jahre 1926 wurde dem neunjährigen Yehudi und seiner Mutter das Haus von Douglas Fairbanks und Mary Pickford gezeigt; beide Namen waren ihnen kein Begriff.

Menuhin debütierte formell im Alter von sieben Jahren. Mit zwölf begann er, auf Konzertreisen zu gehen; er trat mit Beecham, Enesco, Kussewitzky, Monteux, Toscanini und Walter auf. Seit dem jungen Menuhin hat es Vergleichbares nicht mehr gegeben.

J. H.   Welches ist Ihre früheste Erinnerung?
C. A.   Wir erlebten ein furchtbares Erdbeben, als ich drei Jahre alt war. Das war zur selben Zeit wie das berühmte Erdbeben in San Francisco – die ganze Pazifikküste war betroffen. Ich wäre beinahe unter den Trümmern begraben worden. Ich entsinne mich noch genau; ich werde es nie vergessen. Die Häuser aus der spanischen Kolonialzeit hatten viele Innenhöfe, wissen Sie, und ich war mit meinem Kindermädchen im dritten oder vierten, von der Straße aus gerechnet. Urplötzlich begannen die Häuser alle einzustürzen, und dadurch wurden natürlich die Verbindungen zwischen den Höfen zugeschüttet. Zum Glück war mein Kindermädchen kräftig und sehr resolut. Sie nahm mich auf die Arme

und wartete den nächsten ruhigen Moment ab. Dann rannte sie in den nächsten Hof hinüber und wartete wieder. Schließlich gelangte sie mit mir ins Freie. Meine Mutter dachte, ich sei ums Leben gekommen. Sie stand auf der Straße und weinte wie wahnsinnig. Aber diese wundervolle Frau brachte mich auf ihren Armen heraus.

J. H. Können Sie sich noch erinnern, ob Sie dabei Angst empfanden?

C. A. O ja. Und ich erlebte die Macht der Elemente. Dieses Gefühl hat mich nie mehr verlassen.

J. H. Ich glaube, ich kenne niemanden, dessen erste Erinnerung die an eine Naturkatastrophe ist.

C. A. Ja, der Eindruck war ungeheuer. Viele Jahre später, als unsere beiden ältesten Kinder noch Babys waren, wohnten wir in einem Hotel in Santiago und erlebten abermals ein furchtbares Erdbeben. Das war 1939. Ich rannte in das Zimmer, in dem die beiden Kinder schliefen, nahm eines unter den einen und das andere unter den anderen Arm und lief die Treppe hinunter auf die Straße. Ich weiß bis heute nicht, wie ich das geschafft habe. Ich handelte instinktiv, um die Kinder und mich selbst zu retten. Es kam mir vor, als hätte jemand anders es gemacht.

J. H. Was ist nach dem Erdbeben von 1906 Ihre nächste Erinnerung?

C. A. Das nächste, woran ich mich erinnere, ist, wie ich meiner Mutter beim Klavierspielen zuhörte. Ich muß da auch erst drei gewesen sein. Ein Stück, an das ich mich noch erinnere – und ich erinnere mich nur an ganz wenige –, ist das *Rondo capriccioso* von Mendelssohn. Meine Mutter spielte sehr gut, aber nie öffentlich.

J. H. Oft können musikalische Wunderkinder eher musizieren als sprechen. Entwickelte sich bei Ihnen die musikalische Begabung auch früher als die Sprachbegabung?

C. A. Es muß so gewesen sein, denn ich konnte eher Noten lesen als Wörter. Ich kann es Ihnen nicht erklären, aber ich glaube, dadurch, daß ich meiner Mutter beim Spielen zuhörte und mir hinterher die Noten ansah, kam ich nach und nach dahin, daß ich Noten lesen konnte.

J. H. Niemand hat es Ihnen also beigebracht?

C. A. Nein. Meine Mutter glaubte, es sei noch zu früh, ich würde körperlich Schaden nehmen. Sie wollte mich nicht unterrichten. Aber eines Tages konnte ich Noten lesen. Wie es dazu kam, kann ich nicht erklären.

J. H. Hatten Sie jemals das Gefühl, daß Ihre Mutter in gewissem Sinn der Ursprung der Musik war?

C. A. Ich glaube, das muß in meinem Unbewußten irgendwie zusammengehört haben – Musik und meine Mutter.

J. H. Welches waren die ersten Stücke, die Sie spielten?

C. A. Ich erinnere mich an die kleine C-Dur-Sonate von Mozart (*Sonata facile*, KV 545) und an Schumanns *Kinderszenen*. Irgendwie bekam ich die Noten in die Hand und begann, sie zu entziffern. Ich blieb dabei ganz mir selbst überlassen, wissen Sie, weil meine Mutter bestürzt darüber war, einen so begabten Sohn zu haben. Sie nahm sich vor, nichts zu forcieren. Das war ein segensreicher Vorsatz – mich nie zu drängen oder anzutreiben.

J. H. Sie haben mit fünf Jahren Ihr erstes Konzert gegeben. Was stand auf dem Programm?

C. A. Die C-Dur-Sonate von Mozart und Beethovens Variationen über «Nel cor più non mi sento». Ich glaube, es war auch eine Chopin-Etude dabei – die in f-Moll aus den *Nouvelles Etudes*.

J. H. Man kann sich nur schwer vorstellen, wie ein Fünfjähriger in der Lage sein sollte, solche Stücke zu spielen; Sie konnten ja noch nicht einmal eine Oktave greifen.

C. A. Ich mußte die Oktaven brechen. Außerdem konnte ich mit den Füßen die Pedale nicht erreichen. Jemand hatte mir aber eine Holzkiste mit zwei Stöcken gebaut, und mit Hilfe dieser Stöcke konnte ich die Pedale treten. Ich weiß noch, daß es in dem Theater, in dem das Konzert stattfand, keinen elektrischen Strom gab – überall brannten Kerzen. Ich spielte auf einem Pianino mit Kerzenhaltern. Ich entsinne mich, daß ich Angst hatte, das Klavier könnte abbrennen. Und meine Schwester stand hinter mir und paßte auf, daß ich nicht vom Stuhl fiel; sie konnte mich auffangen, falls ich mich zu weit nach der Seite beugte. Ich weiß auch noch, daß das Konzert mit Verspätung anfing, weil ich fast eingeschlafen wäre, bevor es begann; sie mußten mich wachhalten, indem sie mir Geschichten erzählten.

J. H. Hat Ihnen das Konzert Spaß gemacht?

C. A. Ich glaube schon. Ich war kein bißchen aufgeregt.

J. H. Können Sie sich noch an das Publikum erinnern?

C. A. Es müssen mehrere hundert Menschen gewesen sein. Wir waren in einer Kutsche gekommen. Hinterher bestanden Leute aus dem Publikum darauf, die Kutsche zu ziehen, anstelle der Pferde. Damen aus der Zuhörerschaft zogen also unsere Kutsche nach Hause.

J. H. Wie haben Sie auf solche abgöttische Verehrung reagiert?

C. A. Anfangs hielt ich es für etwas ganz Normales. Die psychologischen Komplikationen kamen erst später, nachdem ich Chile verlassen hatte.

J. H. Sie haben also in Chile in aller Unschuld auf die Ereignisse reagiert.

C. A. Ja, ich hatte ein Gefühl der Geborgenheit. Ich war mir nur vage bewußt, daß etwas Besonderes an mir war. Ich war nicht eingebildet als Kind. *Als Kind!*

J. H. In Chillán muß ja so gut wie jeder von Ihnen gewußt haben.

C. A. Es stand sogar überall in Chile in den Zeitungen. Schließlich machte jemand den Vorschlag, mir ein Stipendium für ein Studium in Europa zu geben, aber das bedurfte der Zustimmung des Kongresses. Meine Mutter hat sich da sehr für mich eingesetzt, zusammen mit mehreren Verwandten. Sie waren zu dem Schluß gekommen, daß ein Studium im Ausland das einzig Richtige für mich sei. Folglich besuchten meine Mutter und ich der Reihe nach alle Senatoren und Abgeordneten, und ich spielte ihnen vor. Daraufhin stimmten sie fast geschlossen für mich. Und ich bekam ein phantastisches Stipendium, um im Ausland Musik zu studieren.

J. H. Hat es Ihnen Spaß gemacht, sämtlichen Kongreßmitgliedern vorzuspielen?

C. A. Ja. Ich wurde sogar ein bißchen keck. Ich weiß noch, daß ich immer aufpaßte, wie sie reagierten.

J. H. Wenn der junge Mozart vorgezeigt wurde, identifizierte er auf dem Klavier gespielte Akkorde von einem Nebenzimmer aus. Haben Sie auch solche Kunststücke vorgeführt?

C. A. Ja, das hat man auch mit mir gemacht. Irgend jemand spielte ganze Tonfolgen, fast wie moderne Musik, und ich konnte von einem angrenzenden Zimmer aus alle Töne richtig benennen. Ich transponierte auch Präludien von Bach.

J. H. Eine hervorstechende Eigenschaft des jungen Mozart war sein vollständiges Aufgehen in der Musik. Ich habe hier eine Schilderung von Andreas Schachtner mitgebracht, dem Hoftrompeter von Salzburg. Schachtner schrieb über Mozart: «So bald er mit der Musik sich abzugeben anfieng, waren alle seine Sinne für alle übrige Geschäfte, so viel als todt, und selbst die Kindereyen und Tändelspiele mußten, wenn sie für ihn interessant seyn sollten, von der Musik begleitet werden; wenn wir, Er und Ich, Spielzeuge zum Tändeln von einem Zimmer ins andere trugen, mußte allemal derjenige aus uns, so leer gieng, einen Marsch dazu singen, oder geigen.»[3] Waren Sie als Kind auch so ausschließlich auf die Musik fixiert?

C. A. Ich glaube schon. Die Musik war mein ein und alles. Ich wurde sogar während des Klavierspiels gefüttert. Anders war es offenbar nicht möglich, mich zum Essen zu bewegen. Ich spielte mit offenem Mund, und meine Mutter schob mir etwas Eßbares hinein. Ich war so mit der Musik beschäftigt, daß ich es kaum merkte. Immer wenn mir Essen in den Mund geschoben wurde, kaute ich, um es loszuwerden.

J. H. Was für ein Klavier hatten Sie zu Hause?

C. A. Ein Pianino. Es muß sehr schlecht gewesen sein. Ich empfand es immer als einen Teil meiner selbst, als ein Glied meines Körpers.

J. H. Konnte Ihre Mutter es auch benutzen?

C. A. Sie gab viele Stunden. Immer wenn Sie einen Schüler unterrichtete, saß ich im selben Zimmer auf dem Boden und hörte zu. Dadurch wurde meine musikalische Begabung überhaupt erst geweckt.

J. H. Schlichtegroll sagt in seinem Nekrolog von Mozart: «Er war im Ganzen voll Feuer und hieng jedem Gegenstand leicht an.»[4] Es gibt da doch diese Anekdoten, wie Mozart rechnen lernte und Tisch, Sessel, Wände und sogar den Fußboden mit Kreide voll Ziffern schrieb. Alles, was er machte, nahm ihn vollständig gefangen. War das auch bei Ihnen der Fall?

C. A. Ich konzentrierte mich immer auf das, was ich gerade tat. Das ist auch heute noch so. Ich bin immer ganz bei der Sache, auch wenn es etwas ganz Unwichtiges ist, womit ich mich beschäftige.

J. H. Schlichtegroll sagt, Mozart sei «ein überaus folgsames Kind» gewesen. Sie auch?

C. A. O ja. Ich habe meine Mutter einmal angeschrien, als ich fünfzehn war oder so. Ein einziges Mal und dann nie wieder. Wenn ich mich recht erinnere, hatte sie mich gefragt, wo ich gewesen sei. Ich fand, daß sie sich zu sehr in meine Angelegenheiten einmischte. Sie weinte, und ich bat sie um Verzeihung. Das war das einzige Mal. Ich war ein sehr folgsames Kind. Zu folgsam – das ist nicht gesund, psychologisch gesehen.

J. H. Dennoch hatte Ihr Gleichmut sicher auch etwas mit Ihrer «göttlichen Unschuld» zu tun, wenn man es so nennen kann – Sie gingen stets ganz in dem auf, womit Sie sich gerade befaßten, und waren immun gegen alles, was um Sie herum vorging.

C. A. Ja, natürlich. Die Schule als ablenkender Einfluß fehlte bei mir. Ich hatte natürlich Privatlehrer. Aber wie ich schon sagte, die Schule blieb mir erspart. Jahrelang dachte ich, es sei mir dadurch etwas Wertvolles entgangen. Heute bin ich überhaupt nicht mehr dieser Meinung. Ich glaube, viele meiner guten Eigenschaften rühren daher, daß ich mich nie in einer Schule der Allgemeinheit unterordnen mußte. Ich beobachte an meinen eigenen Kindern, daß sie in einem bestimmten Alter manches nur deshalb tun, weil es von ihnen erwartet wird. Solche Konflikte kannte ich nicht. Ich brauchte nichts als gegeben hinzunehmen – was von einem Schüler natürlich verlangt wird.

J. H. Eine letzte Frage zum Komplex «Wunderkind»: Gibt es in den frühen Lebensjahren künstlerische Begabungen, die in gewissem Sinne denen eines Erwachsenen überlegen sind?

C. A. Es gibt Vorteile und Nachteile. Ich muß Ihnen sagen, ich erinnere mich noch an ein fabelhaftes Konzert, in dem der zwölfjährige Yehudi Menuhin unter Bruno Walter Konzerte von Bach, Beethoven und Brahms spielte. Das war eines der großartigsten Hörerlebnisse, die ich je hatte. Aber viele Jahre später hörte ich ihn bei den Bukarester Festspielen mit Werken für Solovioline, und er spielte sie genauso wundervoll wie die Konzerte in Berlin. Er muß damals vierzig, fünfundvierzig gewesen sein. Sein Spiel war komplexer, durchgeistigter. Aber die Spontaneität seiner Kindheit war auch noch da, es war eine Synthese von beidem.

J. H. Als Sie Menuhin unter Walter hörten, hat er da nach Ihrem Empfinden die Vorteile kindlicher Unschuld verkörpert?

C. A. Ja, und zwar nur die Vorteile, würde ich sagen. Die Musik *strömte* einfach aus ihm heraus.

J. H. Das hört man auf seinen ersten Schallplatten – es ist, als sei sein Verstand, sein Bewußtsein überhaupt nicht beteiligt gewesen. Das ist später im Leben schwer nachzuvollziehen.

C. A. Ja. Auch nur der *Versuch*, es nachzuvollziehen, wäre verfehlt.

J. H. Man muß zu einem neuen Verständnis seiner selbst gelangen.

C. A. Ganz recht.

Studium bei Krause in Berlin 1913–1918

Im Jahre 1911, nach dem Weggang aus Chillán, gab Arrau Klavierabende in Santiago und – unterwegs nach Europa – Buenos Aires, wo er auch bei wohlhabenden Familien spielte und gebührend gefeiert wurde. Auf der Reise nach Deutschland begleiteten ihn seine Mutter, sein Bruder und seine Schwester. Eine der Schwestern seiner Mutter, Celina, folgte der Familie mehrere Jahre später nach Berlin. Arrau studierte bei Krause von 1913 bis zu dessen Tod am 18. Februar 1918.

Martin Krause wurde 1853 geboren. Er war Pianist und studierte am Königlichen Konservatorium in Leipzig und bei Franz Liszt. Im Jahre 1885 gründete er in Leipzig den Liszt-Verein. Er hatte Liszt offenbar 1883 zum erstenmal vorgespielt und wurde dann sein Schüler und ständiger Begleiter. Im Jahre 1900, als er Leipzig verließ, um am Dresdner Konservatorium zu unterrichten, galt er als einer der führenden deutschen Pädagogen und Kritiker. Ein Jahr später ging er nach München und 1904 ans Sternsche Konservatorium in Berlin.

Krause erreichte es, daß Arrau sich am Sternschen Konservatorium einschreiben konnte, obwohl er noch zu jung war. Seine Klavierstunden bekam Arrau jedoch in Krauses Haus. Dort gehörte er praktisch zur Familie, der auch zahlreiche Töchter und ein Sohn («ein Tenor ohne Karriereaussichten», wie Arrau meinte) angehörten, allesamt älter als Arrau. Krause und seine Frau hatten sich scheiden lassen.

Fotos von Krause zeigen einen untersetzten Mann mit schmalen Augen, einem gestutzten Schnurrbart und einem Spitzbart. Arrau erinnert sich an Krauses «konzentrierte physische Kraft», seinen sächsischen Akzent, seinen Sinn für Humor und seinen Jähzorn.

Krause vermittelte Arrau Ehrfurcht vor der Musik und vor dem Beruf des Musikers. Er nahm von Arrau kein Geld (ein Beispiel, dem Arrau später folgte – er unterrichtet seine Schüler kostenlos). Wie seine eigenen verehrten Lehrer, Liszt und Carl Reinecke, verstand sich der Pädagoge Krause als Mittler einer Tradition; seine Studenten bildeten eine Art Gilde.

Ein Empfehlungsschreiben, das Krauses Unterschrift und das Datum 28. Dezember 1914 trägt, hat folgenden Wortlaut:

«Claudio Arrau, ein höchst begabter chilenischer Knabe, macht unter meiner Leitung die erstaunlichsten Fortschritte im Klavierspiel. Es ist kein Zweifel, daß er zum höchsten Gipfel der Künstlerschaft kommen wird. Da er jetzt direkt unter meiner Aufsicht übt, kann ich sehen, wie spielend leicht er lernt, was anderen die größte Schwierigkeit macht. Er ist mit ganzer Seele und großer Begeisterung bei seiner Kunst, und das ist in seinem Alter die wichtigste Sache.

Nicht nur äußerlich, sondern auch innerlich durch und durch begabt, von höchstem künstlerischen Streben und jenem schönen Ehrgeiz, der immer die Ursache großer Taten ist und war.»

C. A.   Im Jahre 1911, kurz nachdem der chilenische Kongreß mir mein Stipendium gewährt hatte, reisten meine Mutter, meine Schwester, mein Bruder und ich per Schiff nach Hamburg. Das Schiff war halb Frachter und halb Passagierdampfer, und es hieß *Titania* – das fiel mir gerade ein. Die Reise dauerte ziemlich lange, fast vier Wochen. Ich war furchtbar aufgeregt und furchtbar ängstlich, weil niemand in unserer Familie auch nur ein Wort einer anderen Sprache als Spanisch sprach, bis auf meine Mutter, die Französisch sprach. Aber Deutsch konnte sie nicht. Meine Mutter war noch nie aus Chile hinausgekommen. Sie war unerhört mutig.

In Hamburg wurden wir abgeholt, und dann fuhren wir nach Berlin. Dort entschied eine sehr herrische chilenische Dame, daß Waldemar Lütschg mein Lehrer sein sollte. Er war als Pianist nicht unbekannt, aber er war der langweiligste Lehrer, den man sich vorstellen kann, und schlief während der Stunden. Er verlangte von mir, ich sollte alles vergessen, was ich wußte, und ganz von vorne anfangen; er ließ mich ständig nur Fünffingerübungen spielen. Trotzdem bestand die besagte Dame darauf, daß ich bei ihm weitermachte – ungefähr ein Jahr, glaube ich. Dann muß meine Mutter ein Machtwort gesprochen haben.

Dann lernte ich meinen zweiten Lehrer kennen, einen sehr netten Menschen, sehr intelligent und voller Ideen, aber ein bißchen verrückt. Paul Schramm, ebenfalls ein recht bekannter Pianist. Ich konnte ihn gut leiden und lernte viel bei ihm. Aber der Unterricht war nicht systematisch. Bei ihm blieb ich ungefähr ein weiteres Jahr. Ich fand, daß ich nicht rasch genug vorankam.

Dann lernte ich Rosita Renard kennen, eine Pianistin aus Chile. In New York hatte man von ihr gesagt, sie würde eine zweite Guiomar Novaes werden; sie waren ungefähr gleich alt. In Berlin jedenfalls studierte Rosita Renard bei Krause, und wir lernten sie kennen. Meine Mutter erzählte ihr, daß ich überhaupt keine Freude mehr am Spielen hätte, daß ich nicht mehr richtig übte und daß wir wahrscheinlich nach Chile zurückkehren und auf den Rest des Stipendiums verzichten würden. Aber sie sagte: «Sie müssen es einmal mit Martin Krause probieren.» Meine Mutter ging also mit mir zu Krause. Ich verehrte ihn vom ersten Augenblick an. Aber ich fürchtete mich auch vor ihm. Er war furchtbar streng. Und er verlangte sehr viel von mir – beinahe zu viel, meiner Meinung nach. Manche der Schwierigkeiten, die ich später hatte, gingen wahrscheinlich auf Krauses Konto. Mit elf Jahren ließ er mich die *Transzendentalen Etüden* von Liszt einstudieren. Er behauptete natürlich, ich könnte noch mehr leisten, wenn ich nur wollte. Durch seine hohen Anforderungen erzwang er ungeheuer rasche Fortschritte. Er sagte, ich solle immer daran denken, daß man nach dem zwanzigsten Lebensjahr in technischer Hinsicht nichts mehr dazulerne. Was übrigens meiner Meinung nach nicht stimmt.

J. H. Erinnern Sie sich an Ihre erste Begegnung mit Krause?

C. A. Ja, natürlich. Ich ging mit meiner Mutter hin. Ich hatte einen Minderwertigkeitskomplex – ich dachte, ich sei noch nicht weit genug, um einem so berühmten Mann vorzuspielen. Aber er war sehr nett. Er war eine Mischung aus Freundlichkeit und Strenge. Ich glaube, ich habe kein einziges Mal den Mund aufgemacht, dazu war ich zu schüchtern. Aber er war begeistert. Er sagte zu meiner Mutter: «Dieses Kind soll mein Meisterstück werden.»

J. H. Können Sie sich vorstellen, was es für Krause bedeutet haben muß, ein zehnjähriges Kind aus Chile vorgestellt zu bekommen?

C. A. Ja, zumal er ja nie gerne Wunderkinder unterrichtet hatte. Aber irgendwie glaubte er, mit mir etwas anfangen zu können. Kurze Zeit später las ich zufällig eine Postkarte, die er an Herrmann Scholtz in Leipzig geschrieben hatte, den deutschen Chopin-Herausgeber. Er hatte Scholtz geschrieben – es sind nicht meine Worte, bitte halten Sie mich nicht für eingebildet! –, er hatte Scholtz geschrieben, seiner Meinung nach sei ich das größte Klaviertalent seit Liszt.

J. H. Fühlten sich auch andere von Krause eingeschüchtert?

C. A. Seine Schüler hatten alle Angst vor ihm. Wenn ihm Mädchen vorspielten, die nicht allzuviel Talent hatten, sagte er immer: «Heiraten Sie, meine Liebe, heiraten Sie!» Und wenn man Lampenfieber hatte, hieß es bloß: «Nimm dich zusammen!» Ich höre es heute noch: «Nimm dich zusammen! Nimm dich zusammen!» Ein Wort des Lobes bekam ich kaum einmal zu hören. Er lobte einen nur vor anderen.

Ein Vorfall machte einen ungeheueren Eindruck auf mich. Er gab mir drei von Liszts *Transzendentalen Etüden* auf – ich glaube, es waren *Mazeppa, Eroica* und *Feux follets*. Ich sollte sie innerhalb einer Woche einstudieren. Und schaffte es natürlich nicht. Da hielt er mir eine Standpauke – du könntest viel mehr leisten, du entsprichst nicht den Erwartungen und so weiter. Ich lief zu seinen Töchtern und weinte mich bei ihnen aus. Ich hatte im Krauseschen Haus eigentlich sechs oder sieben Mütter. Seine Töchter waren nämlich alle viel älter als ich. Und sie waren alle unverheiratet.

J. H. Sie müssen sehr viel Zeit in Krauses Haus verbracht haben.

C. A. O ja. Wir wohnten zwei Häuser weiter. Ich ging um neun oder zehn Uhr morgens hinüber. In einem der Hinterzimmer hatten sie ein Pianino. An diesem Instrument übte ich, sieben bis acht Stunden täglich. Am Abend, wenn Krause mit all seinen anderen Schülern fertig war, bekam ich dann eine Stunde von ihm. Jeden Tag, mindestens anderthalb Stunden. Ich aß auch dort – nicht selten vier- oder fünfmal am Tag, weil Krause meinte, ich müßte kräftiger werden. Er bestimmte auch, was ich zu essen bekam. Wir gingen auch gemeinsam spazieren, fast jeden Tag, eine halbe Stunde, eine Stunde.

J. H. Hatte Krause irgendwelche speziellen Unterrichtsmethoden?

C. A. Er hielt es für nützlich, daß man schwierige Passagen in verschiedenen Geschwindigkeiten, verschiedenen Rhythmen und verschiedenen Tonarten übte. Und dann staccato, leggiero, martellato – alle erdenklichen Kombinationen. Er sagte uns sogar immer, man sollte ein Werk nicht öffentlich vortragen, wenn man nicht in der Lage sei, es *zehnmal* so schnell und *zehnmal* so laut zu spielen, wie man es im Konzert spielen würde – daß man beim Publikum nur dann den Eindruck von Meisterschaft hervorrufen könne, wenn man noch gewaltige technische Reserven habe, so daß es scheine, man könne noch viel schneller oder viel lauter spielen, wenn man nur wolle. Jahrelang spielte ich jeden Morgen als erstes die Fuge der *Hammerklavier-Sonate,* fünf- oder sechsmal hintereinander, von Mal zu Mal schneller. Ebenso einige der schwierigeren Préludes von Chopin – schneller und lauter als vorgeschrieben. Und wenn Sprünge vorkamen, grundsätzlich mit geschlossenen Augen. Wenn ich heute Pianisten sehe, die den zweiten Satz der Schumann-Fantasie spielen und die Sprünge umverteilen, dann kann ich das nicht begreifen!

J. H. Und wie war es mit der Handstellung und dem Armgewicht?

C. A. Hier überließ er mich weitgehend mir selbst. Ich bewegte mich auf dem Klavier wie eine Katze, müssen Sie wissen. Ich spielte natürlich – sehr entspannt. Über spezielle Hand- und Armbewegungen sagte er mir daher nichts. Ich fand das alles selbst heraus. Manchmal sagte er mir, ich solle nicht so steif sein, alle Gelenke müßten entspannt sein. Aber ich kann mich nicht erinnern, daß er mir viel über den Gebrauch der Arme gesagt hätte. Mir fiel auf, daß einige seiner Schüler die Arme nie sehr stark anhoben.

J. H. Hat Krause jemals am Klavier vorgespielt?

C. A.   Nein. Ich habe ihn nie spielen hören. Konzerte gab er nicht mehr. Aber er hat wohl ohnehin nie viel gespielt. Er war ja auf so vielen Gebieten tätig. In Leipzig gründete er den Liszt-Verein. Und er war viele, viele Jahre hindurch der führende deutsche Kritiker. Jeder ging nach Leipzig, um von Krause kritisiert zu werden. Das war, bevor er nach Berlin ging.

J. H.   Als Sie mit Krause zu arbeiten begannen, war sein berühmtester Schüler Edwin Fischer. Doch Fischer hatte eine ganz andere Auffassung von Texttreue als Sie. Und er war kein so glänzender Techniker. Offenbar hat Krause seine Schüler nicht alle über einen Leisten geschlagen.

C. A.   Er ermunterte sie, ihre eigene Auffassung zu entwickeln. Eins weiß ich noch genau, nämlich daß er es haßte, wenn jemand einfach drauflos spielte. «Klimpern» nannte er es. Und er sagte immer, daß ein Pianist eine gute Allgemeinbildung brauche.

J. H.   Hat er oft Interpretationsfragen mit Ihnen besprochen?

C. A.   In einem fort. Ich war nie anderer Meinung als er. Alles, was er sagte, war inspirierend, eine Grundlage, auf der ich weiterarbeiten konnte. Er hatte Brahms, Clara Schumann, Teresa Carreño, Busoni und Sophie Menter gehört. Und natürlich Liszt. Er konnte aus erster Hand erzählen, wie Liszt Akkorde gebrochen und Triller ausgeführt hatte. Er lehrte uns verschiedene Arten, Akkorde zu brechen: man konnte langsam anfangen und dann zum höchsten Ton hin beschleunigen, man konnte ein Crescendo zum höchsten Ton hin aufbauen oder aber ein Diminuendo daraus machen; und schließlich konnte man auch frei spielen, mit Rubato. Aber immer so, daß die gebrochenen Akkorde sinnvoll mit dem zusammenhingen, was ihnen vorausging.

J. H.   Und die Triller?

C. A.   Die Geschwindigkeit eines Trillers ist eines der Dinge, über die niemand mehr Bescheid weiß. Die Geschwindigkeit eines Trillers hängt von der Stimmung ab. Als ich einmal in London mit Klemperer die fünf Beethoven-Konzerte spielte, kamen wir an den kleinen Triller im zweiten Satz des 5. Konzerts (Takt 25). Klemperer sagte: «Was machen Sie denn da?» – «Ich spiele nur einen Triller, so wie ich es für richtig halte.» – *«Ein Triller ist ein Triller!»* Er meinte, alle Triller müßten schnell sein. Das ist erstaunlich, denn er war ein großer Künstler.

J. H. Sie erzählten auch einmal, Krause habe Liszts Art des Finger-Vibratos gelehrt.

C. A. Er brachte uns bei, wie man den Bebungseffekt[5] ausnützt. Das war etwas, was alle Liszt-Schüler taten. Ich wende das bei den *Petrarca-Sonetten* und der *Dante-Sonate* an. Krause lehrte uns alles Mögliche. Pedalführung. Daß man beispielsweise am Beginn von Beethovens G-Dur-Konzert nie den Akkord spielen und dann das Pedal treten darf, sondern das Pedal treten und dann den ersten Akkord anschlagen muß. Das ist ungeheuer wichtig, weil der Klang anders ist. Oder daß man bei Beethoven bei den langen Pedalen – beispielsweise in der d-Moll-Sonate – mit einem sehr schnellen Pedalvibrato arbeiten muß. Das mache ich auch im langsamen Satz des c-Moll-Konzerts und in der Koda des ersten Satzes des G-Dur-Konzerts.

J. H. Sie sagten, Krause habe Sie alle Präludien und Fugen aus dem *Wohltemperierten Klavier* in verschiedenen Tonarten spielen lassen.

C. A. Ja, vor allen Studenten des Konservatoriums pflegte er zu prüfen, ob man in einer anderen Tonart spielen konnte, meist einer sehr weit entfernten, also nicht nur um einen Ton oder einen Halbton. Er verlangte auch, daß wir einzelne Stimmen auswendig lernten. Bach war überhaupt eine der Grundlagen seines Unterrichts. Damals bezweifelte allerdings noch niemand, daß es richtig sei, Bach auf dem Klavier zu spielen. Es gab keine andere Möglichkeit. Wanda Landowska war noch nicht hervorgetreten.

J. H. Was galt als richtige Art, Bach auf dem Klavier zu spielen? Gab es beispielsweise einen Konsensus darüber, wieviel mit Pedal zu arbeiten sei?

C. A. Mit sehr wenig Pedal. Fast ohne Pedal. Krause wollte die Präludien und Fugen sehr rein, und in langsamen Tempi. Die Fugen wurden fast metronomisch gespielt. Aber er verlangte, daß man dynamisch phrasierte, also bestimmte Stimmen herausarbeitete und so weiter.

J. H. Fischer spielte Bach dennoch mit recht viel Pedal. War das seine eigene Idee?

C. A. Ja. Furtwängler machte das übrigens auch. Wenn er im 5. *Brandenburgischen Konzert* den Klavierpart spielte, setzte er alle Mittel modernen Klavierspiels ein. Es war sehr schön. Und Busonis Bach war wiederum ganz anders. Krause bewunderte Busoni ungemein, wissen Sie. Ich besitze ein wundervolles Foto von Busoni mit einer Widmung an Martin Krause. Darin dankt er Krause dafür, daß er junge Talente erweckte.

J. H. Die intensive Beschäftigung mit Bach kam sicherlich Ihrer Fähigkeit, polyphon zu hören, zugute, die ja ein hervorstechendes Merkmal Ihres Spiels ist.

C. A. Ja, unbedingt. Heute spricht man gern von den «Mittelstimmen». Ich denke da an Hofmann und seinen Schüler Shura Cherkassky und auch an andere – zu einem bestimmten Zeitpunkt *entdeckten* sie Mittelstimmen. Als ob sie früher niemand bemerkt hätte.

J. H. Ist es nicht zweierlei, ob man wie Hofmann oder Cherkassky eine Mittelstimme nur momentan herausarbeitet, um einen strukturellen Effekt zu erzielen, oder fähig ist, Mittelstimmen beständig zu hören?

C. A. Beständig, ja. Ich habe mich immer furchtbar geärgert, wenn ich hörte, wie Hofmann oder Shura sogenannte Mittelstimmen herausarbeiteten, die relativ belanglos waren. Ich fragte mich immer, warum sie das tun. Nur, um zu verblüffen. Um Aufmerksamkeit zu erregen.

J. H. Wie sah Ihr übriges Repertoire bei Krause aus? Hielt er einzelne Stücke auf bestimmten Entwicklungsstufen für besonders wichtig?

C. A. Er glaubte an eine planmäßige Entwicklung. Mit Mendelssohn beginnend, beispielsweise; eines der ersten Stücke, das ich bei ihm lernte, war das g-Moll-Konzert von Mendelssohn. Er war dagegen, daß Anfänger Mozart-Konzerte spielten. Und er fand, man sollte Schumann nicht zu früh spielen. Als Vorbereitung für die Chopin-Konzerte ließ er einen das Henselt-Konzert einstudieren. Dann war natürlich Beethoven wichtig. Aber *vor* Beethoven sollte man seiner Meinung nach auch Hummel und Moscheles spielen. Ich erinnere mich, daß eines der ersten Konzerte, die ich mit Orchester spielte, das a-Moll-Konzert von Hummel war.

J. H. Welche Beethoven-Sonaten studierten Sie bei Krause?

C. A. Er war dagegen, daß man die späten Sonaten von Beethoven zu früh spielte. Er ließ mich nie op. 111 spielen. Ich studierte bei ihm op. 101 und op. 109, aber er ließ sie mich nie öffentlich vortragen. Er fand, junge Leute sollten beispielsweise den mittleren Beethoven spielen – die *Waldstein-Sonate* und die *Appassionata.* Diese Sonaten hielt er nicht für schwierig. Und daß, wie ich meine, Schubert den Interpreten vor die schwierigsten Aufgaben stellt – dieser Ansicht war er auch.

J. H.   Und wie war es mit Brahms?

C. A.   Die Konzerte durfte ich nicht einstudieren. Aber die *Paganini-Variationen* waren eines der ersten Stücke, die er mir gab. Ich weiß noch, wie ich sie am Konservatorium spielte. Ich mußte es den anderen Studenten vormachen, sie klagten alle, das Stück sei zu schwer für sie.

J. H.   Kamen Ihnen die *Paganini-Variationen* auch sehr schwierig vor?

C. A.   Nein, ich hatte keine Angst davor.

J. H.   Gab es zu der Zeit überhaupt Stücke, die Ihnen Angst machten?

C. A.   *Mazeppa*, weil Krause nicht zufrieden war, als ich es ihm zum erstenmal vorspielte. Es ist mir im Laufe meines Lebens dann noch oft passiert, daß ich vor *Mazeppa* Angst hatte. Ich hatte sogar Schwierigkeiten bei der Schallplatten-Einspielung dieses Stücks, die ich sonst nicht gehabt hätte. Ich mußte da etwas Seelenarbeit leisten . . .

J. H.   Krause beaufsichtigte auch Ihre allgemeine Ausbildung, nicht wahr?

C. A.   O ja, er bestimmte meine Privatlehrer, als feststand, daß ich nicht zur Schule gehen sollte. Ich hatte einen Französischlehrer, einen Englischlehrer . . . Ich glaube nicht, daß meine Allgemeinbildung zu kurz gekommen ist. Ich war miserabel in Mathematik. Aber sehr gut in Geschichte. Krause ging mit mir auch in Museen. Und er entschied, welche Opern ich hören durfte.

J. H.   Inwieweit nahm er bei Ihnen Vaterstelle ein?

C. A.   Er war *die* Vaterfigur in meiner psychischen Entwicklung – im guten wie im schlechten Sinne, wie das bei Vaterfiguren so ist. Aber es hat mir nicht viel geschadet. Was immerhin möglich gewesen wäre.

J. H.   Sie meinen, weil er so autoritär war?

C. A.   Ja. Die Autorität war immer da. Ich zitterte vor ihm.

J. H. Wie sagten Sie zu ihm?

C. A. «Herr Professor.» Immer. Alle seine Töchter litten unter seiner ungeheuer autoritären Art. Eine war Schauspielerin, ein paar Musikerinnen, aber keine machte wirklich Karriere.

J. H. Was meinen Sie, wie hat Krause Sie gesehen? Was waren Sie für ihn?

C. A. Er war schon sehr müde. Ich bin sicher, er hätte am liebsten nicht mehr unterrichtet. Aber dann muß er sich gedacht haben: «Dieses Material ist so formbar; aus diesem Material läßt sich wirklich etwas machen.»

Unter Krauses Obhut machte Arrau eine bemerkenswerte Karriere als Wunderkind. Nach seinem formellen Debüt im Jahre 1914 wurde ihm 1915 die Gustav-Holländer-Medaille für junge Künstler verliehen. Im selben Jahr gewann er den Ibach-Wettbewerb, bei dem er, wie er sich erinnert, der einzige Teilnehmer im Kindesalter war.

Arraus erste deutsche Kritiken sind aufschlußreich. Sein Name war bekannt. Er spielte vor großen Zuhörerschaften. Sein erstaunliches technisches Können wurde ebenso gerühmt wie seine vielversprechende künstlerische Begabung. Als sein Geburtsjahr wurde 1904 angegeben – er wurde also um ein Jahr jünger gemacht, als er war.

Der Berliner Öffentlichkeit wurde er zunächst in Konzerten mehrerer Schüler vorgestellt, die Krause organisierte. Im Jahre 1914 beispielsweise brachten Krauses Schüler in vier Konzerten das gesamte *Wohltemperierte Klavier* zu Gehör. Arrau wurde in der Presse besonders hervorgehoben. So schrieb der Kritiker der *Allgemeinen Musik-Zeitung*:

«Besonders ist da des zehnjährigen Claudio Arrau zu gedenken, eines kleinen Wundermannes, der mit einer verblüffenden Selbstverständlichkeit und Selbständigkeit die ihm übertragenen Präludien und Fugen spielte. Auch hier, bei diesem d'Albert der Zukunft, mußte man staunen über das bewußte Können und Spielen. Wie fein gliederte er Spiel und Vortrag! In klarer Disposition erstanden die einzelnen Stücke, das war nicht angelernt, sondern erlernt und – von der Natur in reicher Fülle verliehen.»

Arraus erster Soloabend am 10. Dezember 1914 im Künstlerhaus umfaßte die Präludien und Fugen in F-Dur, Fis-Dur und g-Moll aus dem zweiten Teil des *Wohltemperierten Klaviers,* Beethovens Variationen über einen russischen Tanz WoO 71, Hellers b-Moll-Sonate op. 143, Henselts Romanze in b-Moll op. 10 und Etüde in Fis-Dur op. 2 Nr. 6, von Friedrich Gernsheim die Präludien in cis-Moll und b-Moll op. 2 und die *Legende* op. 44, Chopins Walzer in As-Dur op. 42 und Liszts *Ungarische Rhapsodie* Nr. 11. «So frisch und gesund wie das Kerlchen aussieht, ist auch seine Kunst-übung», berichtete Paul Geyer im *Reichsboten.* «Er heuchelt keine Frühreife, sondern spielt nur Stücke, die er innerlich und äußerlich beherrscht. Und das macht sein Spiel so sympathisch . . . Claudio Arrau wird noch von sich reden machen.» Auch andere Kritiker verbanden ihre Berichte über Arraus Fingerfertigkeit mit loben-den Worten über seine «Bescheidenheit» und «musikalische Rein-heit». Der Kritiker der *Allgemeinen Musik-Zeitung* schrieb:

«Der junge Künstler – auf diesen Ehrentitel darf er schon mit Fug und Recht Anspruch erheben – bewältigte seine Aufgabe mit bemerkenswerter Selbstverständlichkeit. Mögen auch die verblüffend bewältigten Oktavenpassagen und vollgriffigen Akkordfolgen der Heller-Sonate den Hörer in berechtigtes Er-staunen versetzt haben, so waren doch die Bachschen Kompo-sitionen aus dem Wohltemperierten Klavier wegen der dabei geoffenbarten geistigen Reife des jungen Pianisten das merk-würdigste . . . Und noch eines ist höchst erfreulich: daß er ein so gesunder und frisch dreinschauender Junge ist.»

Arrau ließ seinem Debüt zwei Monate später ein zweites Konzert folgen. Das Künstlerhaus war ausverkauft, und eine ganze Reihe Interessenten mußten an der Abendkasse abgewiesen werden. Das Programm bestand diesmal aus einer d-Moll-Suite von Händel, Mozarts D-Dur-Sonate KV 576, Webers *Rondo brillante* Es-Dur op. 62, Schuberts *Moment musical* cis-Moll, Mendelssohns *Capriccio* (Fantasie) in e-Moll op. 16 Nr. 2, vier Stücken von Giovanni Sgambati (op. 18 Nr. 2, 3 und 4; op. 20 Nr. 1) und zwei Liszt-Etüden (*Paganini* Nr. 5 und *La Leggierezza*).

Der Kritiker der *Allgemeinen Musik-Zeitung* kommentierte:

«Den elfjährigen Knaben musizieren zu hören ist eine wahre Herzensfreude. Da ist nichts, absolut nichts von Treibhauskultur zu spüren; gesund und natürlich, sachlich und schlicht musikalisch, wie sichs von einem Kind gehört, dabei aber doch mit allen untrüglichen Zeichen einer außergewöhnlichen Begabung spielt das hübsche Bürschchen seinen Mozart, Weber, Schubert und Mendelssohn. Professor MARTIN KRAUSE, dessen pädagogischem Sinn wir schon manches ausgereifte Talent zu danken haben, sorgt zudem dafür, daß der Knabe nur Dinge spielt, die in seine jugendliche Gefühls- und Verstandessphäre hineinpassen. Also keine ‹Appassionata› und keine b-Moll-Sonate Chopins! Mich dünkt aus diesem frischen, auffallend germanisch imprägnierten Knaben müßte einst etwas Hervorragendes werden.»

Die *Vossische Zeitung* schrieb:

«Die Sauberkeit seiner Technik, sein feiner Sinn für klangliche Schattierungen, sein grundmusikalischer Vortrag sind im höchsten Maße erstaunlich. Dabei hat er nichts von der fatalen altklugen Weise, die bei den meisten Wunderkindern so unleidlich ist: er spielt phänomenal, aber doch immer kindlich, ungekünstelt, naiv . . . Alles gelang gut, manches, wie z. B. die Mendelssohnschen Stücke, kann man im wesentlichen überhaupt kaum besser spielen. Die Huldigungen des entzückten Publikums ließ der Gefeierte mit ersichtlichem Wohlgefallen über sich ergehen, zumal da anstatt der üblichen Lorbeerkränze und Blumenstäuße Schachteln voll Konfekt von zarter Hand auf das Podium gereicht wurden.»

Ein Soloabend Arraus am 3. November 1916 im Beethovensaal hatte schon ein anspruchsvolleres Programm. Neben ausgewählten Stücken von Bach, Haydn, Mozart und Gernsheim trug Arrau Beethovens *Les Adieux*-Sonate, Schumanns *Abegg*-Variationen und Liszts *Spanische Rhapsodie* vor. Kritiker berichteten, der «zwölfjährige Künstler», abwechselnd als «das geborene Klaviergenie», «der kleine Klavier-Titan» und «Wundermann» gefeiert, sei «mit Bitten um Zugaben bedrängt» worden.

Zwei Konzerte in Berlin Anfang 1918 sind von besonderem Interesse. Am 14. März war Arrau an einem «Elite-Konzert» beteiligt, bei dem er gleichberechtigt – nicht als Begleiter, sondern als Solist – mit Joseph Schwarz und Elena Gerhardt angekündigt wurde, die damals zu den führenden Sängern Deutschlands gehörten. Am 11. März gab er einen Klavierabend im Beethovensaal, auf dessen Programm die folgenden Werke standen: Zwei Präludien und Fugen aus dem *Wohltemperierten Klavier*, Beethovens *Eroica*-Variationen, drei Impromptus von Schubert, Tausigs Walzer-Caprice Nr. 1 *Nachtfalter* über Johann-Strauß-Themen, Liszts *Mazeppa* und von Georg Schumann (1866–1952) Variationen und Fuge über ein eigenes Thema. Leopold Schmidt, der das letztere Konzert im Berliner *Tageblatt* besprach, hob neben der pianistischen Begabung des jungen Arrau auch dessen einnehmende kindliche Bescheidenheit hervor. Die Kritik schloß mit der Vorhersage einer großen Karriere.

Doch drei Wochen zuvor war Krause gestorben. Trotz aller Anerkennung, die ihm zuteil wurde, verlor Arrau den Halt. Zunehmend trat er öfter in Skandinavien und Osteuropa als in Deutschland auf – wenn er überhaupt auftrat. Und in dem Maße, wie seine Karriere in Gefahr geriet, ging es auch mit seinem Selbstbewußtsein bergab.

Zum Glück hatte er in seiner Mutter, seiner Schwester und seiner Tante nach wie vor einen unerschütterlichen Hort der Sicherheit. Außerdem muß neben seinem Talent auch seine offenkundige Unschuld Gönner und Wohltäter angezogen haben. Fotos von Arrau aus den frühen zwanziger Jahren zeigen einen jungen Mann von ungewöhnlicher Anmut, Sanftheit und Schüchternheit, von provozierender Arglosigkeit.

Arrau schildert eine von Krauses Töchtern, Jennie, als taktvoll konstruktiven Einfluß auf seine musikalische Entwicklung nach dem Tode ihres Vaters. Seine wichtigste Stütze außerhalb der Familie war jedoch Dr. Leo Barcynski, ein ehemaliger Arzt, der Opernsänger geworden war. Ihn haben Arrau und seine Schwester als klugen, warmherzigen Freund in Erinnerung. Barcynski glaubte an Arrau. Er teilte seine geistigen Interessen – er war es, der Arrau mit der Kunst der Primitiven vertraut machte – und stand ihm mit Ratschlägen zur Seite, wenn er ihm privat vorspielte.

Mit der Zeit überwand Arrau den Schock über Krauses Tod, und sein Name tauchte wieder öfter in Deutschland auf. Das führte unter anderem zu seiner ersten USA-Konzertreise in den Jahren 1923–1924. Diese erwies sich bedauerlicherweise als Fehlschlag. Er und seine Mutter landeten schließlich ohne einen Pfennig Geld in einer Pension in New York. Nach Berlin zurückgekehrt – die Klavierfirma Baldwin war für die Schiffspassage aufgekommen –, entschloß sich Arrau, Hilfe in der Psychoanalyse zu suchen. Das war 1924 längst kein so alltäglicher Schritt wie heutzutage. Aber man kann gar nicht genug hervorheben, in welchem Dilemma Arrau damals steckte.

Seine Laufbahn als Pianist, die so glanzvoll begonnen und sich wie von selbst weiterentwickelt hatte, schien auf bedrohliche Weise gefährdet. Er war scheu und weltfremd und somit schlecht gerüstet, die gesellschaftlichen und beruflichen Kontakte zu pflegen, die Krause für ihn angeknüpft hatte. Sein Stipendium, das die Chilenen in den Kriegsjahren und danach mehrmals verlängert hatten, lief 1921 unwiderruflich aus. Obendrein war 1923 das Inflationsjahr, in dem der «Kurs» der Mark auf 1 Billion je Dollar sank. Hunger war an der Tagesordnung. Die guten Sitten blieben auf der Strecke. Die Franzosen besetzten das Ruhrgebiet. Hitler mobilisierte in München Sturmtrupps. In dieses Deutschland kehrte Arrau einundzwanzigjährig aus Amerika zurück. Da er außer sich selbst auch noch seine Mutter, seine Schwester und seine Tante erhalten mußte, ging er auf die Suche nach zahlungskräftigen Privatschülern. Einmal – er kann sich an das Jahr nicht mehr erinnern – mußte man sogar den Schmuck versetzen, mit dem Arrau in der glücklichen Zeit mit Krause von adligen Herrschaften überschüttet worden war.

Und hier trat nun Dr. Hubert Abrahamsohn in Arraus Leben, ein Düsseldorfer Psychoanalytiker, der im Laufe einer Freundschaft, die fast ein halbes Jahrhundert währte, nach Arraus Worten «teils Guru, teils Vater und teils älterer Bruder» für ihn werden sollte. Persönliche Bekannte Abrahamsohns schildern ihn als einen untersetzten Mann mit weichen Händen, im Auftreten besonnen, im Aussehen an einen Buddha erinnernd. Arrau spricht von der «wundervollen heiteren Ruhe» seines Gesichts. In seiner Vaterrolle konnte Abrahamsohn, kinderlos und dreizehn Jahre älter als Arrau, auch streng sein. Wie Barcynski glaubte auch Abrahamsohn an den Künstler Arrau; er war musikalisch gebildet, besuchte Arraus Konzerte und war immer mit konstruktiver Kritik bei der Hand. Wie Krause, der gesagt hatte: «Dieses Kind soll mein Meisterstück werden!» fand auch Abrahamsohn berufliche Erfüllung in Arraus musikalischer Erfüllung: wie Arrau für Krause der ideale Schüler gewesen war, so wurde er für Abrahamsohn *der* Patient. Bei Ausbruch des Zweiten Weltkriegs besorgte Arrau Abrahamsohn ein Visum für Chile, und Abrahamsohn übersiedelte nach Santiago und dann nach New York, um schließlich wieder nach Deutschland zurückzukehren. Auch nach dem Krieg ließ Arrau den Kontakt zu seinem einstigen Analytiker nicht abreißen. Abrahamsohn starb 1973.

Arrau hat in der Psychoanalyse, wie in der Musik, stets ein Mittel zur Umsetzung, nicht aber zur Beseitigung seelischer Unruhe gesehen. Seine kühnsten künstlerischen Wagnisse lösen mitunter qualvolle Anfälle von Angst aus. Wenn es ganz schlimm kommt, sagt er Konzerte ab. Hinter den Kulissen spielt sich bei solchen Absagen oft ein Drama ab. Um ein extremes Beispiel anzuführen: Im Jahre 1955 sollte Arrau in der New Yorker Town Hall im Rahmen der Feiern zu Mozarts 200. Geburtstag vier Konzerte geben, mit sämtlichen Klaviersonaten, vier Fantasien, zwei Rondos und neun «Variationen und sonstigen Werken». Mag es sich auch um Mozart handeln, ein großer Teil dieses Repertoires ist relativ obskur: von den Sonaten hatte Arrau seit einem Mozart-Zyklus in den dreißiger Jahren in Berlin noch nicht einmal jede zweite je wieder gespielt. Zu Hause in Douglaston übte er wie besessen, zum Teil mit beschwerten Hämmern, um seine Finger dahin zu bringen, daß sie mit größter Klarheit artikulierten. Sein Schüler Philip Lorenz, der bei Proben zu mehreren dieser Konzerte dabei war, erinnert sich:

«Es war kaum zu glauben, daß Finger zu solcher Arbeit fähig sein sollten. Es war eine Art des Spiels, wie ich sie bei ihm nie zuvor oder danach erlebt habe; er zog die Finger vor dem Anschlag weit zurück, und er arbeitete mit einem fliegenden Staccato, das einfach blendend war – er *warf* die Arme und Hände regelrecht auf die Tasten, als wollte er Wassertropfen von den

Fingerspitzen abschütteln. Auch die Verzierungen waren unglaublich, ungeheuer schnell, und dennoch absolut korrekt.»

Dann, kurz bevor der Zyklus beginnen sollte, ließ ihn sein Gedächtnis im Stich: die frühen Sonaten gingen ineinander über. Einen Monat vor dem ersten Konzert ließ Arrau ankündigen, er werde bei den vier Konzerten insgesamt zwölf Stücke weglassen; jedes Programm werde trotzdem noch über drei Stunden dauern. Dann wurde das erste Konzert verschoben. Und schließlich wurde in einer dritten Mitteilung der ganze Zyklus abgesagt.

Etwa um dieselbe Zeit machten Arrau auch die – stets heiklen – Klavierkonzerte von Mozart zu schaffen. Im Jahre 1953 scheute Arrau vor einer Aufführung des B-Dur-Konzerts KV 595 mit Howard Mitchell und dem National Symphony Orchestra zurück. Abrahamsohn drängte ihn, das Konzert nicht abzusagen. Arrau sagte seinem Analytiker, er werde auftreten, falls Abrahamsohn ihn nach Washington begleitete. Mit Abrahamsohn hinter der Bühne spielte Arrau das B-Dur-Konzert ohne Zwischenfall. Aber ein geplanter Zyklus mit Mozart-Klavierkonzerten im Jahre 1956 fand nicht statt, und im Jahre 1958 hinterließ eine Aufführung des c-Moll-Konzerts mit Josef Krips in Edinburgh einen unangenehmen Nachgeschmack – das Orchester führte bestimmte Verzierungen anders aus als der Pianist. Arrau behielt zwar fünf Mozart-Konzerte (KV 466, KV 467, KV 488, KV 491 und KV 595) in seinem Repertoire, aber nur «mit zwei oder drei Proben». Seine letzten Aufführungen von Mozart-Konzerten fanden 1965 statt: in Tanglewood spielte er mit dem Boston Symphony Orchestra unter Erich Leinsdorf die Konzerte in B-Dur KV 450 und D-Dur KV 451, und beim Casals Festival in Puerto Rico das KV 450.

C. A. Krauses Tod war ein furchtbarer Schlag für mich. Ich dachte, die Welt gehe unter. Ich fühlte mich im Stich gelassen. Ich glaubte, ich würde nie mehr spielen können. Und dann mußte ich mich auch noch gegen alle die Damen zur Wehr setzen, die mich partout zu Schnabel und wer weiß wem schicken wollten, weil ich angeblich noch zu jung war, um keinen Lehrer zu haben. Sie hielten es für unmöglich, daß sich ein Fünfzehnjähriger aus eigener Kraft weiterentwickeln könnte. Aber ich weigerte mich. Ich wollte einfach nicht, aus Loyalität zu Krause. Sie war ein bißchen kindisch, diese Loyalität. Aber ich fürchtete, ein zweiter Lehrer würde mich nur verwirren. Außerdem hatte ich das Gefühl, daß Krause mir schon alles gegeben hatte, was mir ein Lehrer vermitteln konnte, und daß ich das alles verarbeiten und dann aus eigener Kraft weitermachen mußte. Ich hätte es natürlich viel bequemer gehabt, wenn ich eine neue Vaterfigur gefunden hätte.

J.H. Haben Sie lange um Krause getrauert?

C.A. O ja, ich war verzweifelt. Obendrein war das noch die unglücklichste Zeit meiner Musikerlaufbahn. Alle hatten Vorurteile gegenüber Wunderkindern. Und Sie wissen ja, wie die Deutschen sind – wenn sich bei ihnen ein Gedanke einmal festgesetzt hat, werden sie ihn nie wieder los. Es war unendlich mühsam, das Publikum zu überzeugen – es hieß immer, ich werde den Erwartungen, die ich geweckt hätte, nicht gerecht.

J.H. Haben Sie mit dem Gedanken gespielt, Ihre Karriere an den Nagel zu hängen?

C.A. An einem bestimmten Punkt – in der schwierigen Phase des Übergangs vom intuitiven Spiel zum bewußten Verstehen – dachte ich tatsächlich daran, meine Karriere aufzugeben. Aber nur für sehr kurze Zeit, vielleicht drei oder vier Jahre nach Krauses Tod.

J.H. Wie weit war Ihre Karriere zu Krauses Lebzeiten gediehen?

C.A. Ich hatte eine phantastische Karriere als Wunderkind. Krause ließ mich nicht mehr als fünfzehn bis zwanzig Konzerte pro Saison spielen. Aber ich spielte überall.

J.H. Gab es in dieser Periode besonders denkwürdige Konzerte?

C.A. Ich spielte in Dresden mit Nikisch, das erste Konzert von Liszt. Da war ich zwölf, glaube ich. Das war schon ein Erlebnis, weil Nikisch für Wunderkinder nichts übrig hatte. Aber nach der ersten Probe war er sehr nett. Ich spielte, unter Krause, auch an vielen europäischen Höfen. Ich spielte vor dem König von Sachsen, dem König von Württemberg, der Königlichen Familie von Bayern, der Königin von Rumänien, dem

König und der Königin von Norwegen. Und an allen möglichen kleineren Höfen in Deutschland.

J.H. Ging nach dem Tod von Krause die Zahl Ihrer Engagements zurück.

C.A. Ja. Er hatte mir die meisten Konzerte vermittelt, durch seine Verbindungen. Nach seinem Tod war mir Deutschland fast völlig verschlossen. Man bot mir Konzerte in kleineren Ländern an – Norwegen, Finnland, Bulgarien, Jugoslawien. Ich bekam sehr wenig Geld. Aber ich spielte, und ich hatte überall sehr großen Erfolg. Deshalb sagte ich mir, es müsse vielleicht doch etwas an mir dran sein. Ich spielte auch in Rumänien. Rumänien war eines meiner besten Länder. In Deutschland zu spielen, davor hatte ich Angst. Ich hätte mir gewünscht, daß man mich engagiert, mich gebeten hätte. Aber das geschah nicht.

J.H. Und Sie wollten nicht nachhelfen.

C.A. Nein, das hat mir nie gelegen. Ich hätte gar nicht gewußt, wie ich das anstellen sollte.

J.H. Ihr Debüt mit den Berliner Philharmonikern hatten Sie unter Muck im Jahre 1920. Sie spielten die *Wanderer-Fantasie* von Liszt/Schubert. Wie wurde das aufgenommen?

C.A. Ich weiß es nicht mehr. Es ging ganz gut, aber es war keine gute Idee, mit der *Wanderer-Fantasie* in Liszts Transkription zu debütieren. Es gab starke Vorbehalte gegen Transkriptionen. Aber ich hatte keine Wahl. Ich konnte nur entweder das oder gar nicht spielen.

J.H. In diese Zeit fallen aber sicherlich auch noch andere wichtige Konzerte. In London debütierten Sie 1920 mit den *Goldberg-Variationen*. Und ein paar Wochen später traten Sie neben der berühmten Nellie Melba in der Albert Hall auf.

C.A. Ja, das war ein großer Erfolg. Der Melba mißfiel, daß ich nach Liszts *Spanischer Rhapsodie* so viele Verbeugungen hatte. Sie kam deshalb hinter der Bühne auf mich zu und sagte: «Das reicht jetzt, junger Mann.» Und sie ließ mich nicht mehr aufs Podium. Die *Goldberg-Variationen*, das war in der Aeolian Hall. Das Programm war ungewöhnlich – ein paar Scarlatti-Sonaten und die *Goldberg-Variationen*.

J.H. Außerdem bekamen Sie 1919 und 1920 den Liszt-Preis verliehen. Half Ihnen das weiter?

C. A. Es half ein bißchen. Ich bekam noch einen anderen Preis, der damals sehr angesehen war – den Schulhoff-Preis.

J. H. Waren Sie – von der Karriere einmal abgesehen – auch aus Einkommensgründen auf Konzertverpflichtungen angewiesen?

C. A. Unbedingt. Das gilt auch für meine ersten Schallplatten-Aufnahmen. Dabei mußte ich übrigens manchmal ein Stück kürzen, was mir schrecklich zuwider war. Aber ich brauchte das Geld. Wenn ich nicht verhungern wollte, mußte ich mich fügen.

J. H. Ein Wendepunkt, im negativen Sinne, war offenbar Ihre erste Amerika-Tournee. Da waren Sie zwanzig.

C. A. Das war 1923–24. Damals hatte ich schon ein bißchen Erfolg. Der Konzertagent Wolfsohn – einer der großen amerikanischen Agenten – kam nach Berlin, um die Sängerin Claire Dux zu hören und zu verpflichten. Sie war in Deutschland sehr berühmt. Und er hörte auch mich in einem Konzert. Er war sehr beeindruckt und verpflichtete mich gleich für zwanzig Abende. Als wir hier ankamen, hatte ich zwei Konzerte, eins in der Carnegie Hall und eins in der Aeolian Hall. Wolfsohn hatte die Säle gemietet, aber auf meine Rechnung. Ich mußte alles bezahlen. Und ich hatte ein Konzert in *Hackensack*! Dann kamen zwei große Auftritte mit dem Boston Symphony Orchestra und dem Chicago Symphony Orchestra. Wolfsohn erwartete phantastische Kritiken, und ich bekam auch gute Kritiken, aber sie waren nicht so sensationell, wie er es sich erwartet hatte. Deshalb ließ er mich kurzerhand fallen, und ich saß hier mit meiner Mutter fest. Die Baldwin Company war unsere Rettung. Die Leute waren phantastisch. Obwohl ich nur so wenige Konzerte gegeben hatte, beschlossen sie, mir ein monatliches Stipendium zu gewähren. So etwas gab es damals noch! Ich kehrte nach Berlin zurück und hatte eine Besprechung mit dem Mann, der mit Wolfsohn verhandelt hatte – Norbert Salter, ebenfalls ein berühmter Agent. «Wie war's?» fragte er. «Ein Fiasko. Wenn Baldwin nicht gewesen wäre, hätte ich nicht mal zurückkommen können.» Daraufhin wurde er fuchsteufelswild und verlangte seine Provision auch für die Konzerte, die ich gar nicht gegeben hatte. Ich sagte: «Tut mir furchtbar leid. Lassen Sie mich ins Gefängnis werfen, ich besitze keinen roten Heller.» – «Ich werde mir etwas überlegen», sagte er. Dann rief er mich an und sagte: «Also gut. Dann werden Sie eben meiner

Tochter Klavierstunden geben, bis Ihre Schuld beglichen ist.» *Jahrelang* mußte ich ihr Stunden geben. Und sie war eine unausstehliche Person.

J. H. Wie liefen die Konzerte in New York, Boston und Chicago?

C. A. Ich spielte wirklich, so gut ich konnte. Und es waren Riesenprogramme. In der Carnegie Hall spielte ich zum Abschluß die *Don-Juan-Fantasie* von Liszt. Und es ging sehr gut, soweit ich mich erinnere. In Boston spielte ich unter Monteux Chopins Klavierkonzert in f-Moll. Und in Chicago trug ich das g-Moll-Konzert von Mendelssohn und Liszts *Spanische Rhapsodie* in Busonis Fassung für Klavier und Orchester vor.

J. H. Ich habe Kritiken über Ihre ersten beiden Konzerte in New York mitgebracht. Ich lese sie Ihnen vor. Sie sind ganz kurz. Die erste hat die Überschrift «Claudio Arrau spielt:»

«Vornübergebeugt am Flügel sitzend, stellte sich der Pianist Claudio Arrau, ausgebildet in seiner Geburtsstadt Santiago, Chile [sic], sowie seit 1911 in Berlin, bei seinem nordamerikanischen Debüt gestern in der Carnegie Hall zum Vergleich. Der junge Künstler kann bereits auf zahlreiche Konzerte in Europa zurückblicken und hat in Berlin Werke von Bach vorgetragen. Dem New Yorker Publikum stellte er sich mit Beethovens Sonate op. 31 Nr. 3, Stücken von Chopin und Debussy und der *Don-Juan-Fantasie* von Liszt vor. Als Zugaben spielte er einen Chopin-Walzer und eine Rhapsodie von Liszt.

Arrau ist ein Musiker mit einigen Manierismen, die freilich einem individuellen Stil zugute kommen. Er strebt nach Klarheit und Leichtigkeit – so verzichtete er bei der Beethoven-Sonate auf jedes Donnern – und nach melodiöser Anmut, wie in seinem Chopin, dem Nocturne op. 48 Nr. 1, dem er an delikaten Klangschattierungen mitgab, was er ihm an Rauhheit und Kontrast vorenthielt. Am wirkungsvollsten waren Debussys *Reflets dans l'eau, Feux d'artifice* und *Minstrels,* die den Pianisten in aller Bescheidenheit als einen Künstler auswiesen, der, in Anbetracht der Musik seines eigenen modernen Zeitalters, etwas zu sagen hat und sowohl von der Technik als auch vom Temperament her fähig ist, es zu sagen.»

Das ist die ganze Kritik. Hier habe ich noch eine, «Klavier-abend Claudio Arrau»:

> «Claudio Arrau, der chilenische Pianist, gab gestern nachmit-tag in der Aeolian Hall sein zweites Konzert; auf dem Pro-gramm standen zunächst drei Bach-Fugen, Beethovens Sona-te *Adieux, absence et retour* und verschiedene Stücke von Cho-pin und Debussy. Es folgten Liszts *Spanische Rhapsodie* und Busonis Fantasie über *Carmen,* eine zweifache Geste der Erin-nerung – an das kulturelle Erbe des Pianisten und an seine Ausbildung in Berlin. Die chilenische Kultur schaute früher ebenso selbstverständlich nach Mitteleuropa, wie sich das Brasilien von Novaes an Paris orientierte. Individuell ist Ar-rau ein Interpret von empfindsamem Naturell, auf subtile Weise dynamisch, ein Tonmaler, der mit einem Chopin-Noc-turne oder mit Debussys *Jardins sous la pluie* ebenso zu bezau-bern weiß wie natürlich mit den kongenialen Rhythmen Spa-niens.»

Merkwürdig ist, daß beide Kritiker der Meinung sind, Sie hät-ten es vor allem auf Klärheit und Leichtigkeit abgesehen. Das würde man ja heute nicht mehr sagen.

C. A. Vielleicht hatte ich da noch so etwas wie eine emotionale Blockade. Viele sagten damals, ich sei kalt gewesen oder so ähnlich. Andererseits erinnere ich mich, daß ich die *Don-Juan-Fantasie* damals wirklich sehr brillant spielte. Und ich weiß noch, daß Borovsky, der Pianist, in der Carnegie Hall nach der *Don-Juan-Fantasie* zu mir hinter die Bühne kam und mir versi-cherte, man könne das – technisch – überhaupt nicht besser spielen! Und auch mehrere andere Pianisten. Nyiregyházi – auch er kam hinter die Bühne und war ganz begeistert. Ich glaube, es lag vor allem daran, daß ich bei der Kritik keinen Erfolg hatte.

J. H. Sicher waren Sie niedergeschmettert, als Sie die Kritiken lasen.

C. A. Ich konnte es einfach nicht *fassen.* Ich weiß noch, daß ich mich fragte, von wem da eigentlich die Rede war. Ich glaubte an ein *Versehen.* Man erklärte mir natürlich, daß ich für die Amerikaner ein unbeschriebenes Blatt sei. Niemand wußte, daß ich in Europa schon recht ansehnlichen Erfolg gehabt hatte. Daß ich kein Anfänger war.

J. H. Haben Sie sich zu diesem Zeitpunkt entschlossen, die Psychoanalyse in Anspruch zu nehmen?

C. A. Ja. Ich hatte das schon früher erwogen. Und dann lernte ich diesen wundervollen Menschen kennen, Dr. Hubert Abrahamsohn. Er interessierte sich sehr für Musik. Er lebte in Düsseldorf. Ich weiß nicht, woher ich das Geld bekam. Vermutlich habe ich es mir geborgt. Aber 1924 ging ich für zwei oder drei Monate nach Düsseldorf. Ich glaube, ich hatte jeden oder jeden zweiten Tag eine Sitzung bei ihm. Und er hat nie einen Pfennig dafür verlangt. Der Fall interessierte ihn.

J. H. Verständlich. Das berühmte Wunderkind.

C. A. Damals war das noch etwas Ungewöhnliches, daß man zum Psychiater ging. Man verheimlichte es – man sprach nicht darüber. Aber ich hatte eine ganze Zeitlang das Gefühl, daß ich nicht meiner natürlichen Begabung entsprechend spielte. Ich spürte, daß da etwas im Weg stand. Und so passierte es mir oft, daß ich Passagen verpatzte, die ich eigentlich mit geschlossenen Augen spielen konnte. Es war etwas in mir, das sich dagegen auflehnte, auftreten zu müssen, im Blickfeld der Öffentlichkeit zu stehen.

J. H. Und wie war Dr. Abrahamsohns Reaktion?

C. A. Nun, wir analysierten natürlich meine Kindheit. Wissen Sie, hinauszugehen und vor tausend Leuten zu spielen – für ein Kind ist das ja wider die Natur. Weil sie sich nicht wohl fühlen, flüchten sich viele Kinder auch ins Versagen. Ich weiß noch, daß es mich um so mehr belastete, im Mittelpunkt des Interesses zu stehen, je älter ich wurde. Es scheint, daß das öffentliche Auftreten als Musiker etwas ist, an dem man wirklich arbeiten muß, psychologisch. Man muß wirklich spielen *wollen* – nicht hundertprozentig, das gibt es nicht, aber vielleicht zu neunzig Prozent. Weniger als neunzig Prozent, das kann manchmal verhängnisvoll sein.

J. H. War das der Schlüssel – mit größerer Bestimmtheit zu wissen, daß Sie öffentlich spielen wollten?

C. A. Das war *ein* Aspekt. Andererseits habe ich nie bezweifelt, daß ich zum Interpreten geboren war. Solche Dinge haben immer zwei Seiten. Daß ich kein normales gesellschaftliches Leben führte, muß wohl auch zu all diesen psychischen Schwierigkeiten beigetragen haben. Ich war so eine Art Ausgestoßener.

J. H. Sie haben sich oft mit Krauses Töchtern unterhalten. Besuchten Sie sie denn auch noch nach Krauses Tod?

C. A. O ja. Wir waren sehr gute Freunde. Aber sie waren natürlich alle älter als ich. Ich bin unter lauter Frauen aufgewachsen, ich weiß nicht, wie vielen. Meine Mutter, meine Schwester, meine Tante. Und dann die Krause-Töchter als Nachbarn. Mitunter frage ich mich: Wie bin ich je ein *Mann* geworden? Und wie wurde ich zum selbständigen Künstler? Manchmal glaube ich fast, es war so etwas wie ein Wunder.

J. H. Als Sie die Therapie bei Dr. Abrahamsohn begannen, kannten Sie da Leute in Ihrem Alter?

C. A. *Sehr* wenige, mit denen ich wirklich gut bekannt oder befreundet war.

J. H. Sie erwähnen oft den Übergang vom intuitiven zum bewußten Verständnis. War das ein Gedanke, den Dr. Abrahamsohn Ihnen nahebrachte, als ein Ziel, auf das Sie hinarbeiten sollten?

C. A. Ja. Ich wußte, daß ich ungeheuer viel an mir arbeiten mußte, psychologisch. Ich habe nie alles dem Analytiker überlassen, wie es so viele tun.

J. H. Hat sich in dieser Zeit Ihr Verhältnis zur Musik geändert?

C. A. Ja. Mir wurde klar, durch die Analyse, daß die Schwierigkeiten, die mich abhielten, alles zu geben, mit meiner Eitelkeit zusammenhingen. Ich wollte gefallen. Und ich hatte Angst davor, nicht zu gefallen. An diesem Punkt setzte Abrahamsohn immer wieder an. Und wie recht er hatte! Je weniger eitel man wird, um so kreativer ist man. Man kommt dahin, daß man auch den Mut hat, dem Publikum zu *miß*fallen, wenn der Komponist es verlangt. Bei Beethoven gibt es zum Beispiel Stellen, wo er fast brutal wird.

J. H. Bei dem Wort «Eitelkeit» denkt man normalerweise an Arroganz oder übertriebenes Selbstbewußtsein. Mir scheint jedoch, Sie sprechen von einer Art Schüchternheit – Eitelkeit in dem Sinne, daß Sie sich sorgen, was andere von Ihnen denken werden, und sich deshalb nicht auf eine Weise ausdrücken, die andere abstoßen oder verwirren könnte.

C. A. Ich meine nicht Eitelkeit im Sinne von Eingebildetsein, sondern in dem Sinne, daß man gefallen möchte. Und da steckt natürlich Unsicherheit dahinter.

J. H. Würden Sie sagen, daß sich Ihr Ton änderte, weil Sie diesen Wunsch zu gefallen überwinden konnten?

C. A. Er wurde reicher, kräftiger. Alles wurde mit mehr Sinn erfüllt. Leute, die mich früher gehört hatten, fragten mich, was denn geschehen sei.

J. H. Das ist durchaus verständlich. Ich meine, Ihr Leben lang hatten doch andere Sie beobachtet, hinter Ihrem Rücken gesagt: «Ist er nicht ein begnadetes Wesen, zwölf Jahre alt und spielt schon Liszt!» Sie müssen sich doch ständig bewußt gewesen sein, daß man Sie beobachtete, taxierte.

C. A. Daß ich im Rampenlicht stand, und daß man über mich urteilte. Und manchmal wußte ich nicht genau, was sie über mich dachten – weil ich allein war.

J. H. Als Sie über diese Periode schrieben, haben Sie einmal erwähnt, Sie hätten gelernt, Ihre Träume zu deuten.

C. A. O ja. Ich hatte ein Notizbuch dafür. Und ich hatte mich darauf trainiert aufzuwachen, wenn ich einen wichtigen Traum hatte, und ihn aufzuschreiben. Ich erwarb die Fähigkeit, immer dann aufzuwachen, wenn mein Unbewußtes mir etwas sagen wollte.

J. H. Und was fanden Sie in Ihrem Unbewußten?

C. A. Ich fand heraus, daß Angst unausweichlich ist. Mensch sein bedeutet, Angst zu haben. Und so zu tun, als hätte man keine Angst, ist lächerlich – so zu tun, als hätte man keine Angst, bevor man aufs Podium geht. Ich mußte lernen, mit meinen Ängsten zu leben.

J. H. Sicherlich haben Sie sich an Ihre Kindheit erinnert, als Sie keine Podiumsangst kannten, und sich gedacht, Sie müßten das als Erwachsener auch schaffen.

C. A. Ja. Aber das ist natürlich so gut wie unmöglich. Mancher glaubt, er könne die Angst loswerden, wenn er sich nur genug Mühe gibt, sie zu leugnen. Aber die Angst ist immer da. Wenn man allzu forsch ist, sich allzu sicher fühlt, stimmt etwas nicht.

J. H. An Ihrem Spiel fällt mir die bemerkenswerte Fähigkeit auf, zu

Schichten der Angst vorzudringen, die ein anderer Interpret vielleicht nie wahrnimmt. In Ihrer Einspielung wird zum Beispiel die vierte Ballade aus op. 10 von Brahms zu aufwühlender Nacht-Musik. Andere fassen sie dagegen als ein unbeschwerteres Stück auf, mit glitzernden Schumannschen Figurationen. Halten Sie es für denkbar, daß Angst unter anderem dazu dienen kann, Angst als Aspekt der Interpretation aufzuspüren?

C. A.   Aber ich meine ja sogar, daß die Fähigkeit, Angst zu empfinden – menschliche Angst –, einen in den Stand setzt, sich in *jede* Art von Emotion einzufühlen, in alles Menschliche. Einfühlungsvermögen ist eine der wichtigsten Eigenschaften eines Interpreten.

J. H.   Darauf wollte ich hinaus – daß Angst nicht nur der Entdeckung von Angst in den Noten förderlich ist, sondern, als nervöswacher Gefühlszustand, auch alle möglichen Arten von Gefühlen erschließt. Ich wollte sogar zur Diskussion stellen, ob Sie nicht durch die Angst-Erfahrung in der Musik in gewissem Sinne dahin gelangen können, die Angst zu zerstreuen und einen höheren, erhabeneren Zustand zu erreichen. Um ein augenfälliges Beispiel anzuführen: in der h-Moll-Ballade von Liszt beginnen Sie mit ungeheurer Angst und arbeiten Sich am Schluß zu einer Apotheose empor. Ich empfinde das so, daß Sie sich da aus der Angst herausarbeiten. Vielleicht könnte man es sogar einen Akt der Therapie nennen.

C. A.   Ein Herausarbeiten aus der Angst, unbedingt. *Nutzbarmachung* der Angst. Den therapeutischen Wert darf man, glaube ich, nicht überschätzen. Therapie ist etwas ganz anderes – sie dient lediglich dazu, Menschen von psychischen Behinderungen zu befreien.

J. H.   Aber wie steht es mit der rein negativen Auswirkung der Angst, wenn sie zu einem Versagen des Gedächtnisses und zu falschen Tönen führt? Wovon hängt es ab, ob die Angst sich positiv oder negativ auswirkt – als schöpferisches oder als zerstörerisches Element?

C. A.   Das weiß ich auch nicht genau. Vor dreißig Jahren hat mich die Angst oft in meinem Vortrag behindert. Aber mit der Zeit begriff ich, daß man die Dinge einfach auf sich zukommen lassen muß, anstatt sich andauernd Gedanken darüber zu machen, ob man gefällt oder Erfolg hat. Dann ist die Angst kein so großes Manko und wird eher zu einem Element des schöpferischen Stroms.

J. H. Sie bezeichnen beispielsweise Erinnerungslücken gesprächsweise oft als «selbstzerstörerische Tendenzen», als ob sie ein Teil Ihres Unbewußten seien, der Sie scheitern lassen will.

C. A. Beinahe jeder Interpret muß dagegen ankämpfen, sich in das Scheitern zu flüchten, wie es Schnabel in seinen letzten Jahren tat. Als Schnabel einmal bei einem Schubert-Zyklus in der Town Hall eine Erinnerungslücke hatte, sagte er: «Es tut mir leid, aber es hat so stark gezogen, daß ich nicht weiterspielen konnte.» Die Platzanweiser kontrollierten sofort, ob irgendwo ein Fenster offenstand, aber das war natürlich nicht der Fall.

J. H. Wie fühlen Sie sich, wenn Sie spielen und irgend etwas geht schief?

C. A. Früher meinte ich immer, ich müßte in den Boden versinken. Manchmal brauchte ich *Monate,* um darüber hinwegzukommen. Ich wollte vollkommen sein, göttlich – über jeden Mißgriff oder Erinnerungsfehler erhaben. Aber dadurch erreicht man immer das Gegenteil. Heute gerate ich nicht mehr so sehr aus der Fassung. Ich sage mir: «Es ist lächerlich, sich das so zu Herzen zu nehmen. Ich bin nicht unfehlbar.»

J. H. Früher habe ich beim Hören von Musik immer Perfektion erwartet. Wenn dem Interpreten ein Fehler unterlief, vergällte mir das den ganzen Rest der Aufführung. Das war eine furchtbar angespannte Art des Zuhörens – ich lauerte förmlich auf einen falschen Ton oder einen unsauberen Einsatz.

C. A. Wissen Sie, was geschah, wenn ich in meinen sehr frühen Jahren einen Fehler machte? Ich gab auf. Ich spielte weiter, aber ich gab auf. Als ob der Rest nicht mehr zählte.

J. H. Etwas, worüber wir in diesem Zusammenhang sprechen sollten, weil es allgemein bekannt ist, ist die Tatsache, daß Sie relativ oft ein Konzert absagen. Wie erklären Sie das?

C. A. Manchmal bin ich wirklich indisponiert, körperlich. Aber die meisten Absagen sind auf Angst zurückzuführen, Angst von der falschen Sorte. Weil ich ein Werk lange Zeit nicht gespielt habe – das ist der Hauptgrund.

J. H. Führt die Angst manchmal auch zu physischen Symptomen?

C. A. Ja, gewiß, das kennen wir doch alle.

J. H. Ihre Steifheit neulich, als Sie das Konzert in Connecticut absagten – war das auf Nervosität zurückzuführen?

C. A. Nun, man könnte es so sehen. Ich sollte nämlich tags darauf das e-Moll-Konzert von Chopin spielen, das ich mindestens fünf Jahre nicht mehr gespielt hatte. Aber es gab auch einen körperlichen Grund. Im Flugzeug, auf dem Rückflug von Chicago, ließ sich eine Belüftungsdüse genau über mir nicht schließen. Am Abend dieses Tages war ich müde und steif. Außerdem hatte ich schon seit einiger Zeit Nackenbeschwerden gehabt. Man weiß nie genau, wieviel psychosomatisch und wieviel rein physisch ist.

J. H. Wenn Sie sich außerstande fühlen, aufs Podium zu gehen, ist da in der Regel ein physisches Symptom vorhanden? Ich meine, haben sie irgendwelche Muskelbeschwerden?

C. A. Nein. Es ist nichts Technisches. Im allgemeinen mache ich mir Sorgen wegen meines Gedächtnisses.

J. H. Wenn Sie sich außerstande fühlen zu spielen, treten Sie dann manchmal trotzdem auf?

C. A. Eigentlich nicht. Wenn ich das Gefühl habe, nicht spielen zu können, sage ich einfach ab. Ohne Rücksicht auf irgend jemand anderen.

J. H. Haben Sie danach ein schlechtes Gewissen?

C. A. Ja. Und ich bin deprimiert.

J. H. Für mich repräsentieren Sie einen Künstlertypus, den man als den «Romantiker» bezeichnen könnte – einsam, leidend, ringend. Glauben Sie, daß dies der Grundtypus des Künstlers ist?

C. A. O nein. Jungs Unterscheidung zwischen introvertierten und extrovertierten Menschen – das findet man häufig. Der Extrovertierte hat eine viel leichtere Karriere, zumal am Anfang – er ist sich seiner selbst so sicher. Aber er erreicht zumeist nicht die letzte Stufe der Entwicklung. Der Introvertierte hingegen, falls er die *Ausdauer* besitzt, sich mit all seinen Schwierigkeiten auseinanderzusetzen – er kommt weiter, glaube ich.

Kreativität und Selbstverwirklichung

Der nachstehende Essay von Claudio Arrau über die Psychoanalyse und ihre Bedeutung für den schöpferischen Menschen entstand vor der Zeit, zu der die Gespräche dieses Buches geführt wurden. Er erschien im Februar 1967 in der Zeitschrift High Fidelity. *Da er wesentliche Fragen vertieft, die im vorangegangenen Kapitel angeschnitten wurden, ist er an dieser Stelle sehr aufschlußreich.*

Freunde und Schüler haben mich oft sagen hören, daß in der idealen Musikschule, wie ich sie mir vorstelle, Psychoanalyse zu den Pflichtfächern zählen würde. Dies und die Tanzkunst.

Warum Psychoanalyse? Um einem jungen Künstler die Bedürfnisse und Antriebe seiner Psyche bewußt zu machen, um ihm zu helfen, sich möglichst frühzeitig und nicht erst spät im Leben selbst kennenzulernen, damit er möglichst früh mit seiner Selbstverwirklichung beginnen kann, die bis zum Ende seines Lebens die wichtigste Triebkraft seines Daseins als Mensch und als Künstler sein muß. Nur insoweit, als dies sein Ziel ist, bewußt oder unbewußt, wird er sich als Künstler weiterentwickeln und sich überhaupt erst dieses Titels würdig erweisen. Die moderne Tanzkunst würde ich ebenfalls in den Lehrplan aufnehmen, weil ihre befreienden, expressiven Bewegungen dazu beitragen können, psychophysiologische Blockaden, Spannungen und Hemmungen zu lösen, und so zu einer stärkeren Bewußtmachung und wirkungsvolleren Darstellung von Gefühlen führen.

Wir haben alle schon von psychischen Blockaden gehört, von Musikern, die Zusammenbrüche erlitten, vom plötzlichen Versagen der Finger, der Muskeln oder des Gedächtnisses, von Angstzuständen, die so akut werden, daß Sänger die hohen Töne nicht mehr bewältigen und jegliche Technik und musikalische Meisterschaft sich scheinbar verflüchtigt. Wem dergleichen widerfährt, dem wird zur Psychoanalyse geraten. Die hätte er auch nötig gehabt, nur ist es in diesem Stadium für gewöhnlich schon zu spät für eine Analyse. Nur diejenigen mit dem klarsten Bewußtsein, mit dem stärksten Lebenswillen und Mut zum Dasein gelangen zu voller Helligkeit und Gesundheit. Andere straucheln in einem ständigen Halbdunkel des Leidens, dem wahren Fegefeuer der Seele.

In meiner idealen Schule würde ein junger Künstler nie in solch eine ausweglose Situation getrieben werden. Lernen und pädagogische Führung würden von Anfang an seinen Weg erhellen, so wie in alten Zeiten die Mysterien halfen, den griechischen Neophyten zu initiieren, ihn ins Leben einzuführen. Unglücklicherweise sind jedoch in unserer heutigen Gesellschaft, in der das Leistungsdenken und die materiellen Aspekte des Lebens an erster Stelle stehen, Wachstum und Entwicklung nicht mehr die natürliche Ordnung der Dinge. Obwohl das Leben, wie Jung immer wieder betonte, oft die Dinge selbst in die Hand nimmt und uns, bisweilen zu unserem Vorteil, weiterführt, kann es uns andererseits auch übel mitspielen – uns Hindernisse in den Weg legen, wenn wir am wenigsten darauf gefaßt sind, oder uns an Abgründe führen, in die wir manchmal hinabstürzen und aus denen nur die Heroischsten sich wieder herausarbeiten.

Die Psychoanalyse hat eine lange Entwicklung hinter sich gebracht, seit Freud im Jahre 1900 *Die Traumdeutung* veröffentlichte. Wir wissen heute, daß es viele Wege zur Selbsterkenntnis, Selbsterfüllung gibt, die letzten Endes die Heilung von jeder Neurose ist (oder zumindest das Ziel jeglicher Heilung sein muß), sei es nun die langwierige Analyse, die bis ins erste Lebensjahr zurückgeht, oder die Beschäftigung mit Tillich oder Buber oder Zen oder einfach der schlichte, lebenspendende gesunde Menschenverstand. Nach meiner Überzeugung ist jedoch die dem Künstler angemessenste Art die Rückkehr zu der uralten Weisheit, wie sie in den Schriften Jungs enthalten und in seiner Idee vom kollektiven Unbewußten verkörpert ist.

Dies ist, im Unterschied zum persönlichen Unbewußten, die

Summe der gesamten psychischen Geschichte des Menschen seit Anbeginn der Zeiten, die in Gestalt von Mythen, Märchen, Religion und alten Sitten und Ritualen auf uns gekommen ist. Indes sich Geist und Seele des Menschen entwickelten, indes er seine psychischen Kämpfe der Erlangung, Erneuerung, Verwirklichung und bewußten Wahrnehmung ausfocht und ihnen Symbol und konkrete Gestalt in seiner Gelehrsamkeit, seiner Kunst und seiner Literatur verlieh, entstand zugleich auch der ganze mystische und mythologische Schatz unserer gesamten psychischen Vergangenheit. Als einzelne fechten wir, in unserer Zeit und unserem Leben, dieselben psychischen Kämpfe aus, die wir in den alten Mythen finden, nur ohne die Hilfe des Weisen Alten Mannes (es sei denn, wir finden in der Not einen in Gestalt eines Analytikers); wir unternehmen heroische Fahrten ganz nach Art der großen Helden der Mythologie – Herkules, Perseus und Theseus –, und bisweilen wird uns bei unseren Aufgaben sogar Beistand in Form ähnlich wundersamer Ratschläge, Vorahnungen und Fügungen zuteil. Und wie Prometheus fordern wir Gott heraus und riskieren den Untergang, der uns manchmal ereilt, während wir ihm manchmal entgehen. Immer aufs neue wiederholen wir, was der Mensch auf seinem kurzen und gefahrvollen Weg von der Geburt zum Tode seit Anbeginn der Geschichte bewußt oder unbewußt durchlebt hat.

In seinem lebenslangen Bemühen, etwas Bleibendes zu leisten, vollzieht der Künstler, der schöpferische wie der nachschöpferische, als Kulturträger der Gesellschaft die individuellen Muster des Wachstums und der Entwicklung, und zuweilen der endgültigen Verwirklichung, klarer als andere Menschen (oder die Muster sind für uns klarer erkennbar, und sei es nur aus dem Grunde, daß das Leben des Künstlers öfter aufgezeichnet wird).

Verfügt der Künstler über außergewöhnliche Gaben, wird er in seinen frühen Lebensjahren oft die Eigenschaften zeigen, die im Archetyp des göttlichen Kindes symbolisiert sind, das laut C. G. Jung unsere naturgegebenen, nicht durch verstandesmäßiges Bewußtsein begrenzten vitalen Kräfte und damit den unausweichlichen, instinktiven Drang zur Selbstverwirklichung verkörpert.

Dies ist die unbewußte Fähigkeit des Wunderkindes. Doch der

Übergang von der göttlichen Unschuld unbewußter Sicherheit zur Verantwortlichkeit des jungen Mannesalters verlangt einen Akt heroischen Mutes. Für den jungen Künstler ist dies eine der schwierigsten Phasen seines Lebens. Er muß durch eine große Prüfung gehen, in der er seinen Status in der Gesellschaft (im allgemeinen ist der erste Preis in einem Wettbewerb sein Lohn) sowie seine Prinzessin erringt, ganz wie Tamino in seinem Initiationsritus in Mozarts *Zauberflöte*. Als erstes muß er den fürchterlichen Drachen erschlagen (bewußte Einsicht erlangen), dann muß er die Prüfung durch Feuer und Wasser bestehen (geleitet von Sarastro, der Macht der bewußten Erkenntnis und Verantwortung), und erst dann erfüllt sich sein Herzenswunsch und erringt er Pamina (seine Seele). Bei alledem sinken die dunklen, schrecklichen Mächte des Unbewußten (Königin der Nacht), die ihn stets hinabziehen wollen, in die tiefsten Schichten seiner Psyche ein, aus denen er dann seine schöpferische Kraft ziehen kann, nun jedoch unter der Herrschaft des bewußten Geistes.

Wäre das Bestehen der heroischen Prüfung – der in der Regel so starke Depressionen und Enttäuschungen vorausgehen, daß der junge Künstler oft an Selbstmord denkt – das einzige Ziel, wäre das Leben vergleichsweise einfach. Aber im Leben des Künstlers, wie im Leben überhaupt, ist dies nur die erste von vielen wichtigen Aufgaben, die bewältigt werden müssen.

Vom zwanzigsten bis zum vierzigsten oder fünfzigsten Lebensjahr ist der Mann im Vollbesitz seiner Lebenskraft. Eros ist hinter ihm und in ihm. Seine Arbeit macht große Fortschritte, er erringt Erfolg und Anerkennung, und normalerweise heiratet er in diesem Lebensabschnitt. Doch obwohl er vom Eros beseelt ist und die Antriebe zur Selbstverwirklichung instinktiv wirken, setzt jede Leistung, jeder Erfolg eine bewußte Anstrengung voraus. Nicht anders als Odysseus muß der Künstler eine Prüfung nach der anderen bestehen, bis er Schritt für Schritt sein Lebensziel erreicht und seine Seele in Gestalt der auf ihn wartenden Penelope findet.

Dabei ist freilich vorausgesetzt, daß alles gutgeht. Aber wie das Leben so spielt, geht es meistenteils nicht so gut. Der Eros mag in uns sein, aber der Todeswunsch ist es auch (im Jungschen Sinne der symbolischen Angst oder des Dranges, in den dunklen, unbewußten Zustand einer früheren Entwicklungsstufe zurückzugleiten), und wir tun die unerklärlichsten Dinge. Wir frustrieren uns unablässig selbst. Aus Furcht – Furcht vor dem Versagen und, so seltsam es klingen mag, auch vor dem Erfolg – werden wir Künstler vor wichtigen Auftritten plötzlich krank. Wir leisten uns die fürchterlichsten Gefühlsausbrüche, setzen aufs Spiel, was uns am liebsten ist. Wir fallen und brechen uns den Arm. Wir haben Verkehrsunfälle. Sänger werden plötzlich heiser, schaffen die hohen Lagen nicht mehr und spannen ihre Halsmuskeln oft derart krampfhaft an, daß man sich fragt, wie ihre Stimmbänder überhaupt noch funktionieren können. Instrumentalisten verlieren unversehens die Kontrolle über bestimmte Finger oder können plötzlich die einfachsten (oder schwierigsten) Passagen nicht mehr spielen. Oder der Ehrgeiz und so etwas wie ein Wunsch nach Unfehlbarkeit läßt einen beim geringsten Anzeichen einer Unvollkommenheit mitten in einem ansonsten tadellosen Vortrag aufgeben. Und es kann auch zum Schlimmsten kommen, nämlich dazu, daß alles Streben plötzlich seinen Sinn verliert, der Künstler sich in einem ausweglosen Labyrinth des Konflikts und der verzweiflung wiederfindet und von Stund an überhaupt nicht mehr auftritt. Diese Resignation ist ein wahrhaftiger Tod, der Tod der Seele. Man versinkt im Orkus, und nur der heldenhafteste Kampf mit den Furien (dem dunklen Aspekt des Unbewußten), zu dem der Mensch ja aufgerufen ist und den er nur unter Aufbietung all seiner verbliebenen seelischen Kräfte bestehen kann, wird einem je die Rückkehr ermöglichen. Bleibt der Künstler in diesem Kampf Sieger, so ist er ein wahrer Held, der seine eigene Wiedergeburt herbeigeführt hat.

Die nicht minder schrecklichen, wenn auch nicht so dramatischen Folgen, die aus dem Unvermögen entstehen können, mit psychoneurotischen Blockierungen fertig zu werden, sind die Blockierungen der Kommunikation. Die Blockierungen des Gefühlslebens, die einem die Kommunikations- und Ausdrucksfähigkeit nehmen, sind oft das Ergebnis von Lehre und Erziehung, im Grund jedoch eher der Furcht davor, sich zu engagieren und festzulegen, einer Interpretation gewissermaßen seinen eigenen Stempel aufzudrücken. Das Versiegen der Kommunikation führt letzten Endes dazu, daß die psychische und allgemeine Entwicklung zum Stillstand kommt. Besonders häufig wird die Kommunikationsfähigkeit durch mangelnde Sensibilität und oft durch schiere Eitelkeit blockiert, wenn der Künstler zum Opfer seines eigenen Erfolges wird, sich von seinem eigentlichen Wesen entfernt und dadurch immer mehr von der Quelle seiner schöpferischen Kräfte abgeschnitten wird.

Zum Glück lassen sich Blockierungen der Kommunikation bei jungen Künstlern oft durch geeigneten Unterricht durchbrechen. Ich habe mehrmals zu meinem größten Erstaunen erlebt, wie Schüler, die scheinbar nichts auszudrücken hatten, innerlich praktisch leer waren, ganz plötzlich eine wahre Explosion der Gefühle erlebten, ausgelöst durch nichts anderes als die Möglichkeit, mit dem ganzen Körper zu spielen statt nur steif mit den Fingern, die Arme starr an den Körper gedrückt. Es ist, als wirkte diese neu entdeckte Bewegungsfreiheit auf die Psyche ein, als weckte und befreite sie die schlummernde schöpferische Phantasie und erlaubte ihr, zu wachsen und sich zu entfalten. Es versteht sich von selbst, daß die Anlage zur Kreativität vorhanden sein muß. Fehlt sie, dann kann eine tüchtige psychische und physische Lockerung höchstens vorübergehend Anregung bringen.

Wie die erste Hälfte des Künsterlebens vom Eros und dem nach außen gerichteten Streben nach Arbeit und Erfolg bestimmt ist, so muß die zweite Hälfte eine Zeit der Bestandsaufnahme, der Wendung nach innen und der Besinnung auf das eigene Wesen sein; Unwichtiges fällt dann ab, und nur die sinnvollsten und tiefsten Seiten unserer Natur und unserer Begabungen werden erfüllt. Dieser Lebensabschnitt kann eine ebenso ernste Krise im Leben eines Künstlers sein wie das erste tastende Suchen nach der eigenen Identität und dem Sinn des Lebens. Stand damals die Angst vor den Anforderungen und Gefahren des Lebens im Vordergrund, so überwiegt nun das Entsetzen angesichts der Auflösung des Lebens und der heraufziehenden Nacht des Nichts und des Todes.

Das bedeutet nicht, daß ein Künstler etwa vom fünfzigsten Lebensjahr an nachzulassen begänne und nichts Großes mehr zuwege brächte. Genau das Gegenteil tritt ein, wenn mit seiner psychischen Entwicklung alles gutgegangen ist. Seine Energie ist so enorm wie eh und je. Erst jetzt, vorausgesetzt, der volle Prozeß der Individuation hat stattgefunden oder ist noch im Gange – jener Prozeß, durch den man dank einer ständigen Zunahme von Bewußtsein, Bemühen und Weisheit schließlich ganz zu sich selbst und zur Harmonie mit dem Kosmos gelangt –, erst jetzt vollbringt er seine beste und sinnvollste Arbeit. Wenn er diese letzte Aufgabe meistert, erzeugt dies eine neue Welle der Kreativität, die aus noch tieferen Quellen aufsteigt als alles, was früher war.

In unserer Zeit sind Picasso, Strawinsky, Chagall, Casals, Klemperer, Rubinstein, Ansermet, um nur einige der großen alten Männer zu nennen, die besten Beispiele für die Macht der Individuation, der, wie ich sie nenne, kontinuierlichen und nie endenden Entwicklung, in der die Grenzen der eigenen Persona aufgehoben werden, so daß man beginnt, jegliche Eitelkeit hinter sich zu lassen, was zur endgültigen Verschmelzung mit dem Universum führen kann. Im Bereich der schöpferischen Kunst sind die ungebrochene Erfindungsgabe, die tätige Phantasie, die unendliche Neugier und die Weisheit konzentrierten Ausdrucks insbesondere bei Picasso und Strawinsky staunenswert. Dahin gelangen nur die großen schöpferischen Begabungen – mehr durch weniger sagen zu können.

Im Leben des schöpferischen – oder nachschöpferischen – Künstlers gibt es viele verschiedene Ebenen der Verwirklichung und Erfüllung, auf allen Entwicklungsstufen. Mozart starb mit nicht ganz sechsunddreißig Jahren, Schubert mit einunddreißig und Beethoven mit siebenundfünfzig. Dennoch erreichte jeder die schöpferische Selbsterfüllung im höchsten Maße, wenn auch auf unterschiedliche Art. Mozart zeigt vom *Idomeneo* bis zur *Zauberflöte* eine solch ungeheure Schöpferkraft, daß man getrost sagen kann, er habe ein großes Meisterwerk nach dem anderen produziert. Schuberts kreative Kräfte wurden gegen Ende seines Lebens tiefer und reicher (die große C-Dur-Symphonie, das Quintett op. 163 und die drei Sonaten op. post., um nur die wichtigsten Werke dieser Periode zu nennen), so daß er uns, hätte er länger gelebt, meiner Meinung nach noch weitere Meisterwerke geschenkt hätte. Beethoven erlebte viele Wiedergeburten und zum Schluß dann eine vollständige Verwandlung und Verklärung. Manchmal versuchte er sogar, die frühen Schlachten noch einmal zu schlagen (freilich auf höherem Niveau), wie in op. 106, in dem er (wahrscheinlich angeregt durch den neuen Broadwood-Flügel unter seinen Händen) noch einmal auf die Zeit der *Appassionata* zurückgreifen wollte, mit der Absicht, abermals eine himmelstürmende Sonate zu schaffen. Doch er war über derlei Dinge schon hinausgelangt und weit fortgeschritten auf dem Weg zu einer spirituellen Verwandlung erster Ordnung, und nach den deklamatorischen ersten Takten der feurigen Eröffnung scheint der Versuch unter seinen Fingern zu scheitern. Statt dessen läßt er den tiefgründigsten langsamen Satz seines ganzes Werkes folgen und schließt dann – noch einmal ganz Virtuose – mit der schwierigsten Fuge, die man sich vorstellen kann, als wollte er sagen: «Euch werde ich's zeigen.» Beethoven hat stets alle seine Kämpfe gewonnen. Das ist der Grund, weshalb seine Botschaft an die Menschheit und vor allem an junge Leute auch heute noch so bedeutsam ist.

In jüngerer Zeit zeigte Mahler die gleiche Fähigkeit, die dunkle Nacht der Seele zu überwinden und immer wieder den Todeswunsch zu transzendieren, Wiedergeburt und Erneuerung auf immer höheren Ebenen zu erlangen und sich siegreich bis zur finalen Exaltation und Apotheose der letzten Symphonien durchzuringen. Wir wissen heute, daß Mahler wegen einiger seiner persönlichsten Probleme Freud konsultierte, und wir können sicher sein, daß ihm Hilfe zuteil wurde, zumindest in einem gewissen Grad (schon ein gutes Gespräch mit einem weisen Menschen kann ein Fenster zum Selbstverständnis öffnen), denn gegen Ende seines Lebens waren seine Ängste und seine Furcht vor dem Tode einem festen Glauben an die Unzerstörbarkeit der menschlichen Seele und die göttliche Möglichkeit der Erfüllung des Menschen gewichen.

Als Jung schrieb, daß das Leben uns in seine Obhut nehme, äußerte er eine oft grundlegende Wahrheit, die aber nur für diejenigen gilt, die ganz besonders positiv und bewußt orientiert sind. Wenn wir uns gedrängt fühlen und den Mut haben, an Wettbewerben teilzunehmen (mag auch nur einer gewinnen können – das Wagnis auf sich zu nehmen, das allein zählt), wenn wir die Verantwortung für Ehe und Familie übernehmen, wenn wir Hindernisse überwinden und Erfolge erringen, so sind das Beispiele dafür, wie das Leben uns in seine Obhut nimmt. (Angesichts des neu erwachten

Interesses an Wettbewerben im Hinblick auf unsere politische Rivalität mit der Sowjetunion ist es an dieser Stelle von größter Wichtigkeit, junge Künstler daran zu erinnern, daß Wettbewerbe nur ein praktisches Mittel zur Begründung einer Karriere, und zwar als Ausdauer- und Mutprobe psychologisch wichtig sind, aber nichts mit dem tieferen Sinn der Kunst zu tun haben. In meiner idealen Schule würden junge Künstler zwar miteinander wetteifern, aber es würde keine ersten Preise geben, sondern nur viele Preise für verschiedene Begabungen.) Unser Bedürfnis nach einem Führer und Mentor (unserem eigenen privaten Merlin) ist am größten, wenn wir an Scheidewege kommen und in Krisen geraten. Nur die Aufgeklärtesten und Kundigsten können sich dann aus eigener Kraft helfen. Die übrigen können von Glück sagen, wenn sie eine helfende Hand finden.

Von meinem fünfzehnten Lebensjahr, als mein Lehrer Martin Krause starb, bis zu meinem zwanzigsten durchlebte ich die schwierigste und unglücklichste Zeit meines Lebens. Ich arbeitete weiter. Ich errang mit sechzehn und siebzehn zweimal hintereinander den Liszt-Preis, aber es verging kaum ein Tag, an dem ich nicht an den Tod dachte. Dann mit zweiundzwanzig, nach meiner ersten USA-Tournee und meiner Rückkehr nach Berlin, verzagte ich angesichts der Schwierigkeiten, die vor mir lagen, und hätte am liebsten auf der Stelle alles hingeworfen. Aber ein Freund brachte Hilfe. Dieser Freund hatte gehört, wieviel die Analyse bei Edwin Fischer dazu beigetragen hatte, daß er weiterspielen konnte (Fischers Problem war buchstäblich lähmendes Lampenfieber – wenn er das überwinden konnte, gelangen ihm einige der unvergeßlichsten, dämonischsten Interpretationen, die ich je gehört habe), und da Fischer ein älterer und berühmterer Schüler von Krause war, beschloß ich, ebenfalls zu einem Analytiker zu gehen. Allerdings war ich damals so weit, daß ich auch zu einem Wunderheiler gegangen wäre, wenn ich mir etwas davon versprochen hätte. Mein Analytiker, Dr. Hubert Abrahamson, half mir nicht nur (binnen drei Jahren hatte ich wieder genug Lebensmut, um mich zum Genfer Klavierwettbewerb anzumelden und den ersten Preis zu erringen), sondern ist auch ein Leben lang mein Freund und Mentor geblieben. Seine Hilfe und seine Lehre (er begann als Freudianer und kam dann zu Jung und schließlich zur heute sogenannten Existenziellen Psychologie) öffneten mir so viele Fenster, daß es mir schließlich möglich war, meine Träume zu deuten – oder sie zumindest als Angst- oder Warnträume und, manchmal in Augenblicken der Verzweiflung, als Träume interpretieren konnte, die mir Erfüllung prophezeiten. In einem Zeitraum von dreißig Jahren hat mir die Analyse geholfen, meinen persönlichen psychischen Dschungel zu roden, bis meine vollen schöpferischen Kräfte frei fließen konnten. Nach und nach wurden Schichten überflüssigen, verdeckenden Materials abgetragen, ein Vorgang, der sich bis zum Tode fortsetzen muß. In diesem Sinne ist das alte Sprichwort: «Man stirbt, wenn man aufhört zu wachsen», buchstäblich wahr.

Wenn ich bis jetzt nicht von Künstlerinnen gesprochen habe, so nicht, weil ich nicht daran gedacht hätte. Die Psychologie der Frau unterscheidet sich von der des Mannes so grundlegend wie ihr Geschlecht. Die Künstlerin sieht sich in der heutigen Welt nicht nur mit den Problemen ihrer eigenen individuellen weiblichen Entwicklung konfrontiert, sondern steht auch vor der Aufgabe, sich in einer Männerwelt durchzusetzen. Da es das Ziel des Mannes ist, die Totalität seiner Persönlichkeit durch Arbeit, Erfüllung und Familie zu erlangen, ist eine berufliche Laufbahn für ihn ein natürlicher Zustand, ja eine Notwendigkeit. Eine Künstlerin muß sich auch als Frau erfüllen. Wenn sie das erreicht und überdies auch in ihrer Karriere ohne Ambivalenz erfolgreich ist, ist sie wahrhaft gesegnet. Aber die Karriere einer Künstlerin kann ebenso anstrengend, ebenso egozentrisch sein wie die eines Mannes, und je höhere Ansprüche sie stellt, um so größere Konflikte werden sich für die Künstlerin mit den Ansprüchen ihres persönlichen Lebens ergeben. Wegen ihrer zahlreichen Ambivalenzen stehen die Aussichten auf eine große Karriere für eine Künstlerin schlechter als für einen Mann. Sie muß, glaube ich, doppelt so hart arbeiten, und Märchen und Mythen sind selten auf ihrer Seite. (Da sie auf patriarchalischen Vorstellungen beruhen, geht es in ihnen meist nur um die Prinzessin, die kein anderes Ziel im Leben hat, als ihren Prinzen zu finden und mit ihm glücklich bis an ihr seliges Ende zu leben.)

Selbst in diesen Zeiten des dahinschwindenden Patriarchats, da wir offenbar an der Schwelle einer neuen, auf gleichstarken Persönlichkeiten beider Geschlechter beruhenden Gesellschaft stehen, meidet der normale Mann die starke, unabhängige Frau; er braucht sie nicht. Nur ein außergewöhnlicher Mann ist zu einer glücklichen Ehe mit einer Künstlerin fähig, und sie kann sich glücklich schätzen, wenn sie einen solchen Mann findet. In den meisten Fällen findet sie ihn nicht; sie gewinnt ihn, so wie Psyche, durch Prüfungen der Geduld, des Mutes und der Liebe, schließlich Amor zurückgewinnt.

In Jungs Kanon des kollektiven Unbewußten spielen die Archetypen der Anima und des Animus eine herausragende Rolle. Die Anima ist der weibliche Aspekt des Mannes, der Teil seiner selbst, den er nicht als wertlos ablehnen darf, sondern den er in seine Psyche aufnehmen und integrieren muß, um ein ganzer Mann zu werden. Je unvollkommener diese Integration bleibt, um so mehr bleibt er Kind. Die Frau muß ihrerseits ihren Animus, ihren maskulinen Aspekt, verarbeiten, um zu voller Weiblichkeit zu gelangen.

Der schöpferische Künstler gehört meiner Ansicht nach zu den wenigen Glücklichen, die im höchsten Maße imstande sind, die Vereinigung der Gegensätze zu einem totalen Ganzen zu erreichen, die das Ziel des Prozesses der Individuation ist – der Erlangung der Einheit des totalen Selbst. Beim Künstler mögen die Spannungen, die es zu überwinden gilt, größer sein, aber die Einheit – das Ganze – kann der Vollkommenheit näherkommen. Wenn der Drache bezwungen ist und die Heroenkämpfe bestanden sind, kann der Künstler sich der Quelle seiner Phantasie, seines Ahnungsvermögens und seiner Kreativität, seinem Unbewußten öffnen, das nun nicht mehr als ein Aspekt der dunklen Furcht erscheint, sondern als wohltätige Weisheit. Ohne diese Quelle könnten Intellekt, Vernunft, stabiles Ich und Kontrolle, auch wenn sie noch so ausgeprägt sind, niemals genug Bedeutung in der Kunst haben.

Noch ein letzter Gedanke. Ich werde oft von Freunden und Schülern gefragt: Ist denn die Psychoanalyse nicht gefährlich für Künstler, ist es für Künstler nicht wichtig, Konflikte und Neurosen und Probleme zu haben und zu leiden? Doch, unbedingt. Aber Psychoanalyse oder Selbstanalyse oder Gruppentherapie beseitigt ja auch nicht Leid und Konflikte. Einen Modus vivendi mit Leid und Konflikten zu finden – zu lernen, wie man mit ihnen umgeht und mit ihnen leben kann –, darauf kommt es an. Für den Künstler sind Spannungen und Behinderungen, sofern sie geistig verarbeitet, bewältigt oder sublimiert werden, wichtig und sollten nicht beseitigt werden, sind es doch eben diese Spannungen, die dem schöpferischen Prozeß seine Intensität verleihen und eine unentbehrliche Quelle schöpferischer Kraft sind. Was die Psychoanalyse jedoch vermag, ist die Beseitigung der Behinderungen durch die Angst – Angst davor, einzigartig zu sein, oder davor, nicht einzigartig zu sein. Denn in Wahrheit ist jeder Künstler, der in größerem oder kleinerem Maßstab ein wahrer Künstler ist, einzigartig.

«Weimar» ist ein Schlagwort für politischen Verfall und kulturelle Hochblüte in Deutschland. Dada, Expressionismus und Bauhaus florierten. *Das Kabinett des Dr. Caligari, Der Zauberberg* und die *Dreigroschenoper* gehören zu den heute noch lebendigen Kunstwerken, die damals entstanden. Im Pantheon der Weimarer Republik finden sich Namen wie Brecht und Mann, Piscator und Reinhard, Einstein und Köhler, Gropius und Moholy-Nagy, Grosz und Kandinsky.[6] In Weimar wurde 1919 die deutsche Republik ausgerufen, aber Berlin war der Dreh- und Angelpunkt, der kulturelle Magnet. Alfred Kerr, der mächtige Berliner Theaterkritiker, nannte das blühende Kulturleben der Stadt ein neues Perikleisches Zeitalter, wie Bruno Walter in seinem autobiographischen Buch *Thema und Variationen* schreibt.

«Was damals das Theater in Berlin leistete», fährt Walter fort, «kann an Talent, Lebendigkeit, Höhe der Intention und Fülle des Gebotenen kaum übertroffen werden . . . und wenn auch viel Experimente, Absonderlichkeiten und selbst gelegentlich Absurdität sich bemerkbar machten, gemeinsam dem allen, ja das eigentliche Zeichen jener Zeit, war eine geistige Wachheit ohnegleichen. Und der Wachheit der Gebenden antwortete Wachheit der Empfangenden – es herrschte eine leidenschaftliche allgemeine Konzentration auf das kulturelle Leben, die sich auch in dem breiten Raum ausdrückte, den die Zeitungen trotz der politisch so aufgeregten Zeit täglich der Kunst widmeten.»[7]

Mit seinen Orchestern, Opernhäusern und Konservatorien sog Berlin Musik auf wie ein Schwamm. Ferruccio Busoni (1866–

1924), der sich 1894 in Berlin niederließ, war der musikalische Leitstern der frühen Weimarer Republik, als Pianist, Komponist und Kompositionslehrer an der Akademie der Künste, wo zum Kreis seiner ehrfurchtsvollen Schüler auch Kurt Weill (1900–1950) zählte, der seinerseits eine Zeitlang Arraus Kompositionslehrer war. Als Busoni starb, übernahm Arnold Schönberg (1874–1951) seine Klasse an der Akademie. Wilhelm Furtwängler (1886–1954) wurde 1922 Dirigent der Berliner Philharmoniker. Artur Schnabel (1882–1951), der 1922 nach Berlin zog, galt als der führende Beethoven-Pianist in Furtwänglers Generation. Sein Antipode, der unbekümmerte, gefühlvolle Edwin Fischer (1886–1960), ließ sich 1904 in Berlin nieder.

Arrau, dessen Erinnerungen an das kulturelle Berlin das folgende Gespräch ausmachen, begegnete Fischer zum ersten Mal, als dieser Assistent von Martin Krause am Sternschen Konvervatorium war. (In dem Gedenkband *Dank an Edwin Fischer* ist nachzulesen, wie verblüfft Fischer war, als der kleine Chilene, dessen Alter er irrtümlich mit sieben Jahre angibt, fragte: «Was willst du hören? Ich habe den ganzen Bach drauf!»[8]) Die Mozart-Aufführungen von Busoni, die Arrau erwähnt, fanden 1921 statt, als Busonis Mozart-Rausch Stadtgespräch war. Arrau erinnert sich auch an zwei feurige Pianistinnen der Zeit vor der Weimarer Republik, Sophie Menter (1846–1918), die Liszts Lieblingsschülerin gewesen sein soll, und Teresa Carreño (1853–1917), die unter anderem bei Gottschalk und Anton Rubinstein studierte und – in einer ihrer vier Ehen – mit Eugène d'Albert (1864–1932) verheiratet war.

Die Carreño war für den jungen Arrau ein so fruchtbarer Einfluß und ein so offenkundiges Vorbild, daß an dieser Stelle mehr über sie gesagt werden muß. Sie war Venezolanerin, hatte aber ihre größten Erfolge in Deutschland, wo sie über dreißig Jahre lebte und die «Walküre des Klaviers» genannt wurde. Im Jahre 1913 verfaßte Walter Niemann, der bekannte Kritiker und Musikschriftsteller, eine Würdigung zum sechzigsten Geburtstag von Teresa Carreño. Niemanns Beschreibung ihres Tons und ihres technischen Apparats läßt Parallelen zu Arraus Klavierspiel erkennen und bestätigt auch, was Arrau im folgenden Gespräch sowie im Kapitel «Klaviertechnik» über Teresa Carreños physische Methode sagt.

C. A.   Daß ich nach Deutschland ging, war mir sehr zuträglich, in geistiger Hinsicht. Ich entwickelte allerlei Fähigkeiten, die ich nicht entwickelt hätte, wenn ich beispielsweise nach Frankreich gegangen wäre. Wahrscheinlich wäre ich dann so etwas wie Cortot geworden. Cortot war himmlisch, ich habe ihn verehrt, aber er konnte deutsche Musik nicht spielen. Vielleicht Schumann, ein wenig. Aber Brahms konnte er gar nicht spielen, Beethoven war sentimental. Ich weiß noch, wie er das erste Klavierkonzert spielte. Das hat überhaupt nicht gestimmt. Viel zu süßlich.

J. H.   Angenommen, Sie wären mit acht Jahren nach Wien gekommen.

C. A.   Wien. Das wäre auch sehr schlecht gewesen. In Wien hat es ja nie einen wirklich guten Beethoven-Interpreten gegeben, wissen Sie. In letzter Zeit ja, aber früher war die musikalische Welt Wiens sehr begrenzt. Wer dort Erfolg hatte, das waren Leute wie Emil von Sauer. Chopin-Walzer spielte er sehr hübsch.

J. H.   Er spielte auch Liszt. Die beiden Konzerte hat er auf Platten eingespielt. Aber da muß er schon sehr alt gewesen sein.

C. A.   Er war über fünfundsiebzig. Es wäre ungerecht, ihn danach zu beurteilen. Aber ich habe ihn die beiden Liszt-Konzerte spielen hören. An *einem* Abend. Es fehlte ihnen das Heroische. Einer der erfolgreichsten Pianisten in Wien war auch Alfred Grünfeld. Er spielte elegant, raffiniert. Und die Wiener waren entzückt von ihm.

J. H.   Mahler spielte eine große Rolle in Wien, und er war ein Musiker von Rang. Allerdings kam er mit den Wienern nicht gut aus.

C. A.   Eben. Ich entsinne mich, daß alle großen deutschen Pianisten in Wien keinen Erfolg hatten. Edwin Fischer – leere Säle. Gieseking – leere Säle. Aber Herr Grünfeld – ausverkauft.

J. H.   Und Backhaus?

C. A.   Backhaus wurde gegen Ende seines Lebens in Wien beliebt. Aber nicht eher. *Schnabel* hatte nie ein Publikum in Wien. Dabei war er Österreicher.

J. H.   Wäre es denkbar gewesen, daß man Sie zum Studium nach England geschickt hätte?

C. A.   Keiner ging damals nach London, um Musik zu studieren. Man ging entweder nach Deutschland oder nach Wien. Manche gingen nach Italien. Oder nach Frankreich – es galt als wunderbar, am Conservatoire zu studieren.

J. H. Wer bestimmte, wo Sie studieren sollten?

C. A. Das muß meine Mutter gewesen sein, gemeinsam mit den anderen Familienmitgliedern. Zum Glück trafen sie die richtige Wahl.

J. H. Warum entschieden sie sich für Deutschland?

C. A. Berlin war – von 1911, als wir ankamen, bis zur Hitlerzeit – die Musikmetropole der Welt. In der Weimarer Republik, und das ist die Zeit, an die ich mich am besten erinnere, gab es in Berlin das wunderbare Philharmonische Orchester, mit Furtwängler als Dirigent. Und es gab vier Opernhäuser, alle auf unglaublich hohem Niveau: die Staatsoper, mit Furtwängler und Kleiber, die Kroll-Oper mit Klemperer, die Städtische Oper mit Bruno Walter und die Volksoper mit Leo Blech. Unter den vier Opernhäusern herrschte ein gesunder Wettbewerb. Klemperer brachte in der Kroll-Oper viele experimentelle Inszenierungen auf die Bühne.

J. H. Wie war Klemperer damals als Dirigent?

C. A. Mir war alles zu schnell. Zumindest zu der Zeit war er schnell. Besonders bei Mozart – *Don Giovanni* war *im Handumdrehen* zu Ende. Ich erinnere mich noch an einen Ausspruch von ihm. Er sagte, er teile die Pianisten ein in solche, die langsame Sechzehntelnoten spielen können, und solche, die das nicht können. Das war sein Kriterium für einen Pianisten.

J. H. Wir haben bereits Ihr Debüt mit den Berliner Philharmonikern unter Muck im Jahre 1920 erwähnt. Unter welchen Dirigenten sind Sie sonst noch in Berlin aufgetreten?

C. A. Lassen Sie mich nachdenken. Mengelberg mochte ich. Unter ihm habe ich oft gespielt. Er war toll. Beim e-Moll-Konzert von Chopin ging er phantastisch mit. Bei all den Rubatos. Und wenn ich etwas änderte, war er immer zur Stelle.

J. H. Sie sagten einmal, die beste Chopin-Begleitung, die Sie je gehabt hätten, sei unter Furtwängler gewesen. War das ebenfalls das e-Moll-Konzert?

C. A. Ja. Er war selbst ein hervorragender Pianist. Sehr sensibel.

J. H. Wodurch zeichnete sich Furtwängler aus?

C. A. Durch Intensität, Schwung, Freiheit, Tiefe. Furtwängler war bei Debussy ebenso großartig wie bei Bruckner und Brahms und Beethoven und Wagner. Er hat Schönbergs *Fünf Orchesterstücke* wundervoll dirigiert. Alles, was er berührte, wurde zu Gold. Liszt, *Les Préludes* – mein Gott! Ich war hingerissen von allem, was er machte. *Tristan und Isolde! Othello!*

J. H. Busoni war auch eines Ihrer Idole. Haben Sie ihn oft spielen gehört?

C. A. Recht oft. Unvergeßlich die Klavierkonzerte von Mozart.

J. H. Wie war sein Mozart?

C. A. Anders als jeder Mozart, den Sie je gehört haben. Immer dramatisch, drängend. Er hatte von allem eine ganz persönliche Auffassung. Man hätte nie einem Schüler sagen können: «So sollte dieses Konzert gespielt werden.» Aber es war so phantastisch gemacht und so schöpferisch, daß man es akzeptieren mußte. Nicht als endgültige Interpretation. Aber es war unglaublich. Ich entsinne mich auch einer unvergleichlichen Liszt-Sonate und einer unvergleichlichen *Hammerklavier-Sonate.*

J. H. Arthur Rubinstein schreibt im ersten Band seiner Autobiographie folgendes über Busoni:

«Ferruccio Busoni mit den schönen, bleichen, christusgleichen Zügen und seiner teuflischen Fingerfertigkeit, war schon der interessanteste lebende Pianist. Wenn er Bach spielte, brachte er mit seinem unheimlichen Anschlag die Wirkung einer Orgel oder eines Klavichords hervor, eine ideale Verknüpfung. Seine Wiedergabe von Liszts Kompositionen blieb unerreicht – sein Temperament und seine perfekte Technik ließen sie gehaltvoller erscheinen, als sie sind. Von ihm gespielt, wurde die berühmte *Campanella* zu einem atemberaubenden Erlebnis. Seine Interpretation von Beethoven und Chopin ließ mich allerdings völlig kalt. Beethovens späte Klaviersonaten ging er zu meiner Verwunderung auf sarkastische Weise an, er erlaubte sich auffallende Freiheiten in Rhythmus und Tempo, während seinem Chopin bei aller technischen Brillanz die notwendige Wärme und Innigkeit fehlten.»[9]

C. A. Was Chopin angeht, die Préludes, die hat Busoni einfach unglaublich gespielt. Nicht der übliche Chopin, parfümiert.

Aber es war wunderschön. Ein bißchen schockierend, zugegeben, aber ungemein aufregend und neu.

J. H. Was halten Sie von Rubinsteins Bemerkung, die späten Beethoven-Sonaten ...

C. A. Entschuldigen Sie, aber das ist lächerlich. Auffallende Freiheiten, das ja – so sollten sie auch gespielt werden, die späten Sonaten. Aber sarkastisch?

J. H. Und Busonis Bach?

C. A. Sein Bach war orchestral, und sinnlich im Klang. Ich konnte damit nicht viel anfangen. Außerdem spielte er meistens seine eigenen Transkriptionen. Ich fand das theatralisch. Wissen Sie, meine Italienischlehrerin, Rita Bötticher, war mit Busoni eng befreundet. Sie kam 1935 zu einem meiner Bach-Abende, und es gefiel ihr *überhaupt nicht*. «Das ist akademisch!» sagte sie. «Warum gebrauchen Sie nicht Ihre Phantasie? Warum setzen Sie das Pedal nicht ein?»

J. H. Die eindringlichste Schilderung von Busonis Klavierspiel, die ich kenne, stammt von seinem Biographen, Edward Dent. Über Busonis Aufführungen der späten Beethoven-Sonaten schreibt er:

«Ihn diese Sonaten spielen zu hören war ein fast beängstigendes Erlebnis; dynamische und rhythmische Beziehungen wurden mit so ungeheurer Breite und Freiheit behandelt, daß man sich gefährlich in schwindelerregende Höhen emporgehoben fühlte, von wo aus man dann gewissermaßen mit festem Blick in die Tiefe schaute, bis der Ausblick ruhig und heiter wurde. Die letzte und höchste Ebene heiterer Seelenruhe wurde in der Arietta und den Variationen der Sonate in c-Moll erreicht. Als er dieses Werk in London spielte, beugte sich ein älterer Kritiker über die Schulter eines jüngeren Kollegen und flüsterte ihm hörbar zu: ‹Wissen Sie was, ich glaube, der Mann ist betrunken!›»[10]

C. A. Wenn Trunkenheit, dann die Trunkenheit, von der Goethe einmal spricht – Trunkenheit ohne Wein. Schöpferische Trunkenheit. Solche Augenblicke hat man schon mal.

J. H. Galt Busoni als der bedeutendste Musiker in Berlin?

C. A. Ja, das würde ich sagen. Neben Furtwängler.

J. H. Wenn man seine Platten hört, könnte man meinen, er sei ebenfalls trunken von Gefühlen gewesen. Als hätte ein anderer Geist in seinem gewohnt.

C. A. Genau. Es ist, als sei man besessen.

J. H. Glauben Sie, daß dieses künstlerische Phänomen in Ihrer Berliner Zeit verbreiteter war als heute?

C. A. Ja. Auch beim Theater besaßen alle großen Schauspieler diese Fähigkeit in hohem Maße. Man glaubte förmlich, sie seien der Mensch geworden, den sie spielten.

J. H. Was ist seither geschehen? Was ist heute anders?

C. A. Die Künstler sind ängstlich. Sie schrecken davor zurück, sich rückhaltlos auf etwas einzulassen. Und die jungen Leute haben alle Angst vor Gefühlen.

J. H. Bei welchen anderen Musikern in Berlin hatten Sie denn ebenfalls den Eindruck, sie seien «besessen» gewesen, wenn sie spielten?

C. A. Bei Edwin Fischer war es ganz deutlich. Auf Platten nur ganz selten. Aber er hatte dieses Seherische. Er hatte es in einem unglaublichen Maße. Und bei Eduard Erdmann, einem Pianisten, den hierzulande niemand kennt. Auch er war besessen, wenn er spielte, in einer ganz anderen Welt. Kurz vor seinem Tode spielte er die letzten drei Schubert-Sonaten ein. Aber auf den Platten spielt er *ganz anders* als im Konzertsaal. Er soll sehr mikrofonscheu gewesen sein. Trotzdem sind es sehr schöne Plattenaufnahmen. Ich habe einmal Erdmann und Gieseking bei einem vierhändigen Klavierabend erlebt. Das war umwerfend komisch – beide waren nämlich wahre Riesen, müssen Sie wissen, mit großen Händen und langen Armen. Und sie fingen beide an zu schnauben und andere unglaubliche Geräusche von sich zu geben – vor allem bei Schubert, weil sie so begeistert und ergriffen waren. Es war schönes Klavierspiel, aber die Leute mußten schon ein bißchen kichern.

J. H. Haben Sie Gieseking bewundert?

C. A. Manchmal. Unvergeßlich sind die *Kreisleriana,* die *Davidsbündlertänze,* die *Bach-Variationen* von Reger. Diese drei Werke – unvergeßlich. Wissen Sie, gründliches Studium war nicht seine Sache. Er verließ sich ganz auf die Intuition. Manchmal ging es gut und manchmal nicht. Aber sein Ton paßte nicht für Beethoven, meiner Meinung nach. Auch als Debussy-Interpret schätzte ich ihn nicht besonders – was vielleicht merkwürdig klingt, weil er als Debussy-Interpret so bekannt war. Seine schwerelosen Pianissimi waren phantastisch. Aber er blieb auf der Ebene des Klangs. Erdmann bewunderte ich als Musiker viel mehr.

J. H. Edwin Fischer hat bei Martin Krause studiert. Waren Sie und er gleichzeitig Schüler bei ihm?

C. A. Er beendete gerade sein Studium, als ich bei Krause anfing. Ich verehrte ihn vom ersten Augenblick an. Ich konnte ihn nicht als Schüler sehen, obwohl er einer war. Seine Technik war nicht besonders, wissen Sie. Aber das störte einen nicht. Es gab ja eine ganze Reihe von Pianisten, die es für oberflächlich hielten, sich gründlich mit der Spieltechnik auseinanderzusetzen. Kempff war auch dieser Meinung. Ich glaube nicht, daß er jemals geübt oder Übungsstücke studiert hat. Erdmann tat das auch nicht. Ebensowenig Schnabel. Elly Ney auch nicht. Sie hielten das alle für unter ihrer Würde. Ich weiß noch, daß Krause und Fischer deswegen ständig Streit hatten. Krause sagte immer: «Warum üben Sie nicht? Spielen Sie ein paar Übungsstücke.» Aber diese Pianisten wollten immer nur musizieren.

J. H. Was ja durchaus begreiflich ist.

C. A. Ja, es ist eine beneidenswerte Einstellung. Aber auch ein bißchen dilettantisch.

J. H. Lassen Sie uns über Schnabel sprechen. Sie sagten mir einmal, er sei in Berlin noch ein viel gewissenhafterer Pianist gewesen, als er dann später wurde.

C. A. Er war makellos. Ich nehme an, der Wandel kam nach seinen ersten bösen Erfahrungen mit den Nazis, bevor er Deutschland verließ. Damals fing es bei ihm mit all den technischen Schwierigkeiten an und all den Gedächtnisfehlern. Und sein Spiel bekam diesen neurotischen Zug, der sehr unglücklich war – das impulsive Zu-schnell-Spielen. Je schwieriger ein Stück technisch wurde, um so schneller spielte er, und das ist eine neurotische Reaktion – man will es rasch hinter sich bringen. Ja, später war es schrecklich. Das war ihm früher *nie* passiert. Er spielte makellos, immer. Und er war ein sehr guter Techniker. Ich habe ihn mit Webers Konzertstück gehört – *wunderschön*. Und das erste

Chopin-Konzert – das hörte sich an wie Bach, aber pianistisch war es wunderbar.

J. H. Ganz besonders bewundert haben Sie Teresa Carreño, wie ich weiß.

C. A. Oh, sie war eine Göttin. Sie hatte diesen unglaublichen Schwung, diese Kraft. Ich glaube nicht, daß ich irgendwann jemand anders gehört habe, der den Saal der alten Berliner Philharmonie mit solchem Klang zu füllen vermochte. Und ihre Oktaven, die waren einfach *phantastisch*. Ich glaube nicht, daß es heute jemanden gibt, der solche Oktaven spielen kann. Mit solcher Geschwindigkeit und Kraft.

J. H. Auch Horowitz nicht?

C. A. Horowitz spielt nie lange hintereinander Oktaven – nach einer Weile wird er steif. Die Carreño spielte Liszts *Ungarische Rhapsodie* Nr. 6 ungekürzt, und am Schluß dachte man, das Haus werde einstürzen von der tosenden Klangfülle. Man könnte sagen, daß sich in der Carreño romanisches Gefühl mit germanischer Schulung verband. Sie studierte zunächst in Frankreich. Später änderte sie sich vollständig und lernte viel von ihrem Mann Eugène d'Albert. Sie entwickelte sich zu einer sehr guten Beethoven-Interpretin. Sie war als Pianistin besser als d'Albert selbst, obwohl dieser wahrscheinlich der größere Musiker von beiden war. Ich entsinne mich, daß sie einmal unter Nikisch das dritte, vierte und fünfte Beethoven-Klavierkonzert an einem Abend spielte. Bei ihr hatte man nie das Gefühl, sie könnte müde werden oder in ihrer Intensität nachlassen. Und sie war eine hinreißende Schönheit. Ich saß bei ihren Konzerten immer in der ersten Reihe. Sie kam stets strahlend aufs Podium, als freute sie sich darauf, spielen zu können. Sie trug nur ärmellose Kleider, so daß man ihre Muskeln sah – wie kräftig und entspannt sie waren, und wie unglaublich sie spielten, das leichte Auf und Ab, die fließende Bewegung. Nach den Konzerten wurde ich immer zu ihr geführt, um sie zu begrüßen. Einmal sagte sie: «Ach, mit unseren vielen Kindern komme ich so wenig zum Üben. Ich habe eine *geladene Pistole* auf meinem Flügel. Und ich habe alle meine Kinder gewarnt – wenn sie nur *die Tür aufmachen,* schieße ich.»

J. H. Busoni und die Carreño waren die beiden Pianisten, die Sie am stärksten beeinflußten?

C. A. Ja, diese beiden. Teresa Carreño mehr als d'Albert, denn der übte nie. Er war ursprünglich ein brillanter Techniker. Aber dann verlor er allmählich das Interesse am Klavier und wandte sich immer mehr dem Komponieren zu. Trotzdem spielte er die Liszt-Sonate immer noch bewundernswürdig. Voller falscher Töne und ausgelassener Passagen. Aber die Auffassung war wundervoll – er koordinierte die ganze Sache, so daß jeder Gedanke sich organisch aus dem vorhergehenden entwickelte.

J. H. Falsche Töne störten damals das Publikum nicht sonderlich?

C. A. Nein. Das galt als genial.

J. H. Sie meinen, die Zuhörer fanden es sogar gut, wenn ein Pianist falsch spielte?

C. A. Ja. Das war das gute Recht eines Genies.

J. H. Wem wurde dieses Recht sonst noch zugestanden?

C. A. Conrad Ansorge. Ein wundervoller Musiker. Er spielte manchmal nichts als falsche Töne. Krause sagte übrigens immer, wenn man einen falschen Ton spielte: «Das ist nicht wichtig. Das ist nicht wichtig. Spiel weiter.»

J. H. Die Schallplatten- und Bandaufnahmen sind sicherlich einer der Gründe, weshalb wir heute falsche Töne nicht mehr so gelassen hinnehmen.

C. A. Ja, ich glaube, das ist der wichtigste Faktor. Und dann gibt es natürlich diesen törichten Perfektionismus, den das Publikum viel zu sehr honoriert. Neulich ging ein junger Pianist, ein ehemaliger Schüler von mir, in ein Konzert – den Namen des Interpreten möchte ich nicht nennen. Ich fragte ihn, wie es gewesen sei, weil ich den Pianisten, den er sich angehört hatte, im allgemeinen nicht besonders schätze. «Es hat mir nichts bedeutet, aber es war perfekt. Makellos. Nicht *ein* falscher Ton den ganzen Abend.» Ist das denn so etwas Großartiges?

J. H. Wir sprechen über so etwas wie eine Revolution, die sich im Lauf der letzten fünfzig Jahre vollzogen hat, in der Art, wie gespielt und wie zugehört wird. D'Alberts Aufnahmen strotzen vor technischen Unsauberkeiten – das könnte sich heute niemand mehr leisten. Cortots Fehler würde man heute nicht mehr hinnehmen. Fischer wäre nicht akzeptabel. Die Vorstellung einer von Fischer eingespielten modernen Plattenaufnahme ist ein Widerspruch in sich. Könnten Sie sich das vorstellen? Der Produzent würde ihm sagen: «Spielen Sie die Exposition noch einmal, damit wir die falschen Töne korrigieren können.» Und er wäre nicht dazu in der Lage.

C. A. Das stimmt.

J. H. Aber wir haben heute keine Fischers oder Cortots. Niemand spielt heute so frei.

C. A. Oder so nobel. *Ach!* das ist das einzige Wort, das ich auf die wenigen Konzerte anwenden kann, in denen ich Fischer in vollkommener Selbstbeherrschung erlebt habe. Man hatte nie das Gefühl, einem Pianisten zuzuhören. Man hörte einem Poeten zu.

J. H. Beinahe so, als sei das Klavierspielen eine Nebenbeschäftigung. Bei Cortots Aufnahmen habe ich das gleiche Gefühl. Ich habe den Eindruck, daß da ein großer Musiker spielt, der keine Zeit zum Üben hatte.

C. A. O nein, Cortot hat viel geübt. D'Albert und Ansorge übten nicht. Aber Cortot wußte bei allem genau, wie es zu spielen war. Er hat ja auch viele Etüden geschrieben. Seine Probleme waren, glaube ich, mehr psychologischer Art.

J. H. Wie war das mit all den gefeierten Pianisten aus Rußland und Osteuropa – Paderewski, Hofmann, Godowsky, Horowitz, Rachmaninow? Haben Sie die auch in Berlin gehört?

C. A. O ja, natürlich. Man sollte unbedingt über sie sprechen, weil diese Pianisten der Jugend heute als verehrungswürdige Vorbilder hingestellt werden, was ich für sehr schädlich halte. Das hat mit der Realität nichts zu tun. Paderewski war kein großer Pianist. Ein sehr berühmter, aber kein großer. Das gleiche gilt für Hofmann – ich habe ihn viele Male gehört. Godowsky war einer der größten Techniker, aber seine Art zu spielen war langweilig. Er spielte nie sehr laut – nie über mezzoforte. Horowitz ist ein Sonderfall. Ungeheure Elektrizität. Ihn würde ich einen großen Pianisten nennen. Ich habe sie alle gehört. Ich weiß nicht, ob ich mich wirklich so freimütig äußern sollte.

J. H. Und Rachmaninow?

C. A. Rachmaninow war ein wahrhaft großer Pianist, aber kein großer Interpret, weil er aus allem einen Rachmaninow machte. Er war nach dem Ersten Weltkrieg in Berlin eine Sensation. Ich habe ein paar Aufführungen von ihm erlebt – das muß in den zwanziger Jahren gewesen sein. Seine Technik war phänomenal.

Aber ich fand seinen Ton nicht sehr gut. Und vom Standpunkt der Interpretation aus war er katastrophal. Es war ihm offenbar völlig gleichgültig, was der Komponist meinte. Er hängte sogar am Schluß der Trauermarsch-Sonate von Chopin noch ein paar eigene Takte an. In Chicago spielte ich einmal Beethovens *Eroica-Variationen,* und Rachmaninow kam in der Pause hinter die Bühne, um mir zu sagen, wie gut es ihm gefallen hatte. Er hatte gar nicht gewußt, daß es dieses Werk gab. Er war sehr freundlich und machte mir ein Kompliment nach dem anderen. Aber es störte ihn gar nicht, daß er das Stück nicht kannte! Die *Eroica-Variationen!*

J. H.   Auch Horowitz machte in Berlin Furore. Haben Sie seine ersten Konzerte gehört?

C. A.   O ja. Wir waren beide um die Zwanzig. Ich entsinne mich, er spielte die vier Chopin-Balladen, die Liszt-Sonate und die Trauermarsch-Sonate von Chopin. Er trug auch die 32 Variationen von Beethoven vor. Oh, ich war von ihm ungeheuer beeindruckt. Ich hatte nur selten derart eruptives Klavierspiel gehört. Ich weiß noch, ich saß mit meiner Mutter in der ersten Reihe des Beethovensaals und war fassungslos vor Staunen, was er zustande brachte, trotz dieser unglaublichen Steifheit der Arme. Den ersten Satz der b-Moll-Sonate werde ich nie vergessen. Das Seitenthema! Meine Mutter, die sehr musikalisch war und der es *keiner* recht machen konnte – an diesem Abend war sie hingerissen. Auf dem Heimweg sagte sie: «Du solltest dich ans Klavier setzen und üben – er spielt besser als du!»

J. H.   Haben Sie Horowitz in Berlin persönlich kennengelernt?

C. A.   Nein. Ich war zu schüchtern. Ich kannte niemanden persönlich.

J. H.   Gab es noch andere Pianisten, die damals besonders starken Eindruck auf Sie machten?

C. A.   Saint-Saëns! Er saß mit seinem Vollbart und seinem dicken Bauch zurückgelehnt am Flügel und spielte mit *unvorstellbarer* Leichtigkeit. Ich habe ihn zwei seiner eigenen Werke mit Orchester spielen hören – die *Afrika-Fantasie* und den *Wedding Cake.* Die gleichmäßigsten Läufe, die man sich vorstellen kann, und sehr viel Kraft in den Fingern. Eiskalt, aber brillant. Und dann auch Sophie Menter, die sehr eng mit Martin Krause befreundet war. Er nahm mich einmal mit, als er sie besuchte. Sie lebte mit fünfzig Katzen in der Nähe von München. Sie haßte die Menschen, und sie haßte ihre eigene Tochter. Ich kann mich erinnern, daß sie einen riesigen Garten hatte, der mit einem Drahtzaun umhegt war, damit die Katzen nicht hinaus konnten. Auf jeden Fall war sie eine sehr eindrucksvolle Dame, noch immer hinreißend schön. Und immer noch sehr elegant – sie besaß wunderbaren Schmuck. Sie erzählte uns, die Juwelen hätte sie in Rußland von Angehörigen des Hochadels geschenkt bekommen; wenn sie spielte, rissen sich die Leute den Schmuck ab und warfen ihn aufs Podium, ihr zu Füßen. Krause bat sie, mir zuliebe etwas zu spielen. Sie sträubte sich zunächst. Dann spielte sie Ausschnitte aus Liszts A-Dur-Konzert. Sie klagte: «Ich spiele nicht mehr, ich übe nicht mehr.» Sie war sehr schön. Sie muß damals ungefähr siebzig gewesen sein.

J. H. Haben Sie noch andere Erinnerungen an das kulturelle Leben in Berlin?

C. A. Ich dachte eben daran, daß sich in den zwanziger Jahren auch eine großartige Entwicklung im Tanz vollzog, die in Berlin begann, mit Mary Wigman. Ich glaube, sie inspirierte Martha Graham und die ganze moderne Tanzbewegung in Amerika. Vor dem Krieg gastierte sie mit ihrer Truppe jedes Jahr in den Vereinigten Staaten. Der Tanz hatte in Berlin ein riesiges Publikum. Ich erinnere mich, daß ich einmal [Gret] Palucca im Berliner Stadion tanzen sah, vor etwa 20 000 Menschen. Es war eine Sensation – sie hatte einen eigenen Stil entwickelt, bei dem die Schritte und die Gesten alle größer waren.

J. H. Christopher Isherwood hat einmal über das Publikum bei kulturellen Veranstaltungen in Berlin zwischen den Weltkriegen gesprochen. Er sagte, er denke mit Staunen daran zurück, welch hohes Intelligenzniveau man damals sogar in den Kinos antraf.

C. A. Wenn ich nur an die Kontroverse nach der Erstaufführung von *Das Kabinett des Dr. Caligari* denke! Ich weiß nicht, ob sich so etwas noch einmal wiederholen wird. Und in den Konzerten war das Publikum natürlich ernst und aufmerksam. Ich hielt das für so selbstverständlich, daß ich tatsächlich dachte, es müsse überall so sein. Als ich dann in andere Länder kam, traute ich meinen Augen nicht. Vor allem in Italien, aber auch in Spanien unterhielten sich damals die Leute während der Aufführung oder gingen hinaus und kamen wieder. In Berlin war das ganz anders. Ich bin überzeugt, daß die zwanziger Jahre in Berlin eine der großen kulturellen Blütezeiten der Geschichte waren. Die Stadt hatte in allen Bereichen so viel zu bieten, und alles war bedeutungsvoller als anderswo.

J. H. Haben Sie irgendeine Erklärung dafür, warum es dazu kam – zu dieser kulturellen Hochblüte?

C. A. Wissen Sie, es gab ja so viel Elend. Viele Menschen verhungerten. Es gab keine Arbeit. Solche Zeiten sind immer fruchtbar. Alles war so schwierig, daß die Menschen ein besseres Leben in der Kultur suchten.

J. H. Und Sie haben das natürlich aus nächster Nähe erlebt – die Schwierigkeiten des täglichen Lebens in Berlin.

C. A. O ja. Nachdem mein Stipendium ausgelaufen war, begann für uns eine sehr schwierige Zeit. Wir waren buchstäblich am Verhungern. Wir hatten keinen roten Heller. Meine Mutter sprach kein Wort Deutsch. Meine Schwester schon, aber es war sogar für Deutsche schwierig, Arbeit zu finden. Für Ausländer war es so gut wie unmöglich. Ich bemühte mich um Klavierschüler. Ich mußte zu Fuß zu den Stunden gehen, weil ich die paar Pfennige für die U-Bahn nicht hatte.

J. H. Sie haben also die Not dieser Jahre am eigenen Leibe erfahren.

C. A. Ja, und ich bin froh darum.

Erfolg

Ein einschneidendes Ereignis im Leben Claudio Arraus war seine Heirat im Jahre 1937 mit Ruth Schneider. Die angehende Mezzosopranistin war die Tochter eines wohlhabenden Frankfurter Kaufmanns. Wie Arrau erzählt, galt sie außerdem als «das hübscheste Mädchen von Frankfurt», ein Prädikat, das, nach den Fotos der Neuvermählten zu schließen, nicht übertrieben war.

Frau Arrau begegnete ihrem späteren Mann zum erstenmal in Frankfurt, wo Arrau im Saalbau ein Konzert gab. «Als ich ihn spielen hörte, war ich zum erstenmal in meinem Leben vom Klavier begeistert», erinnert sie sich. «Sein Ton war so warm, so intensiv. Da ich mir schon lange gewünscht hatte, selbst besser Klavier spielen zu können, nahm ich ein paar Stunden bei ihm. Außerdem trafen wir uns da und dort. Dann schrieb er mir einen Brief nach Frankfurt und schlug vor, ich sollte ihn anrufen, damit wir gemeinsam etwas unternehmen könnten. Und ich tat es. Er schlug vor, tanzen zu gehen. Nach meinen Erfahrungen waren alle Musiker miserable Tänzer, aber ich konnte nicht gut absagen. Und dann zeigte sich, daß er wundervoll tanzte. Von da an sahen wir uns regelmäßig.»

Frau Arrau beschloß nicht lange nach der Heirat, ihre Karriere als Sängerin aufzugeben. «Wenn man nicht ein goldhaariger ‹deutscher› Typ war und den richtigen Organisationen angehörte, machten einem die Nazis Schwierigkeiten. Man sagte mir, ich täte ja offenbar alles, um das Nichtarische an mir zu betonen, und wenn sich das nicht änderte, würde ich feststellen, daß ich auf keiner deutschen Bühne mehr erwünscht sein würde. Ich fragte: ‹Soll das heißen, Sie erwarten von mir, daß ich mir das Haar goldblond färben lasse?› Die Antwort lautete: ‹Das wäre nur der

Anfang.›» Außerdem war sie der Meinung, daß Arraus Karriere ihre volle Unterstützung verdiente. Da sie eine ruhige, bescheidene Frau ist, praktischer und skeptischer als ihr Mann, kann man sich unschwer vorstellen, welch unschätzbare Hintergrundrolle sie gespielt hat.

Unterdessen widmete sich Arrau mit nie nachlassendem Eifer seiner pianistischen Aufgabe. So erinnert er sich, daß er einmal im Jahre 1934 mindestens zwei Wochen lang jeden Tag wenigstens vierzehn Stunden lang übte. Man hatte ihn gebeten, unter Carlos Chávez und Ernest Ansermet in Mexico City Prokofieffs drittes Klavierkonzert und Strawinskys Concerto für Klavier und Blasinstrumente zu spielen. Keines der beiden Werke war in seinem Repertoire – beide waren ja auch noch recht neu –, aber er glaubte es sich nicht leisten zu können, diese Engagements auszuschlagen. («Damals ließ ich mich auf jedes Wagnis ein. Ich war überzeugt, daß ich es schaffen würde und daß ich es meiner Karriere schuldig war.») Ebenfalls in Mexico City gab er 1933–34 fünfzehn Konzerte in dreizehn Wochen.

Der schwersten Prüfung für Gedächtnis und Ausdauer unterzog sich Arrau jedoch in Berlin, wo ihm sehr daran gelegen war, eine größere Gemeinde zu bekommen. Das war sein aus zwölf Konzerten bestehender Bach-Zyklus der Jahre 1935–36, der das gesamte Klavierwerk Bachs umfaßte. In den darauffolgenden Jahren gab er in Berlin Zyklen mit den Sonaten von Mozart und Weber sowie einen Schubert-Zyklus.

Um 1940 war Arrau nach seiner eigenen Einschätzung in Deutschland endlich fest etabliert. Aber das galt inzwischen auch für Hitler. Arraus Verlangen nach Anerkennung in Deutschland hatte seine Abreise verzögert. Als er dann 1940 Deutschland verließ, wurde das nämliche Verlangen nach Anerkennung zur Triebfeder für einen erneuten Anlauf zur Eroberung Amerikas. Diesmal stellte sich der Erfolg rasch ein. «Claudio Arrau, der chilenische Pianist, fesselte bei seinem gestrigen Soloabend in der Carnegie Hall mit einer Reihe von Aufführungen, die an phantasievollen Details, Reichtum exquisiter Klangfarben und technischer Virtuosität kaum zu überbieten sein dürften», urteilte Noel Strauss am 20. Februar 1941 in der *New York Times*. Er fuhr fort:

«Arrau ist in erster Linie Romantiker, und erst als er nach Bachs *Italienischem Konzert* und Beethovens Sonate op. 31 Nr. 3 zu Schumanns *Carnaval* kam, offenbarte sich mit letzter Klarheit, welch ein überragender Meister des Klaviers er ist.

In den Stücken von Chopin, Liszt, Ravel und Debussy, die das Programm nach dem Schumann abrundeten, blieb Arrau auf dem hohen Niveau, das er im *Carnaval* erreicht hatte, und bei jedem einzelnen davon erwies er sich als inspirierter Interpret und als ein Meister subtiler Klangschattierungen, der unter den zeitgenössischen Pianisten kaum seinesgleichen hat.

Bei dem Bach-Konzert, das er als erstes vortrug, führte sein Versuch, orchestrale Sonorität bei einem Werk zu erzielen, das sie nicht verträgt, zu einem nervösen, trockenen Anschlag, der bei der darauffolgenden Beethoven-Sonate vollständig verschwand und den ganzen Abend nicht mehr wiederkehrte. Zwar wollte Bach mit diesem Werk tatsächlich eine Vorstellung von dem typischen Konzert seiner Zeit vermitteln, indem er deren orchestrale Passagen für die Klaviatur umsetzte, aber Arrau setzte auf dynamische Übertreibungen, ohne das angestrebte Ziel zu erreichen. Und im Andante verhielt er vor akzentuierten Tönen, um diese hervorzuheben, wodurch die melodische Linie beeinträchtigt wurde.

Die außergewöhnliche musikalische Phantasie des Künstlers trat zum erstenmal in der Beethoven-Sonate zutage, insbesondere im Allegretto-Satz, wo die Staccato-Passagen mit ganz bezaubernden Nuancen ausgeführt wurden.

Der Verfasser dieser Besprechung hat kaum jemals eine so rundum gelungene, feinfühlige, in sich geschlossene Aufführung des *Carnaval* erlebt, der als nächstes auf dem Programm stand. Arrau war hier in seinem Element, und seine Darstellung jeder der vielen Komponenten dieses Werks dürfte im Hinblick auf das Spiel von Licht und Schatten, den Reichtum der Phantasie und die Schönheit des Tons schwerlich zu übertreffen sein. Überdies erreichte die Komposition als Ganzes einen Höhepunkt reicher, klangvoller Kraftentfaltung im prunkend vorgetragenen abschließenden *Marsch der Davidsbündler*. Dabei war alles aufrichtig, sensibel und individuell, ohne eine Spur von Übertreibung oder Exzentrizität.

Ebenso fesselnd und bravourös gespielt wurden das Scherzo in E-Dur von Chopin und die Konzertetüde in Des-Dur von Franz Liszt. Doch im Hinblick auf schiere Klangzauberei reichte kein anderer Programmteil an die geradezu unheimlich durchsichtige Darbietung von Ravels *Jeux d'eau* heran, eine phänomenale pianistische Glanzleistung, deren Fingerfertigkeit und faszinierenden Klangfarben freilich Debussys *Feux d'artifice* nicht nachstanden, mit denen der Klavierabend seinen atemberaubenden Abschluß fand.»

Am 14. November 1941 gab Arrau einen weiteren Soloabend in der Carnegie Hall und erhielt abermals gute Kritiken. Die Resonanz, die er fand, schilderte das Magazin *Time* am 23. März 1942 in einem Artikel mit der Überschrift «Reiche Ernte für Arrau»:

«. . . Als der gepflegte chilenische Pianist im Herbst letzten Jahres in die Vereinigten Staaten kam, war er nur einer unter vielen Lohnarbeitern des Konzertbetriebs. Mit einem brillanten Soloabend in der Carnegie Hall im November letzten Jahres wendete sich das Blatt. Plötzlich konnte er sich vor Angeboten kaum noch retten, und neun von zehn seiner Konzerte waren ausverkauft. Im Januar spielte er in Boston mit Serge Kussewitzkys glanzvollem Orchester. Die Bostoner waren so von ihm angetan, daß sie ihn im selben Monat gleich noch einmal verpflichteten – was beim Boston Symphony Orchestra sonst nicht vorkommt. Vor vierzehn Tagen trat er, ebenfalls zum zweitenmal in dieser Saison, mit dem Chicago Symphony Orchestra unter Frederick Stock auf. Konzertbesucher können sich nicht erinnern, wann – falls überhaupt – ein Musiker von zwei großen amerikanischen Orchestern innerhalb einer Saison zweimal verpflichtet worden wäre.

Ein kleiner Mann mit Schnurrbart, der wie eine Mischung aus Adolphe Menjou und Anthony Eden aussieht, ist der heute 38 Jahre alte *[sic]* Claudio Arrau schon ein alter Hase des Konzertbetriebs. Als junger Mann von 20 Jahren unternahm er bereits 1924 *[sic]* eine kurze Konzertreise in den USA, hatte jedoch damals nur bescheidenen Erfolg und verließ das Land mit einer schlechten Meinung vom Geschmack der amerikanischen

Musikwelt. Europa nahm ihn prompt für sich in Anspruch. Bis zum Kriegsausbruch war es Arrau zufrieden, seine lukrative Konzertzeit zwischen Europa und Südamerika aufzuteilen; auf diesen beiden Kontinenten gab er jährlich 125 Konzerte.

Arraus gutgeschnittene braune Anzüge und seine unübersehbare Schwäche für Schmuck täuschen. Weit davon entfernt, ein oberflächlicher Blender zu sein, hat er vielmehr Züge wahrhafter Größe. Seine Technik ist phänomenal, aber er vergewaltigt das Instrument nicht; er übt seine Kunst mit ernster Bescheidenheit aus, spielt mit Feuer, aber ohne überflüssige Funken.

Ebenso charakteristisch ist Arraus Gründlichkeit. Er hält wahrscheinlich den Weltrekord für Zyklus-Aufführungen. Einmal spielte er an zwölf Abenden Bachs sämtliche Werke für Klavier, und er hat auch vollständige Mozart-, Beethoven- und Schubert-Zyklen gegeben. Um fit zu bleiben, hält er sich an die Hay-Diät (Trennung von Kohlehydraten und Proteinen), ißt Obst wie ein Dschungelbewohner, macht Yoga-Übungen und schläft jede Nacht zehn Stunden. Er sagt: ‹Ein Musiker ist es seinem Publikum schuldig, nie indisponiert zu sein.›»

Drei Jahre nach seinem «zweiten» Debüt 1941 in New York hatte Arrau es schon auf 197 Auftritte in Nordamerika gebracht. In den fünfziger Jahren gab er weltweit bis zu 130 Konzerte jährlich, und seine Tourneen waren mitunter ausgesprochen hektisch; 1960 gab er zum Beispiel in Südamerika siebzehn Konzerte in zweiundzwanzig Tagen.

Vor dem Krieg hatte Arrau häufig in Europa, Südamerika und Mexiko konzertiert, und das blieben im großen und ganzen auch die Teile der Welt, in denen er die größte Anerkennung fand. In Chile war er zu einem Nationalhelden geworden. In Santiago wurde 1940 eine Straße nach ihm benannt. Im Jahre 1959 wurde die Straße, an der sein Geburtshaus steht, ebenfalls nach ihm umbenannt. Im Jahre 1944 verlieh die chilenische Regierung Arrau in einer Feier, die über alle Rundfunksender des Landes übertragen wurde, eine Goldmedaille «in Anerkennung der Ehre, die er unserem Land gemacht hat». In Buenos Aires spielte er 1946 unter freiem Himmel vor 25 000 Menschen, dem größten Publikum, das sich in dieser Stadt jemals zu einer musikalischen Veranstaltung zusammengefunden hatte. In Mexiko, wo er zum *hijo predilecto* (Lieblingssohn) ernannt wurde, spielte er 1938 in Mexico City – zum ersten Mal – alle Beethoven-Sonaten als Gesamtaufführung, woran sich ähnliche Zyklen in mehreren südamerikanischen Hauptstädten anschlossen.

Arrau ist der Meinung, er sei in England früher «vorbehaltlos akzeptiert» worden als irgendwo sonst mit Ausnahme von Lateinamerika. «Dort brauchte ich nicht zu kämpfen. Wissen Sie, jahrelang war es so, daß ich, wenn ich in dem einen oder anderen Land schlechte Kritiken hatte, mich immer auf England, auf die *Treue* der englischen Musikliebhaber freuen konnte. Und ich *liebe* London als Stadt. Es ist nicht so schön wie Paris oder Wien, aber es besitzt soviel *Distinktion.*» In London spielte Arrau 1952 bei der BBC einen vollständigen Beethoven-Sonatenzyklus und 1959 in der Royal Festival Hall einen vier Konzerte umfassenden Beethoven-Zyklus. Die letztere Konzertreihe erfuhr eine Würdigung in der *Record Times*, in der William Mann unter anderem schrieb:

«Musikfreunden in aller Welt gilt Arrau seit zwölf Jahren als einer der größten unter den großen Pianisten, mit denen unsere Welt im Augenblick reich gesegnet ist.

Viele Musiker erklären sogar beharrlich, er sei der größte von allen, weil er alles besitzt, was wir uns bei einem Pianisten wünschen, sei es nun Technik, Kraft, Herz oder Verstand. Es gibt Pianisten, die als hervorragende Interpreten von Bach, Mozart, Beethoven, Chopin oder Liszt gelten. Arrau ist der einzige lebende Pianist, der, zumindest wenn er spielt, seine Zeitgenossen davon überzeugen kann, daß er der überragende Interpret *all* dieser Komponisten und noch einer ganzen Reihe anderer ist . . .»

Arrau hat in London Zyklen mit den Beethoven-Konzerten sowohl unter Klemperer als auch unter Krips gegeben. Im Jahre 1961 spielte er unter Sir Adrian Boult an drei Galaabenden innerhalb von zwei Wochen neun Konzerte. Im Jahre 1973 zollte ihm Neville Cardus vom *Guardian* zum siebzigsten Geburtstag wie folgt Tribut:

«Claudio Arrau ist einer der tiefgründigsten Interpreten von Klaviermusik. Ich wende bewußt den Begriff Interpret auf ihn an, um ihn gegen jene Virtuosen abzugrenzen, deren Künste mehr oder minder an der Tastatur beginnen und enden. Arraus Technik ist phänomenal, aber er stellt seine ganze Fingertechnik und sein ganzes Musikverständnis in den Dienst des Komponisten . . .

Arrau ist so objektiv, wie ein großer und individueller Künstler es nur sein kann. Er besitzt die gleiche Integrität wie Schnabel und Klemperer. Er greift in Methode und Ästhetik sogar auf Busoni zurück. Seit Busoni wurde Beethovens fünftes Klavierkonzert nicht mehr mit Arraus prachtvollem Ton gespielt, mit dem jähen Verstummen der Töne, den Abbrüchen, die Beethovens spirituelles Geheimnis sind.

Seine Darstellung der Préludes von Chopin bei einem Edinburgh Festival ist inzwischen Geschichte. Das war Chopin in Potenz. Die verbreitete oberflächliche Auffassung von Chopin als einem Melodiker von verfeinerter, süßlicher Wesensart wurde ad absurdum geführt. Arrau gab uns den *ganzen* Chopin, die Kraft ebenso wie die romantische Verzauberung und die Stärke von Harmonie und Aufbau. Das gilt für jeden Komponisten, dem er dient; er sucht nach dem Keimplasma, findet den Stil, in dem sich der Mensch offenbart, oder gibt uns seine zusammensetzbare Vielfalt . . .»

Arrau nahm seine Konzerttätigkeit in Berlin am 14. März 1954 wieder auf; er spielte mit den Berliner Philharmonikern das B-Dur-Konzert von Brahms und wurde enthusiastisch gefeiert. Er war «später als alle anderen [zurückgekehrt], die Deutschland nach 1933 verlassen hatten und weltweit berühmt geworden waren», schrieb H. H. Stuckenschmidt in der Berliner *Neuen Zeitung*. Elf Tage danach fand sein erster Soloabend in Berlin seit Kriegsende statt, und in den folgenden Jahren spielte Arrau dann wieder regelmäßig in Berlin.

Im Jahre 1968 feierte Arrau seinen fünfundsechzigsten Geburtstag mit zwei Konzerten mit den Berliner Philharmonikern, in denen er das Schumann-Konzert, das f-Moll-Konzert von Chopin und das Konzertstück von Weber spielte. Kurt Westphal nannte

Arrau in einer Würdigung im Namen des Orchesters den Erben «des Throns von Gieseking und Busoni». Im Jahre 1970 wurde er, nachdem er einen zweiwöchigen Meisterkurs über Beethoven an der Universität Bonn abgehalten hatte, mit dem Bundesverdienstkreuz ausgezeichnet. Zu seinem fünfundsiebzigsten Geburtstag im Jahre 1978 erhielt er die Hans-von-Bülow-Medaille der Berliner Philharmoniker.

Seit er sich in New York niederließ, spielte Arrau in den Vereinigten Staaten öfter als in irgendeinem anderen Land. Aber trotz seines schlagartigen Erfolgs im Jahre 1941 stellte sich hier die Anerkennung als einer der bedeutendsten zeitgenössischen Pianisten nur zögernd ein. In dieser Hinsicht erinnert Arraus Rezeption an den Widerstand, auf den Busoni und Furtwängler in Amerika stießen. Männer, die den musikalischen Geschmack der Amerikaner entscheidend mitgeformt hatten, wie Kussewitzky, Paderewski und Stokowski, gehörten nicht zu den Musikgrößen im Vorkriegs-Berlin. Diese Spaltung der Tradition erklärt wiederum die geringschätzige Meinung Arraus von Godowsky, Hofmann, Rachmaninow und Toscanini. Die interpretatorische Objektivität, zu der sich Toscanini und seine Anhänger bekannten und bekennen, ist Arrau unbegreiflich; er sieht darin einen Mangel an Bereitschaft, sich in die Komposition einzufühlen. Und was den slawischen oder osteuropäischen Romantizismus angeht, den man verschiedentlich bei Godowsky, Hofmann, Rachmaninow und anderen findet, so erscheinen Arrau, dem der Text des Komponisten heilig ist, der nie Zugaben spielt und gesellige Zusammenkünfte nicht schätzt, die Umarrangierungen und Kürzungen dieser Musiker, ihre aus dem Ärmel geschüttelten Zugaben und ihre Soirées, bei denen Musik auf eine Stufe gestellt wird mit Anekdoten und Essen, als Ausdruck einer befremdlichen Achtlosigkeit.

In gewissem Maße beruht seine ablehnende Haltung auf dem Unbehagen an bestimmten Ritualen der Selbstbestätigung. Als er 1954 in Edinburgh unter Herbert von Karajan das Schumann-Konzert probte, war er von Karajans Unnahbarkeit derart erschüttert, daß er gute Lust hatte, sich zu empfehlen. Neville Cardus, der bei den Proben dabei war, drängte ihn weiterzumachen. Arrau trat auf, hat aber seither nie wieder unter Karajan gespielt. Ebenso typisch für ihn ist, daß er Mitgefühl und emotionale

Aufrichtigkeit stets zu schätzen weiß. Nach einer Aufführung des fünften Klavierkonzerts von Beethoven rühmte Arrau Kurt Masur, der dirigiert hatte: er habe ein so «freundliches Gesicht – so herzlich, so bescheiden. Und keine Allüren, keinerlei affektiertes Gehabe».

Mögen diese Vorlieben und Abneigungen auch auf eine noch immer nicht ganz überwundene Schüchternheit hinweisen, so beruhen sie doch im wesentlichen auf der Stärke von Arraus Demut und Bescheidenheit.

J. H.   Ihre Teilnahme am gesellschaftlichen Leben wurde von den zwanziger zu den dreißiger Jahren wesentlich reger. Sie sprachen davon, daß Sie in den zwanziger Jahren schüchtern gewesen seien. Ich habe aber den Eindruck, daß Sie zu der Zeit, als Sie heirateten, ein recht bewegtes Nachtleben führten. Ihre Frau sagt, Sie hätten viele Freundinnen gehabt.

C. A.   O ja. Aber anfangs mußte ich mich zu diesem Nachtleben zwingen. Um meine Schüchternheit loszuwerden. Sie war mir sehr hinderlich.

J. H.   War das etwas, wozu Abrahamsohn Sie ermunterte – öfter auszugehen, um mehr unter die Leute zu kommen?

C. A.   Ja. Ich ging viel aus, einfach um lockerer zu werden, um mich nicht so gehemmt zu fühlen. Ich versuchte, möglichst viel zu sehen und zu erleben. Mein Leben lang habe ich mich bemüht, mich in dieser Richtung weiterzuentwickeln. Selbst wenn ich eigentlich keinen Spaß daran hatte.

J. H.   Wie Ihre Frau sagt, waren Sie ein ausgezeichneter Tänzer. Hatten Sie schon immer Freude am Tanzen? Oder wehrten Sie sich zunächst dagegen?

C. A.   Ich wehrte mich dagegen – aus Schüchternheit. Aber ich nahm Unterricht, um alle Schritte zu lernen. Ich erinnere mich noch an die großen Bälle. Anfangs mußte ich mich zwingen, hinzugehen. Aber mit der Zeit fand ich Gefallen daran. Auf allen Gebieten dazuzulernen, war mir äußerst wichtig.

J. H.   Gab es um diese Zeit eine parallele Entwicklung Ihrer geistigen Interessen?

C. A.   Ja. Auch dabei war anfangs ein bißchen Zwang mit im Spiel. Beispielsweise zwang ich mich dazu, die gesamte *Divina Commedia* auf altitalienisch zu lesen.

J. H.   Haben Sie auch noch in anderen alten Sprachen gelesen?

C. A.   Latein und Griechisch. Ich lernte zufällig einen Professor für alte Sprache kennen, der ein enthusiastischer Musikliebhaber war. Wir trafen eine Vereinbarung. Ich spielte für ihn, und er brachte mir Latein und Griechisch bei.

J. H.   Im Jahre 1926 wurden Sie zum Professor am Sternschen Konservatorium in Berlin berufen, und Sie machten auch eine England-Tournee zusammen mit Richard Tauber. Im Jahre 1927 errangen Sie den ersten Preis im *Concours International des Pianistes* in Genf. Weckt irgendeins dieser Ereignisse besonders starke Erinnerungen?

C. A.   Der Klavierwettbewerb in Genf gab mir *ungeheuren* Auftrieb, psychologisch gesehen. Es beteiligten sich rund 200 Pianisten, von denen jeder [Balakirevs] *Islamey* spielte. Das war das Pflichtstück. Ich hatte mich nur gemeldet, weil man mir gesagt hatte, ich brauchte etwas, was mich in meiner Konzertlaufbahn voranbringen würde. Ich rechnete *überhaupt* nicht damit, den ersten Preis zu bekommen. Ich wunderte mich schon, daß ich über die erste Runde hinauskam. Als es dann vorbei war und das Publikum auf die Entscheidung der Jury wartete, traute ich meinen Augen nicht. Einer der Herren des Komitees bahnte sich einen Weg zu dem Platz, auf dem ich saß. Es sah wirklich so aus, als wollte er zu mir. *Ich konnte es nicht glauben.* Ich konnte es einfach nicht glauben. Ich dachte, alle anderen hätten besser gespielt.

J. H.   Arthur Rubinstein erzählt im zweiten Band seiner Memoiren von diesem Wettbewerb. Er saß ja in der Jury. Er schreibt, er und die anderen Jurymitglieder hätten sich gefragt, warum Sie an dem Wettbewerb teilnähmen, da Sie doch bereits ein arrivierter Künstler waren . . .

C. A.   Nein.

J. H.   Ich lese Ihnen vor, was er schreibt. Rubinstein war kurz zuvor bei einem Autounfall verletzt worden und trug einen dicken Kopfverband. Er schreibt: «Dieser spektakuläre Kopfschmuck kam mir übrigens zustatten, als ich zu meinen Kollegen von der Jury stieß. Pembaur war in steter Sorge um meine Bequemlichkeit, suchte den besten Stuhl für mich oder brachte ein Kissen.»

C. A.   *Pembaur?* Wie konnte ich das vergessen! Er war ein berühmter Pianist in Deutschland, aber nur in Deutschland. Er war

Liszt-Spezialist. Er hatte alle möglichen sonderbaren Ideen über das romantische Klavierspiel. Ich erinnere mich sogar an einen Soloabend von ihm, der ganz interessant war – alles gedehnt, mit *ungeheuren* Rubatos. Einen Abschnitt einer Liszt-Sonate erkannte ich buchstäblich nicht wieder! Aber sein Spiel hatte auch phantastische Seiten. Den *Totentanz* beispielsweise hatte ich nie besser gehört. Und wie merkwürdig er aussah! Wie ein Teufel. Und ich hatte ihn vergessen!

J. H. «Weil sich viele Teilnehmer gemeldet hatten, dauerte der Wettbewerb drei Tage. Es war recht langweilig. Man bekam unreifes Spiel und oft sogar gänzlich unmusikalisches zu hören. Am dritten Tag trat dann jemand auf, der bereits einen Namen als Pianist hatte – Claudio Arrau. Er hatte noch keine zwei Minuten gespielt, als wir einander beifällig zunickten. ‹Cela c'est un pianiste›, bemerkte Cortot. Arrau erhielt den Preis, einen Bechstein-Konzertflügel . . .»

C. A. Nein! *Nein!* Ich weiß nicht mehr, *was* als Preis ausgesetzt war, aber es war ganz bestimmt kein Flügel!

J. H. «Ich kannte seinen Namen schon aus Chile, wo er als Wunderkind galt, und fragte mich, warum er an diesem Wettbewerb überhaupt teilgenommen haben mochte, denn es war in Wahrheit wie ein Wettrennen zwischen Droschkenpferden und einem Vollblut. Anschließend gab uns Schelling in seiner prächtigen Villa am See ein Essen.»[11]

C. A. Schelling saß in der Jury, daran erinnere ich mich noch. Schelling und Pembaur und Cortot und Vianna da Motta. Jedenfalls wurde ich anscheinend um einen Bechstein-Flügel betrogen!

J. H. Seltsam, welch ein Widerspruch zwischen Ihrer Selbsteinschätzung und dem Urteil anderer über Sie bestand. Kaum zu glauben – die Preisrichter hielten es schon vor Beginn des Wettbewerbs für ausgemacht, daß Sie gewinnen würden, und Sie selbst waren auch nach dem Wettbewerb überzeugt, Sie hätten keine Chance.

C. A. Das war 1927 meine psychologische Situation.

J. H. Wie wirkte sich der Wettbewerb für Sie aus? Bekamen Sie Engagements?

C. A. Ja, ich wurde für eine ganze Reihe Konzerte verpflichtet.

J. H. 1935–1936 spielten Sie in Berlin an zwölf Abenden das gesamte Klavierwerk von Bach. Machten Sie sich zu diesem Zeitpunkt immer noch Sorgen um Ihre Laufbahn und darüber, ob Sie genügend Engagements bekommen würden?

C.A. Ja.

J.H. Wie kam denn der Bach-Zyklus zustande?

C.A. Es gab zwei Aspekte. Zum einen war ich immer bestrebt, die musikalische Sprache eines Komponisten ganz zu verstehen. Das war der erste Anstoß dafür, Bachs gesamtes Klavierschaffen auswendig zu lernen und zu spielen. Zum anderen hatte ich wohl auch den Wunsch, einmal etwas ganz Außergewöhnliches zu tun, das beweisen würde, was für ein ernsthafter Musiker ich war. Damals wurde mir nämlich nachgesagt, ich sei zwar ein guter Techniker, aber eher der Typ des Virtuosen. Das war der zweite Aspekt – meine Karriere voranzubringen. Aber im Vordergrund stand doch die *Befriedigung* darüber, dieses gewaltige Repertoire an guter Musik im Kopf zu haben. Viele fragen: «Ob es ein Reklametrick ist?» Ein bißchen war es das vielleicht, aber eigentlich nicht.

J.H. Wie liefen die Konzerte?

C.A. Bei einer Partita hatte ich einen Gedächtnisausfall. Ich hatte soviel geübt, daß ich völlig abgekämpft war. Deshalb beschloß ich, ein paar Konzerte zu verschieben – ich glaube, es waren zwei oder drei. Trotzdem waren sie eine Sensation. Sie fanden im Meistersaal in Berlin statt, in dem rund 500 Menschen Platz hatten, und sie waren ausverkauft. Ich hatte damals eine ganz klare Vorstellung davon, wie Bachs Musik aufs Piano zu übertragen sei. Die Imitation des Cembalos kam nicht mehr in Frage. Andererseits gibt es beim Klavier manches, was Bachs Zeit fremd ist – alles Sinnliche. Und kein Pedal, bis auf das, was ich das unhörbare Pedal nenne.

J.H. Wann haben Sie aufgehört, Bach in der Öffentlichkeit zu spielen?

C.A. Im großen und ganzen schon ganz kurz danach. Das geschah zum Teil unter dem Einfluß des Cembalos, insbesondere unter dem der Landowska, die ich verehrte. Außerdem war ich zu dem Schluß gekommen, daß ich wirklich nur *Pianist* sein, also nur Dinge spielen sollte, die für das Piano komponiert wurden, für den Piano-Klang.

J. H. Dem Bach-Zyklus ließen Sie einen Mozart-Zyklus folgen. War der ebenfalls ein Erfolg?

C. A. Ja. Aber kein so großer wie der Bach-Zyklus, weil es keine so außerordentliche Gedächtnisleistung war. Und manche stießen sich an der Lautstärke, mit der ich spielte, und an den Kontrasten, dem Espressivo. Ich gab mir Mühe, genausoviel Ausdruck hineinzulegen wie die Sänger in der Oper.

J. H. Inwieweit waren Sie Ihrer Meinung nach etabliert, als Sie Deutschland verließen.?

C. A. Ich war damals schon recht gut etabliert, und zwar nicht nur in Deutschland.

J. H. Was würden Sie sagen, von wann ab spielte dann Ihre Karriereangst keine große Rolle mehr?

C. A. Wissen Sie, ich hatte ja beim deutschen Publikum immer mit dieser *schrecklichen* Frustration zu kämpfen. Weil ich – albernerweise – annahm, es verstünde wahrscheinlich mehr von Musik und das sei der Grund, weshalb es mich nicht akzeptierte. Als mich dann die Deutschen endlich akzeptierten, fiel das mit der Machtübernahme der Nazis zusammen. Die frühen dreißiger Jahre. Das war der Grund, warum wir noch blieben, nachdem die Nazis ans Ruder gekommen waren – das und die Tatsache, daß wir wie so viele andere nicht glauben konnten, daß die Nazis sich halten würden. Ich war so darauf versessen, es zu genießen, daß ich endlich anerkannt war. Von da an war ich recht zuversichtlich, was meine Karriere betraf. Aber ich mußte natürlich noch den einen hohen Berg bezwingen – die Vereinigten Staaten.

J. H. Ungefähr zu dieser Zeit heirateten Sie.

C. A. Ich habe ziemlich spät geheiratet, 1937, mit vierunddreißig. Wie so viele junge Männer zwischen den Weltkriegen hielt ich es nie lang bei einer Frau aus, war immer bald wieder enttäuscht. Als ich Ruth kennenlernte, hatte ich das Gefühl: die ist die Richtige. Sie wollte Sängerin werden, wissen Sie. Sie studierte gerade *Carmen* ein. Es war ihr eigener Entschluß, ihre Karriere aufzugeben. Sie war der Ansicht, eine Ehe könne nicht funktionieren, wenn beide Partner als Künstler ständig unterwegs wären.

J. H. Das war das erste Mal, daß Sie von Ihrer Mutter getrennt lebten.

117

C. A. Ja. Ruth und ich hatten uns eine Wohnung gekauft. Meine Mutter blieb bei meiner Schwester und deren Tochter.

J. H. War Ihre Mutter eifersüchtig?

C. A. Nun, wahrscheinlich ja. Aber sie sagte nie etwas, ließ sich nichts anmerken. Sie hatte mir immer in den Ohren gelegen, es sei Zeit für mich zu heiraten. Es fiel mir schwer, von ihr wegzuziehen.

J. H. Hatten Sie schon lange daran gedacht, diesen Schritt zu vollziehen?

C. A. Ich hatte mir schon einige Zeit gedacht, daß ich die Nabelschnur durchtrennen müsse.

J. H. Haben Sie jemals erwogen, von Ihrer Mutter wegzuziehen und alleine als Junggeselle zu leben?

C. A. Mit dem Gedanken gespielt habe ich schon, aber ich hatte eigentlich keinen *Grund,* weil meine Mutter so gut und verständnisvoll war.

J. H. Wann verließen Sie und Ihre Angehörigen Deutschland?

C. A. Ich ging 1940. Meine Mutter verließ Deutschland 1938 zusammen mit der Tochter meiner Schwester per Schiff. Als nächste reiste meine Schwester ab. Dann fuhr ich nach Südamerika, wo ich Konzertverpflichtungen hatte. Aber Ruth war zum zweitenmal schwanger. Und wegen der Lage des Kindes – es drückte auf einen Nerv – konnte sie erst 1941 abreisen, nachdem Mario zur Welt gekommen war. Die chilenische Botschaft besorgte ihr einen Paß. Um ihn legal zu bekommen, hätte sie vorher fünf Jahre in Chile gelebt haben müssen. In dem Paß wurde deshalb Valdivia als ihr Geburtsort angegeben. Ich glaube, ich war schon zehn Monate in Südamerika, als sie mit den beiden kleinen Kindern nachkam. Ich holte sie Buenos Aires ab, und dann suchten wir uns eine Wohnung in Santiago.

J. H. Von Ihnen bewunderte Musiker wie Furtwängler entschieden sich dafür, in Deutschland zu bleiben. Waren Sie hin- und hergerissen zwischen Ihrer Liebe zur deutschen Kultur und . . .

C. A. Ich war hin- und hergerissen zwischen der *Genugtuung* darüber, in Deutschland anerkannt zu sein, und den *entsetzlichen* Vorgängen in diesem Land. Ich empfand eine ungeheure *Wut.* All die sozialen Errungenschaften der Linksparteien wurden zerstört. Und die Kultur der Theater, der Opernhäuser, der Konzertsäle –

alles wurde innerhalb weniger Monate kaputtgemacht. Auch die Sensibilität des Publikums verschwand weitgehend.

J. H. Bedauern Sie es, Deutschland nicht früher verlassen zu haben?

C. A. Wahrscheinlich wäre ich frustiert gewesen, weil ich dann nicht die volle Anerkennung des deutschen Publikums erlangt hätte. Obwohl ich sie wahrscheinlich trotzdem erlangt hätte, nach dem Krieg – ich wäre trotzdem frustriert gewesen.

J. H. Wußten Sie schon, wo Sie leben würden, als Sie aus Deutschland weggingen?

C. A. Nein, überhaupt nicht. Wir hatten keinerlei feste Pläne. Wir wollten alles auf uns zukommen lassen. Und dann kam ich allein in die Vereinigten Staaten, um es noch einmal zu versuchen. Auch das war frustrierend – daß ich in Amerika keinen Erfolg gehabt hatte. Das erste Konzert war in der New Yorker Town Hall. Und die Kritik war einfach lächerlich, schlechter als 1923. Ich war immer noch völlig unbekannt, wissen Sie, auch 1941. Und dabei gab ich ein sehr gutes Konzert, mit einer Bach-Partita und Brahms und den *Bildern einer Ausstellung,* die damals eines meiner besten Stücke waren.

J. H. Die Kritik in der *Times* vom 26. Januar 1941 war eigentlich gar nicht so übel. Nur war sie sehr kurz.

«. . . Sein Programm war enorm. Es enthielt keine kleineren Stücke, sondern nur vier große Kompositionen: Bachs Partita c-Moll, Beethovens Sonate C-Dur op. 2 Nr. 3, Brahms' Variationen und Fuge über ein Thema von Händel und Mussorgskys *Bilder einer Ausstellung.*

Arrau hat eine individuelle Art, Klavier zu spielen. Er stellt den Flügel etwas schräg zum Zuhörer und sitzt sehr nahe am Instrument, weit über die Tastatur gebeugt; während er den linken Ellenbogen dicht am Körper hält, hebt er den rechten Arm sehr hoch. Auch seine Interpretationen trugen den Stempel seiner Individualität, denn sie waren sorgfältig durchdacht und persönlich im Charakter.

Das Programm zeigte Arrau allerdings nicht von seiner besten Seite, denn er glänzt in schnellem, klarem, delikatem Spiel, ist aber nicht zu großer Klangentfaltung fähig; die beiden Werke von Brahms und Mussorgsky lagen daher außerhalb seiner dynamischen Reichweite. Überdies spielte er derart konzentriert und intensiv, daß drei aufeinanderfolgende Werke von je einer halben Stunde Dauer für den Zuhörer ermüdend wurden . . .»

C. A.   Oh. Ermüdend für den Zuhörer. Das ist etwas, was man damals berücksichtigen mußte. Man sagte mir einmal, ich hätte mir den Anfang meiner Karriere selbst kaputtgemacht, indem ich *viel* zu lange Programme spielte. Und viel zu schwierige. Das hat man mir bei der NCAC[12] gesagt.

J. H.   Weiter heißt es in der Kritik:

«Der Abend wäre überzeugender gewesen, hätte das Programm mehr Stücke wie die *Danse* von Debussy und das *Chanson-polonaise [sic]* von Chopin-Liszt enthalten, die er als Zugaben spielte, denn diese wurden schön vorgetragen, und in seinen besten Momenten ist Arrau ein Pianist, mit dem man rechnen muß, denn er hat etwas zu sagen und besitzt ein feines Gefühl für sein Instrument und seine Kunst.»

C. A.   Und dabei war das eines der besten Konzerte meiner gesamten Laufbahn. Es war ein ungeheurer Erfolg beim Publikum. Ich werde heute noch oft auf dieses Konzert angesprochen.

J. H.   Am 19. Februar gaben Sie dann einen Klavierabend in der Carnegie Hall. Und das war Ihr erster großer Erfolg in Amerika.

C. A.   Ich glaube, ich habe da einen meiner besten *Carnavals* gespielt.

J. H.   Die Kritiker sprachen jedenfalls vom besten *Carnaval*, den sie je gehört hätten. Nach diesem Konzert konnten Sie sich vor Angeboten nicht retten.

C. A.   Es müssen über fünfzig gewesen sein.

J. H.   Haben Sie damals beschlossen, in die Vereinigten Staaten zu übersiedeln?

C. A.   Ja. Wir ließen uns sofort in den USA nieder, damit ich etwas Geld verdienen konnte. Die Übersiedlung war ziemlich kompliziert, weil die amerikanischen Behörden dahinterkamen, daß Ruth in Frankfurt und nicht in Valdivia geboren war. Aber die Chilenen ließen ihr ihren chilenischen Paß. Wir fuhren – alle vier, begleitet von einem chilenischen Kindermädchen – zunächst nach Peru, wo ich Konzerte gab. Nächste Station war Ecuador, auch dort Konzerte. Dann Kolumbien, mit Konzerten. Dann Panama, mit Konzerten. Dann Guatemala, dann Mexiko. Und von Mexiko aus fuhren wir mit dem Zug nach New York. Anfangs wohnten wir in Hotels. Dann hatten wir ein Haus in Forest Hills. Hierher nach Douglaston zogen wir 1947.

J. H.   Anerkennung in den Vereinigten Staaten – warum war Ihnen das so wichtig? Manche Künstler, die in Europa einen großen Namen hatten – Fischer, Knappertsbusch, Kempff –, sind in Amerika nie richtig bekannt geworden.

C. A.   Aus irgendwelchen Gründen hegte ich eine *ungeheure* Bewunderung für dieses Land und für das, was es symbolisierte. Ich war überzeugt, daß hier die Zukunft lag und daß Europa nur noch ein Museum war – was überhaupt nicht stimmt; Europa hat große Erneuerungskraft. Ich weiß nicht, woher diese Kraft kam. Aber ich war froh, mir in den Vereinigten Staaten meinen Lebensunterhalt verdienen zu können.

J. H.   Daß Sie hierzulande zunächst keinen Erfolg gehabt hatten, empfanden Sie das als Aussage über Ihr Spiel? Ich meine, suchten Sie den Erfolg hier auch, um sich selbst Ihren Rang zu bestätigen?

C. A.   Das auch.

J. H.   Wie wichtig war es Ihnen in den vierziger Jahren, berühmt, anerkannt, gefeiert zu sein?

C. A.   Sehr wichtig.

J. H.   Wie erklären Sie das?

C. A.   In jüngeren Jahren ist das öffentliche Auftreten wahrscheinlich teilweise Selbstbestätigung. Je mehr man sich dann auf sich selbst konzentriert, im positiven Sinne, um so mehr tritt dieser Aspekt in den Hintergrund. Allerdings verschwindet er nie ganz.

J. H.   Wird das Streben nach Selbstbestätigung jemals zum Hindernis für das künstlerische Streben?

C. A.   Es ist gefährlich. Aber wenn man ein wirklich ernsthafter Künstler ist, überwindet man die Gefahr. Ich habe immer alles sehr ernstgenommen. Hätte ich das Publikum nicht ernstgenommen, aber trotzdem Erfolg gehabt, so wäre ich damit nicht glücklich geworden. Ich hätte mir eine solche Einstellung nie verziehen.

J. H.   Ich möchte Ihnen noch eine letzte Frage zum Thema Karriere stellen. Inwieweit hatten Sie, als Sie sich in den Vereinigten Staaten niedergelassen hatten, das Gefühl, in einer fremden Kultur zu leben und zu arbeiten; oder daß Männer wie Toscanini, Heifetz, Horowitz, Kussewitzky, Stokowski – die in den Vereinigten Staaten viel berühmter waren als etwa Furtwängler oder Fischer – nicht Ihrer musikalischen Welt entstammten?

C. A.   Ich fühlte mich – in musikalischer Hinsicht – sehr fremd. Als ich zum erstenmal hier war, fand ich die Kriterien, nach denen Musiker beurteilt wurden, einfach *unmöglich*. Die Programme – Sachen wie die *Kreisleriana* und die *Davidsbündlertänze* konnte man einfach nicht spielen. Die Agenten warnten einen davor. Und das Schumann-Konzert galt als Selbstmord. Und was für Pianisten hier berühmt waren – Paderewski! Sie können sich nicht vorstellen, wie das war.

J. H.   Und manch einer begrub hier seine Karriere-Hoffnungen.

C. A.   Adolf Busch! Den haben sie hier nie anerkannt. Und als Furtwängler kam – an dem ließen sie kein gutes Haar.

J. H.   Er wurde mit Toscanini verglichen und schnitt schlecht dabei ab.

C. A.   Immer. Toscanini war der Maßstab. Eine Zeitlang kam ich mir ganz verloren vor.

J. H.   Von den Deutschen schafften Sie und Serkin den Durchbruch. Und Stock in Chicago.

C. A.   Er war sehr gut. Er war ein ernsthafter Musiker.

J. H.   Und natürlich Schnabel. Er wurde aus irgendeinem Grunde schon recht früh anerkannt.

C. A.   Es war der politische Aspekt – daß er Deutschland hatte verlassen müssen und so weiter. Er war fast ein politischer Flüchtling.

J. H.   Toscaninis Ansehen hierzulande stieg zweifellos aufgrund seiner politischen Haltung – er weigerte sich, in Bayreuth und Salzburg zu dirigieren, in Italien die faschistische Hymne zu spielen. Um ihr kulturelles Selbstbewußtsein zu stärken, mußten die Vereinigten Staaten einen solchen Musiker für sich vereinnahmen – jemanden, der sowohl berühmt als auch politisch in Ordnung war. «Toscanini gehört uns, und er ist besser als jeder andere», hieß es, vom «größten Dirigenten der Welt», vom «größten Dirigenten aller Zeiten» war die Rede. Er war ein Symptom für den Provinzialismus der amerikanischen Musikkultur. Man könnte wahrscheinlich zeigen, daß der postume Anstieg von Furtwänglers Ansehen in Amerika fast genau parallel zum Niedergang des Provinzialismus verlief, dem Toscanini die abgöttische Verehrung der Amerikaner verdankte.

C. A. Furtwänglers wachsender Nachruhm in den letzten fünf oder zehn Jahren – das ist eine wundervolle Bestätigung dessen, was hier geschehen ist.

J. H. Fischer ist aber immer noch nicht besonders bekannt.

C. A. Ich frage mich, was geschehen wäre, wenn Fischer seine Angst vor der Überquerung des Ozeans überwunden hätte.

J. H. Was glauben Sie?

C. A. Ich glaube nicht, daß er damals Erfolg gehabt hätte. Heute schon.

J. H. Also auch in den fünfziger Jahren hätte er in Amerika keinen großen Erfolg gehabt?

C. A. Ich glaube nicht.

J. H. Kempff ist ebenfalls ein Künstler, der in den Vereinigten Staaten zu wenig bekannt ist.

C. A. Aber viele haben doch seine Platten, oder?

J. H. Tatsache ist, daß die meisten seiner Platten hier vergriffen sind.

C. A. Wenn er heute käme und zehn Jahre jünger wäre, würde er wahrscheinlich Anerkennung finden.

J. H. Haben Sie jemals Toscanini im Konzertsaal gehört?

C. A. Ja.

J. H. Und Sie mochten ihn nicht?

C. A. Überhaupt nicht.

J. H. Paul Badura-Skoda, der die gleiche musikalische Grundauffassung hat wie Sie, sagte mir einmal, er habe trotz seiner Vorurteile nicht umhin können, Toscanini bemerkenswert zu finden, als er ihn schließlich in der Carnegie Hall erlebte. Er meinte, der Klang des Orchesters sei außergewöhnlich gewesen.

C. A. Klang, Rhythmus, Präzision. Und eine gewisse Transparenz. Die Zuhörer sagten: «Oh, da ist ja eine melodische Linie, die wir noch nie gehört haben.» Aber wenn es dann wirklich um *Interpretation* ging, die *war einfach nicht da*. Er schaffte nicht einmal in Ansätzen, was Furtwängler mit der großen C-Dur-Sinfonie von Schubert vollbrachte – zusammen mit der musikalischen Form auch die Tiefe und die Beklemmung zu vermitteln.

J. H.   Und in der italienischen Oper?

C. A.   Auch da nicht. Ich habe in der Scala eine Aufführung der *Tosca* mit Claudia Muzio erlebt, die mir *überhaupt nicht* gefiel. Es war alles *zu schnell*. Die Sängerinnen und Sänger konnten nicht *atmen*. Das war in den zwanziger Jahren. Auch seine *Lucia* hat mir *gar nicht* gefallen.

J. H.   Haben Sie Toscanini persönlich kennengelernt?

C. A.   Ja. Er kam zu einer Probe, als ich mit Kleiber und dem NBC Symphony Orchestra spielte. Toscanini und Kleiber waren mehr oder weniger befreundet; Kleiber bewunderte ihn sehr. Das war in den vierziger Jahren.

J. H.   Fanden Sie ihn bei dieser Begegnung charismatisch?

C. A.   Ich fand ihn sehr eindrucksvoll. Er war ein unerhört schöner Mann. Sein Gesicht war unglaublich gut geschnitten.

J. H.   Er besaß auch einen ungeheuren inneren Antrieb. Ein reines Feuer.

C. A.   Ja, *Tannhäuser*. Der Venusberg. Das war phantastisch.

J. H.   Aha, es gab also doch etwas von ihm, das Ihnen gefiel.

C. A.   Na ja. Das war das einzige, was ich mochte. Aber Sie sprachen von seinem inneren Antrieb; der war wirklich ungeheuer.

Bestandsaufnahme

In seiner 1959 in *Record Times* erschienenen Würdigung Arraus schrieb der Kritiker William Mann:

«Arrau ist ein Suchender, ein ewiger Student der Musik. Er spürt ihr in der Oper nach – er kann Stunden damit zubringen, die Größe von Maria Callas' Gesangskunst zu analysieren und zu erläutern –, in der Bibliothek, im Konzertsaal und auf dem Plattenteller. Im Sommer letzten Jahres besuchte ich ihn einmal, um mit ihm und gemeinsamen Freunden den Abend zu verbringen, und fand ihn in die Partitur und eine Aufnahme der *Zeitmaße* von Stockhausen vertieft; er spürte den Geheimnissen dieser neuen Klangwelt nach, bis ihm klarwurde, wie sie zusammengesetzt war und welche Intentionen ihr Komponist verfolgte. Seine Begeisterung für andere Kunstgattungen, vor allem die Malerei, ist grenzenlos. Wenn er in London ist, gelingt es ihm, so viel zu sehen und zu hören und zu lesen, daß ich mich manchmal frage, wann er noch Zeit zum Schlafen findet.»

Loretta Goldberg, eine australische Pianistin, die jetzt in New York lebt und von 1968 bis 1973 zeitweise eine Schülerin Arraus war, erinnert sich, wie er im Jahre 1968 durch Melbourne wirbelte:

«Er fragte mich, welche Schriftsteller die Avantgarde der australischen Literatur bildeten. Er hatte A. D. Hope, Patrick White und, wenn ich mich recht erinnere, auch Christina Stead gelesen, wußte aber, daß es darüber hinaus noch eine Reihe anderer wichtiger Leute gab. Ich arrangierte deshalb ein Essen mit Christopher Wallace-Crabbe und Vincent Buckley, zwei der damals prominentesten Dichter und Kritiker in Australien. Während des Essens nannten sie ihm die bedeutendsten zeitgenössischen australischen Autoren. Er notierte sich alles, und wir fuhren gleich nach dem Essen zur größten Buchhandlung Melbournes. Am nächsten Abend gab ich nach seinem Konzert eine Party, zu der ich auch einen Joyce-Fachmann namens Samuel Goldberg einlud. Ich hatte Arrau auf Goldbergs Bücher aufmerksam gemacht. Arrau erschien auf der Party und zog Sam in eine Diskussion über die Dichter – er hatte schon die Bücher von Chris Wallace-Crabbe und Vincent Buckley gelesen, die er tags zuvor gekauft hatte! Er hatte auch schon angefangen, Sams Bücher zu lesen, die ihn sehr interessierten, weil er zwar sowohl den *Ulysses* als auch *Finnegans Wake* schon mehrmals gelesen hatte, sie aber trotzdem nicht ganz verstanden zu haben meinte. Ich kenne sonst niemanden, der so wißbegierig wäre, so darauf erpicht, sich das Beste aus allen Kulturen und allen Bereichen der Kultur geistig anzueignen.»

Loretta Goldberg war Arrau schon 1962 in Melbourne im Haus von Mrs. Mary Baillieu Adam begegnet, der Witwe des Experten für primitive Kunst Leonhard Adam und selbst Pianistin, die bei Schnabel studiert hatte. Loretta Goldberg erinnert sich:

«Arrau hatte Leonhard Adams Buch *Primitive Art* gelesen und war natürlich fasziniert von dem Gedanken, Adams Sammlung sehen zu können. So kam er in das Haus. Mary Baillieu Adam hatte im Hausflur eine Gruppe von Masken aufgehängt. Es handelte sich um zeitgenössische europäische Arbeiten, die kurz zuvor in der Schweiz ausgestellt worden waren, aber wer sich in der Kunst der Primitiven nicht sehr gut auskannte, hielt sie für primitiv – die meisten tippten auf Südamerika. Als Arrau das Haus betrat, fragte ihn deshalb die Tochter der Hausherrin gleich: ‹Was halten Sie von diesen Masken?› Er sah sie sich an, war ein bißchen überrascht und sagte: ‹Das ist natürlich keine primitive Kunst. Die waren auf einer Ausstellung in der Schweiz zu sehen.› Er nannte sogar das Jahr. So bestand er die Prüfung, die sich die Sechzehnjährige für ihn ausgedacht hatte. Dann kam er herein und setzte sich. Neben ihm stand ein Glasschrank voll primitiver Kunstwerke aus Leonhard Adams Sammlung. Mary Baillieu Adam hatte eine Auswahl getroffen: Alles, was sie zu verkaufen bereit war, stand auf dem Schrank, und alles, was ihres Wissens zu wertvoll war, um verkauft zu werden, befand sich im Innern des Schrankes. Sie hatte jedoch übersehen, daß sie zwei Benin-Bronzefiguren auf den Schrank gestellt hatte – nur zum Anschauen, einfach weil sie so schön waren. Arrau sah sie natürlich gleich, als er ins Zimmer kam. Er schaute auch einmal kurz in den Schrank, aber seine Blicke kehrten immer wieder zu den Benin-Bronzefiguren zurück. Schließlich sagte er: ‹Die würde ich gerne kaufen.› Da erkannte Mary Baillieu ihren Fehler. Arrau erinnerte sie, daß sie gesagt habe, alles, was auf dem Schrank stehe, sei verkäuflich. Mary Baillieu befand sich in einer verzwickten Lage. Sie wußte, daß die Figuren ungefähr 25 000 Dollar wert waren, aber sie schätzte auch Arraus Musik. Und bei ihr kam die Liebe zur Musik immer vor allem anderen. Man konnte förmlich sehen, wie sie schwach wurde. Schließlich überließ sie ihm die beiden Figuren für 1000 Dollar. Arrau strahlte wie ein Kind, dem man das Spielzeug seiner Träume geschenkt hat.»

Von seinem ersten Besuch in Australien im Jahre 1947 hatte Arrau auch eine bemerkenswerte Neuerwerbung mitgebracht. «Ich fand alles wahnsinnig interessant», erinnert er sich, «die Wildtiere, die Landschaft, die Ureinwohner. Und ich sagte in allen Interviews, daß ich schrecklich gerne ein Känguruh als Haustier hätte. Obwohl man mich gewarnt hatte, daß die Tiere ausgesprochen aggressiv sein könnten. So kam es, daß mir der Bürgermeister einer kleinen Stadt ein lebendes Känguruh zum Geschenk machte. Die Pan American, die sich zunächst bereit erklärt hatte, das Känguruh in einem Käfig mitzunehmen, machte dann in letzter Minute ihre Zusage rückgängig, und das bedauernswerte Känguruh wurde per Schiff nach San Francisco verfrachtet. Drei Tage vor der Ankunft ging es ein.» Ich fragte ihn, was er mit dem Känguruh angefangen hätte. «Das war ja das Problem. Ich hätte das Geschenk schlecht ablehnen können. Wahrscheinlich hätte ich es dem New Yorker Zoo gegeben.»

Heute, mit über achtzig, ist Arrau nach wie vor ein unersättlicher Leser. Auf Reisen langweilt er sich nie, nicht einmal auf Flughäfen. Aber er besichtigt nicht mehr so viel und geht nicht mehr so viel auf Gesellschaften wie früher. Innerlich ist sein Erkundungsdrang ungebrochen, wie seine Kunst dokumentiert. Äußerlich zieht er sich eher auf sich selbst zurück: sein Bekanntenkreis ist kleiner geworden, sein Verlangen nach Gesellschaft hat sich verringert.

Da er nach wie vor ein zermürbendes Tourneeprogramm hat, beansprucht ihn die Musik mehr als früher. Man kann sich kaum eine übertriebene Vorstellung von seinem Fleiß machen – und dem Preis, den er dafür bezahlen muß. Am Tage eines Konzerts und am Vortag spielt er sein ganzes Programm durch, selbst wenn er dieselben Werke in den vorangegangenen fünfzig Wochen fünfzigmal gespielt hat. Im Jahre 1981 spielte Arrau in New York zwei Beethoven-Konzerte – das vierte und das fünfte – an drei aufeinanderfolgenden Tagen: am Freitag abend, Samstag abend und Sonntag nachmittag. Zu Hause in Douglaston spielte Arrau am Freitag nachmittag, Samstag nachmittag und Sonntag vormittag jeweils beide Konzerte von Anfang bis Ende. Das sind insgesamt zwölf Konzerte innerhalb von weniger als drei Tagen. Unterwegs übt Arrau normalerweise in einem Hotelzimmer. Dafür bevorzugt er ein Kleinklavier. Wenn man ihm ein größeres Instrument zur Verfügung stellt, dämpft er es. Beim Üben belauscht zu werden, wäre ihm nicht weniger unangenehm, als salopp gekleidet in der Hotelhalle zu erscheinen.

Das folgende Gespräch berichtet im Gegensatz zu den anderen in diesem Buch weder über eine Episode aus Arraus Leben, noch dreht es sich um Aspekte der Klavierkunst. Vielmehr versuchte ich, neben meinen Fragen nach Freud und Leid seiner Konzerttätigkeit möglichst viele nichtmusikalische Themen anzuschneiden, ohne den Gesprächsfluß zu unterbrechen. Zwei Gebiete, die nicht zur Sprache kamen, aber nicht unerwähnt bleiben dürfen, sind Religion und Politik.

Arrau wurde katholisch erzogen, wandte sich aber ungefähr mit fünfzehn Jahren von der Religion ab. «Ich bin nur einmal zur Beichte gegangen und fand das absolut lächerlich», erzählte er mir einmal. «Und ich nahm einmal an der Kommunion teil. Die Vorstellung, daß man dabei Christi Leib in sich aufnimmt, war mir ausgesprochen widerlich. Für mich war das regelrechter *Kannibalismus*. Außerdem stellte ich fest, daß viele der katholischen Dogmen lediglich der Macht der Kirche dienten. Ich habe mich aber nie gegen den Katholizismus gestellt. Er wurde mir nur einfach völlig unwichtig.» Als er noch nicht zwanzig war, versuchte er einmal, zum Katholizismus zurückzukehren, unter dem Einfluß des katholischen

Philosophen Jacques Maritain, den er in Paris kennenlernte und bewunderte. «Ich stand jeden Morgen um fünf Uhr auf, um in die Frühmesse zu gehen, und glühte vor religiösem Eifer. Die Sache dauerte ungefähr sechs Monate.» Heute ist er «nicht religiös in irgendeinem konfessionellen Sinne. Ich glaube, ich habe gewisse mystische Empfindungen. Aber ich habe kein Bild von einem persönlichen Gott.»

Seine politische Einstellung bezeichnet Arrau als «liberal-humanitär». Auf diesem Gebiet besitzt er kein ausgeprägtes, aber ein immerhin wahrnehmbares Profil. Im Jahre 1977 war er Solist in einem Gala-Konzert zugunsten von Amnesty International, das in München stattfand und von der Deutschen Grammophon mitgeschnitten wurde. (Er spielte das vierte Klavierkonzert von Beethoven.) In Südafrika ist er seit vielen Jahren nicht aufgetreten. In seinem Heimatland Chile war er 17 Jahre nicht gewesen, bis er im Mai 1984 zu vier übers Fernsehen übertragenen Konzerten zurückkehrte und zu den wohl größten Begeisterungsstürmen seiner Karriere. «Ich spürte, daß ich zurückkommen mußte, ehe es zu spät wäre, um einer ganzen Generation junger Chilenen, die mich noch nie persönlich hatten spielen hören, das zu geben, was ich zu geben habe. Die persönlichen Gründe zu kommen, waren stärker als die politischen Gründe, die mich fernhielten.»

Er versteht sich selbst als «Weltbürger». Sein Abscheu gegen jeden Nationalismus stammt nicht erst aus der Hitlerzeit, sondern schon aus der Zeit nach dem Ersten Weltkrieg, als er, ein Außenseiter in Europa, die rivalisierenden patriotischen Aktivitäten mit Staunen und Widerwillen zur Kenntnis nahm. Aus Dankbarkeit für das staatliche Stipendium in den ersten Jahren seiner Ausbildung in Europa behielt er die chilenische Staatsbürgerschaft, bis er 1979 aus Scham über das Pinochet-Regime Bürger der USA wurde. Seine Bewunderung für die Vereinigten Staaten – ihre Vitalität, ihre Modernität, ihre Vielfalt – ist grenzenlos. Für ihn ist Nordamerika das «internationalste» Land der Welt.

J. H. Ich dachte mir, wir könnten heute beginnen, über einige der Dinge zu sprechen, mit denen Sie sich befassen, wenn Sie nicht üben oder auftreten – also mit dem anderen Teil Ihres Lebens, der nicht unmittelbar etwas mit der Musik zu tun hat.

C. A.   Nun ja, ich lese ungeheuer viel – ich habe die fixe Idee, daß man täglich wenigstens drei Stunden lesen sollte. Ich gehe ins Theater. Im Sommer gehe ich gern in den Garten. Ich räume gern auf.

J. H.   Was lesen Sie im Moment?

C. A.   Ein Buch über Einstein und die Relativitätstheorie, die ich, wie ich gestehen muß, nie verstanden habe. Ich versuche es immer wieder. Was lese ich sonst noch? Ich habe gerade eine neue Biographie von Walt Whitman gelesen. Und ich habe – mit *bedauerlicher* Geduld – *Gnadenlos* von Norman Mailer gelesen, ein miserables Buch. Ich habe es nur aus Menschenfreundlichkeit zu Ende gelesen. Ich dachte mir, daß vielleicht am Ende noch etwas käme, was die Mühe rechtfertigen würde. Was noch? Ich bin gerade mit Toynbees *Menschheit und Mutter Erde* fertig geworden, einer wunderbaren Geschichte des ganzen Planeten. Das Buch hat so an die fünfzehnhundert Seiten. Man bekommt wirklich eine Vorstellung davon, was auf der Welt geschah, nicht nur im Mittelmeerraum, sondern auch in China und Indien vor dem Kolonialzeitalter. Ich kann es nur wärmstens empfehlen.

J. H.   Legen Sie jemals ein Buch weg, ohne es ausgelesen zu haben?

C. A.   Ich *zwinge* mich im allgemeinen, ein Buch zu Ende zu lesen. Eigentlich lese ich sie alle zu Ende. Ich finde, das bin ich dem Autor schuldig.

J. H.   Sie haben einmal erwähnt, daß Sie Dickens' *Pickwick Papers* lasen, weil Sie die Préludes von Debussy einspielten und sich von dem Buch Hinweise für die Interpretation von *Hommage à S. Pickwick* erhofften. Also an die tausend Seiten Lektüre für ein Stück von ganzen fünf Minuten Länge?

C. A.   Noch weniger, glaube ich. Vielleicht ungefähr drei Minuten.

J. H.   Sie gehen gern ins Kino. Haben Sie Lieblings-Regisseure? Lieblings-Schauspieler?

C. A.   Die Garbo habe ich verehrt. Und Bette Davis – ich habe keinen ihrer Filme versäumt. Ida Lupino. Dorothy McGuire.

J. H.   Wie steht es mit Ingmar Bergman? Ich könnte mir vorstellen, daß Ihnen seine Filme gefallen.

C. A.   Ja. Haben Sie seinen Film *Herbstsonate* mit Ingrid Bergman gesehen?

J. H.   Ach ja, das ist der über die Pianistin, die ihre Tochter besucht und sich erinnern lassen muß, wie sie sie gekränkt und mißachtet hat. Sie hatte ihrer Tochter Klavierunterricht gegeben und war sehr streng gewesen.

C. A. Mich hat der Film ein wenig betroffen gemacht – weil ich genauso hätte enden können. Er erinnerte mich an die Gefahren der Egozentrik bei einem Künstler.

J. H. In gewissem Maße ist das wohl unvermeidlich, wenn man öffentlich auftritt.

C. A. Es ist am Anfang unvermeidlich. Es ist etwas, wogegen man sein Leben lang kämpfen muß. Und es wird immer leichter, dagegen anzukämpfen. Oh, ich habe fast so etwas wie eine Phobie vor egozentrischen Interpreten.

J. H. Was würden Sie sagen, haben Sie bestimmte Erwartungen in Ihre Kinder gesetzt – daß sie sich mit Musik beschäftigen, ein Instrument lernen und so weiter?

C. A. Überhaupt nicht. Ich akzeptiere es, daß es für Menschen auch andere Möglichkeiten gibt.

J. H. Wenn eines Ihrer Kinder Pianist hätte werden wollen, wie hätten Sie da reagiert?

C. A. Nun, ich hätte versucht, ihm zu helfen, aber ich hätte ihm auch geraten, bei jemand anders zu studieren. Um sich von meinem Einfluß möglichst freizumachen.

J. H. Hat eines Ihrer Kinder ein Instrument spielen gelernt?

C. A. Unsere Tochter hat Klarinette gelernt. Sie schien auch recht musikalisch zu sein. Aber dann wollte sie nicht mehr üben. Sie hat es nie ernst genommen.

J. H. Waren Sie insgeheim darüber enttäuscht?

C. A. Aber nein. Ich war eher erleichtert, weil ich weiß, wie schwer es ist, als Musiker Karriere zu machen.

J. H. Sie sagten mir neulich, der Film *Saturday Night Fever* habe Ihnen besonders gut gefallen.

C. A. Ja. Er gefiel mir, weil ich John Travolta gern tanzen sehe. Ich weiß nicht, ob die Choreographie von ihm selbst war. Aber wer immer sie gemacht hat, muß eine sehr phantasiebegabte, vitale Persönlichkeit sein.

J. H. Es wird für manchen eine große Überraschung sein, daß Sie ein John-Travolta-Fan sind. Hat Ihnen auch die Musik in *Saturday Night Fever* gefallen?

C. A. Ja, ich fand sie ganz schön.

J. H. Haben Sie sich noch andere Travolta-Filme angesehen?

C. A. *Grease.* Aber da hat er mir zu wenig getanzt.

J. H. Ich habe da ein Interview mit Ihnen aus dem *New Yorker* vom 15. November 1941, in dem es heißt: «Das einzige, was ihn aus seiner Reserve lockte, als wir uns mit ihm unterhielten, war das Tanzen im Savoy Ballroom in Harlem. ‹In tropischen Städten habe ich wilde Tänze, Voodoo-Zeremonien und afrikanische Riten gesehen. Aber nichts davon war so beängstigend wie das Tanzen in Harlem›, erklärte er uns mit ernster Miene.»

C. A. Stellen Sie sich vor, ich hatte *völlig* vergessen, daß ich da immer hinging, um mir diese unglaublichen Tänze anzusehen. Ich hatte es *völlig* vergessen.

J. H. Damals tanzten Sie auch noch selbst.

J. H. Ja. Ich war ein guter Tänzer.

J. H. Haben Sie auch Tango getanzt?

C. A. Ich habe *sogar* Tango getanzt. Und Maxixe. Das ist ein brasilianischer Tanz, der damals in Mode war. Meine Frau und ich, wir haben wirklich sehr schön zusammen getanzt.

J. H. Wir haben noch gar nicht über Ihre Lehrtätigkeit gesprochen. Unterrichten Sie eigentlich noch?

C. A. Zur Zeit nur sehr, sehr wenig. Nicht daß es mir keinen Spaß machen würde. Im Gegenteil, ich unterrichte für mein Leben gern. Aber ich hatte in letzter Zeit ein paar Schüler, die mich sehr enttäuscht haben. Die Art des Klavierspiels, die ich lehre, hat viel mit einer allgemeinen Einstellung zum Leben zu tun. Und ich hatte gedacht, ich hätte ihnen die vermittelt. Dann sah und hörte ich jahrelang nichts von ihnen. Und als ich ihnen dann wieder begegnete, wurde mir klar, daß nichts geblieben war. Ich höre mir immer noch junge Leute an, die mir vorspielen wollen – ich halte es für meine Pflicht. Und es ist auch interessant. Aber sobald ich Anzeichen dieser schrecklichen Eitelkeit wahrnehme, verliere ich das Interesse.

J. H. Früher spielte das Unterrichten einmal eine große Rolle in Ihrem Leben.

C. A. Ja, sicher. In Deutschland lehrte ich viele Jahre am Sternschen Konservatorium.

J. H. Wer waren denn Ihre herausragenden Schüler?

C. A. Einer meiner Schüler wurde von den Nazis gehängt – Karlrobert Kreiten, ein großer extrovertierter Virtuose, der eine phantastische Karriere vor sich hatte. Er war kein Jude. Aber kurz vor Kriegsende sagte er auf einer Party: «Ich weiß gar nicht, warum sich die Leute soviel Gedanken über den Krieg machen, er ist doch ohnehin schon verloren.» Die Nazis holten ihn tags darauf mitten in einem Konzert ab. Ein anderer Schüler von mir, der ebenfalls getötet wurde, war Paul Kiss, ein ausgezeichneter Musiker, mit dem ich einmal ein Konzert mit Kompositionen zu vier Händen von Schubert gab. Ich habe nie an einer anderen Musikschule unterrichtet. Eine Zeitlang hatte ich einen Assistenten, Rafael de Silva. Die Schüler arbeiteten mit ihm, und ich kümmerte mich gewissermaßen um die letzten Feinheiten.

J. H. Und wer waren Ihre herausragenden Schüler seit dem Zweiten Weltkrieg?

C. A. Da ist Edith Fischer, die in Europa eine recht beachtliche Karriere macht. Dann David Lively, der bei mehreren europäischen Wettbewerben Preise gewonnen hat. Philip Lorenz und Ena Bronstein, ein Klavier-Duo. Und William Melton, einer meiner Lieblingsschüler, in den ich große Hoffnungen setze. Wahrscheinlich werde ich in den kommenden Jahren wieder mehr unterrichten. Obwohl Friede [Rothe] mir sagt, ich solle meine Kräfte für meine Auftritte schonen.

J. H. Wie viele Konzerte geben Sie zur Zeit? Wie sieht Ihr Tourneeplan für eine Saison aus?

C. A. Friede könnte Ihnen das genau sagen. Ich bilde mir ein, daß ich immer noch hundert Konzerte pro Saison gebe. Aber ich glaube, soviel sind es nicht mehr. Wahrscheinlich liegt die Zahl zwischen achtzig und hundert.[13] Ich habe nicht die geringste Lust, meine Auftritte einzuschränken. Ich bin es auch nicht, der Streichungen vornimmt. Das macht Friede.

J. H. Warum wollen Sie sich nicht einschränken?

C. A. Weil das bedeuten würde, *dem Alter nachzugeben*. Ohne *Grund*. Wenn ich mich schwächer fühlte, wäre das ein Grund. Aber das Gegenteil ist der Fall, ich ziehe *Kraft* aus meinen Auftritten. Aber alle wollen mich *beschützen*.

J. H. Wie viele Konzerte gaben Sie in der Zeit Ihrer stärksten Arbeitsbelastung?

C. A. Es waren jährlich etwa hundertvierzig Konzerte, würde ich sagen. Das war ungefähr vor zwanzig Jahren, also zu einer Zeit, als die Gagen noch nicht so hoch waren wie heute. Je höher die Gagen steigen, um so weniger Konzerte gibt man.

J. H. Aber heute würden Sie doch nicht mehr hundertvierzig Konzerte in einer Saison geben wollen, oder?

C. A. Doch, sogar sehr gerne.

J. H. Es hält jung.

C. A. *Unbedingt.* Das Konzert neulich in Chicago war eine reine Freude für mich. Die Stimmung im Saal war wundervoll.

J. H. Als ich Sie vor ein paar Jahren fragte, ob Sie Ihr Pensum verkleinern würden, sagten Sie: «Es ist mir unvorstellbar, die Zahl meiner Konzerte zu verringern. Es könnte die Hölle für mich sein. Es könnte sein, daß ich zuviel Angst bekäme, um überhaupt noch aufs Podium zu gehen.»

C. A. Das stimmt. Gerade jetzt, zum Beispiel, nach zweieinhalb Monaten in Vermont, sind mir meine ersten Konzerte ungeheuer schwergefallen. Ich mußte mich sehr zusammenreißen. Ich hatte ziemlich große Angst.

J. H. Glauben Sie, daß Sie zu lange pausiert hatten?

C. A. Ja, das glaube ich. Andererseits hatte ich die Atempause wirklich nötig.

J. H. Zweieinhalb Monate, war das Ihre bisher längste Zeit ohne öffentliche Auftritte?

C. A. Ich würde sagen, es war die längste Ruhepause in den letzten dreißig Jahren. Manche Interpreten entschließen sich ja in fortgeschrittenem Alter, ein ganzes Jahr zu pausieren. Wenn ich das täte, würde ich wohl nie mehr öffentlich spielen können. Auf jeden Fall ist es für mich ungeheuer wichtig, *vor Publikum* zu spielen. Die Angst wirkt wie ein Motor, ein schöpferischer Antrieb.

J. H. Nun da Sie aufs Podium zurückgekehrt sind – gibt es irgendwelche Konzerte, auf die Sie sich besonders freuen?

C. A. Ich habe keinen Überblick über meine Engagements, das würde mich zu sehr belasten. Manchmal weiß ich nicht einmal, welche Konzerte ich im nächsten Monat geben werde.

J. H. Ich habe diese Frage gestellt, weil ich mir dachte, das wäre vielleicht eine Gelegenheit, Sie nach einigen der zeitgenössischen Kollegen zu fragen, die Sie besonders bewundern.

C. A. Lassen Sie mich nachdenken. Wen schätze ich ganz besonders? Ich schätze Kempff. Kempff immer. Ich schätze Daniel Barenboim – sogar sehr. Und dann, ich schäme ich, es zu sagen, fällt mir niemand mehr ein. Das ist schrecklich. Ich schäme mich.

J. H. Und Dirigenten?

C. A. Nun, es gibt ja eine ganze Reihe hervorragender junger Dirigenten, nicht wahr? Gerard Schwarz. John Nelson. Riccardo Chailly. Gary Bertini.

J. H. Mit Colin Davis arbeiten Sie auch gerne, wie ich weiß.

C. A. Colin Davis ist mir einer der liebsten. Kurt Masur ist wundervoll. Eugen Jochum, mit dem G-Dur-Konzert von Beethoven – diese Aufführung werde ich nie vergessen, mit dem Concertgebouw.

C. A. Sind Sie der Ansicht, daß es unter den jungen Dirigenten heute mehr Talente gibt als unter den jungen Pianisten?

C. A. Nein, das finde ich nicht. Es gibt viele ganz erstaunliche Talente unter den jungen Pianisten. An Talenten fehlt es nicht. Aber die Bedingungen für die *Entwicklung* der Talente sind fragwürdig. Der Wettbewerb ist so hart. Sie werden viel zu früh der Öffentlichkeit *vorgeworfen*. Und aus ihrer Sicht müssen sie einfach nehmen, was sie kriegen können. Es ist eine sehr gefährliche Situation.

J. H. Sie sagen, es gebe sowohl bei den Pianisten als auch bei den Dirigenten viele junge Talente. Aber Sie haben mehr Dirigenten als Pianisten genannt.

C. A. Das kommt daher, daß ich mich mehr mit der Entwicklung von Pianisten befasse. Vielleicht stelle ich an junge pianistische Talente zu hohe Anforderungen.

J. H. Warum sollten die Bedingungen für die Förderung musikalischer Talente heute so anders sein als beispielsweise in den zwanziger Jahren in Deutschland?

C. A. Es stehen viel mehr Talente im Blickfeld der Öffentlichkeit. *Sehr* viel mehr. Ich weiß nicht, ob es damals weniger Talente gab oder ob nur einfach nicht so viele junge Menschen beschlossen, Pianisten zu werden. Aber Tatsache ist, daß damals in Deutschland viel weniger junge Pianisten im Blickfeld der Öffentlichkeit standen.

J. H. Der ganze Konzertbetrieb ist ja heute auch anders. Wie würden Sie den heutigen Zustand der Musik charakterisieren, verglichen mit Deutschland in den zwanziger Jahren?

C. A. Die Qualität der Interpretationen liegt heute wahrscheinlich allgemein auf höherem Niveau. Ich meine, es gibt viel mehr erstklassige Orchester. Früher gab es nur drei oder vier auf der ganzen Welt. Und die Programme sind viel besser geworden. Beispielsweise wäre ein reiner Schubert-Klavierabend vor zwanzig oder dreißig Jahren undenkbar gewesen. Selbst in Berlin. Schubert hat sehr lange gebraucht, um als Komponist von Klaviermusik anerkannt zu werden. Auch Liedersänger hatten in den zwanziger Jahren nur ein sehr begrenztes Publikum. Heute werden dagegen für Auftritte von Fischer-Dieskau oder Prey unglaublich gute Programme zusammengestellt. Und wenn Fischer-Dieskau singt, ist die Carnegie Hall ausverkauft. Das ist in höchstem Maße erstaunlich. Das hat es früher nicht gegeben. Ein anderes Beispiel ist die Kammermusik. Kammermusikabende waren früher äußerst selten. Und sie fanden im allgemeinen nur in kleineren Sälen statt. In den zwanziger Jahren in Berlin spielten sogar Busoni und Schnabel im Beethovensaal, der etwa zwölfhundert Plätze hatte. Die Philharmonie, in der etwa zweitausend Menschen Platz hatten, wäre nur schwer zu füllen gewesen.

J. H. Ein Skeptiker würde vielleicht sagen, daß diese Veränderungen nicht unbedingt positiv sein müssen – daß jede Ausbreitung der Musik gewisse Nachteile mit sich bringt. Und Sie müssen sich ja auch eingestehen, daß Sie am meisten von Musikern schwärmen, deren Zeit längst vorbei ist. Die Interpreten, denen Ihre besondere Bewunderung gilt, gehören mit wenigen Ausnahmen einer älteren Generation an.

C. A. Es stimmt, daß Musikhören damals noch mehr ein Erlebnis war als heute. Heute ist Musik so leicht zugänglich – man kann sich eine Platte anhören, während man ein Bad nimmt. Das ist etwas, wovor ich immer ein bißchen Angst hatte – daß den Menschen der Kunstgenuß zu leicht gemacht werden könnte. Man muß aber auch sagen, daß es heute viel leichter ist als früher, mit großen Musikwerken zu *leben*.

J. H. Wenn Sie die Wahl hätten, entweder zu der heutigen Konzertwelt zu gehören oder zu der, wie sie vor –

C. A. – würde ich mich für die heutige entscheiden.

J.H. Trotz all Ihrer nostalgischen Erinnerungen an Berlin und an Busoni, die Carreño und Furtwängler?

C.A. Ja. Ich finde den historischen Augenblick, in dem wir jetzt leben, wunderbar.

J.H. Ist es im Alter nicht eine Versuchung, zurückzublicken in die Vergangenheit?

C.A. Eigentlich nicht. *Noch* nicht, würde ich sagen. Ich habe immer noch das Gefühl, daß ich auf dem Gebiet der Interpretation noch viel zu leisten habe. Ich glaube, die Versuchung wird wahrscheinlich größer werden, wenn ich einmal nur noch selten auftrete.

J.H. Was haben Sie im Augenblick für Ziele und Pläne?

C.A. Ich würde gerne mehr Schubert spielen. Und auch mehr Debussy. Ich fühle mich im Moment sehr stark zu Debussy hingezogen. Zur *geistigen* Bedeutung seiner Musik. Er wird ja manchmal nur um des Klanges, um der Atmosphäre willen gespielt. Aber er war eines der ganz großen Genies. Seine Musik ist absolut einzigartig. Wie die Musik eines anderen Planeten.

J.H. Fühlen Sie sich jetzt zu Debussy hingezogen, weil Sie so lange keine Gelegenheit hatten, ihn zu spielen? Oder sehen Sie da einen direkten Zusammenhang mit Ihrem Alter?

C.A. Ich habe Debussy mein Leben lang tief bewundert. Aber wie bei Liszt hinderten mich auch bei ihm die Umstände, ihn öfter zu spielen. Ich erwarb mir einen Ruf als Interpret von Beethofen, Brahms und Schumann. Mit diesen Komponisten hatte ich hierzulande meine ersten Erfolge. Als gebürtiger Chilene mußte ich meine Ausbildung in Deutschland in den Vordergrund stellen.

J.H. Um nicht als Künstler ohne geistige Heimat zu gelten. Oder vielleicht als «mediterraner» Pianist, der sich auf französische und spanische Musik spezialisiert.

C.A. Genau. Diese Vorstellung, deutsche Musik könne nur von Deutschen, französische nur von Franzosen gespielt werden... mir blieb da überhaupt nichts.

J.H. Sie haben auch davon gesprochen, daß Sie etwas von Busoni und Schönberg einspielen möchten.

C.A. Ich würde sehr gern Schönbergs op. 11 einspielen, das ich früher oft gespielt habe. Und von Busoni die Toccata und die

Fantasia contrappuntistica. Aber es kommen immer wieder Dinge dazwischen, die andere Leute für wichtiger halten.

J. H.   Wie die fünf Beethoven-Konzerte.

C. A.   Zum dritten Mal. Ich finde, das wäre nicht unbedingt nötig.

J. H.   Friede meint offenbar, Sie seien nicht berühmt genug. Ich glaube, sie würde Sie gerne auf dem Titelblatt des *Time*-Magazins sehen. Das ist einer der Gründe, warum sie möchte, daß Sie die Beethoven-Konzerte in Digitalaufnahmen einspielen.

C. A.   Aus ihrer Sicht, im Hinblick auf die Karriere, hat sie wahrscheinlich recht.

J. H.   Und wie denken Sie darüber, auf dem Titelblatt von *Time* zu erscheinen?

C. A.   Oh, das würde mir schon gefallen! Aber soviel ich weiß, war Serkin auch noch nicht drauf. Ich glaube, nicht einmal Horowitz hat das geschafft. Ich kann mich nur an Rubinstein und Beverly Sills erinnern.

J. H.   Beneiden Sie Rubinstein und Beverly Sills deswegen?

C. A.   Ehrlich gesagt, *ja*!

J. H.   Sie schrieben einmal, das Leben des Künstlers sei eine heroische Reise, wie die Fahrten von Odysseus, Herakles und Perseus. Und die zweite Lebenshälfte sei eine Zeit der Selbstbesinnung und Bestandsaufnahme. Sie erwähnten eine Reihe von Musikern, darunter Strawinsky und Klemperer, die in ihren späten Jahren offenbar zu einer größeren Ganzheit gelangten. Und dann sagten Sie, das letzte Ziel dieses Szenarios sei es, «jegliche Eitelkeit hinter sich zu lassen, was zur endgültigen Verschmelzung mit dem Universum führen kann». Gilt dies alles auch für Sie selbst?

C. A.   O ja. Ich spüre, wie ich meinen Kosmos immer mehr ausweite. Als könnte ich immer tiefer atmen. Ich spüre es tatsächlich in meinem Spiel. Besonders stark empfinde ich das im Augenblick bei der *Dante-Sonate* und bei Debussy. Nun da ich alle Préludes von Debussy eingespielt habe, sehe ich mit freudiger Erwartung der Aufzeichnung der Etudes entgegen.

J. H.   Die sind für die meisten Leute weniger leicht zugänglich als die Préludes. Ich habe den Eindruck, daß die Weiträumigkeit der weniger bildhaften Debussy-Stücke Ihnen besonders zusagt. Ganz deutlich spürt man das bei den Préludes – daß Sie sich besonders bei den abstrakteren Stücken entfalten. Beispielsweise bei *Des Pas sur la neige*.

C. A. Ja, das stimmt. Oder etwa bei *Canope*. Das ist sehr knapp. Es grenzt ans Wunderbare, wie es Debussy gelingt, mit so wenigen Tönen solche Tiefe zu erzeugen.

J. H. Das meinte ich, als ich die Etudes erwähnte. Die Luft ist dünner. Die *Dante-Sonate* hat davon auch etwas. Der religiöse, ekstatische, verzückte Liszt. Die musikalische Struktur löst sich in Nichts auf. Besteht da nicht ein Zusammenhang mit dem Gedanken der Überwindung der Eitelkeit? Weil der musikalische Ausdruck weniger egozentrisch ist, wenn er diffuser ist.

C. A. Der Drang zur Selbstbestätigung ist verschwunden.

J. H. Verschwindet er jemals ganz?

C. A. Nun, es ist einem Interpreten so gut wie unmöglich, sich von seinem Leistungsstreben freizumachen. Und in bestimmten Lebensphasen ist dieses Streben eine notwendige Triebkraft. Dennoch sollte man seine Eitelkeit mit aller Kraft bekämpfen. Und wenn man älter ist, dann lassen sich, so meine ich, gewisse Handikaps der Eitelkeit recht gut überwinden.

J. H. Wenn Sie Ihre Eitelkeit überwunden hätten, wären Sie nicht neidisch auf Rubinstein und Beverly Sills, weil die schon auf dem Titelblatt von *Time* waren.

C. A. Also gegen *diese* Schwäche habe ich mich ehrlich gesagt nie gewehrt.

Ausblick

Die letzten der hier wiedergegebenen Gespräche mit Arrau fanden im Juni und Juli 1981 statt. Die erste dieser Begegnungen war am 6. Juni in Douglaston. Arrau war sechs Tage zuvor aus Europa zurückgekehrt, wo er in knapp zwölf Wochen elf Klavierabende gegeben und elf Auftritte mit Orchester gehabt hatte. Die letzten fünf Konzerte der Tournee waren auf Anraten seines Arztes in München abgesagt worden.

Arrau wirkte müde. Seit seiner Rückkehr hatte er weder das Klavier angerührt noch ein Buch aufgemacht. Er sei, so sagte er, «in den Streik getreten». Und er fühle sich «deprimiert» und habe ein schlechtes Gewissen, weil er seine Europa-Tournee abgebrochen hatte, obwohl sie, wie er mir versicherte, ein «triumphaler» Erfolg gewesen sei. Joachim Kaiser, der ungewöhnlich urteilssichere Klaviermusik-Kritiker, hatte am 16./17. April 1981 über seinen Münchner Klavierabend in der *Süddeutschen Zeitung* geschrieben:

«Claudio Arraus Vermögen, sich zu versenken, mit verzehrender Inständigkeit und genauester Sorgfalt zu spielen, hat diesem Künstler seit vielen Jahrzehnten Liebe und Bewunderung eingetragen, in München wie in aller Welt. Wer ihn gegenwärtig hört – zumal, wenn er sich so ‹gut in Form› zu befinden scheint, wie während seines Klavierabends im Herkulessaal –, der kommt aus dem Staunen über die Wirkung und Wahrheit großer Musik und aus dem bewundernden Lernen nicht heraus.»

Anstatt die Rede auf Chopin oder Schumann zu bringen – die beiden Themen, die wir uns bis zum Schluß aufgehoben hatten –, sprachen wir hauptsächlich über meine gerade in Arbeit befindlichen verbindenden Texte für die autobiographischen Gespräche.

Als wir drei Tage darauf wieder in Douglaston zusammensaßen, hatte Arrau immer noch nicht wieder zu üben angefangen. Er hatte «ein wenig» gelesen – aber keine Noten. Er sagte mir, er habe beschlossen, für die Saison 1981–82 weniger Konzerte einzuplanen. Als ich die Préludes von Chopin aufschlug und anregte, darüber zu sprechen, äußerte er sich nicht. Dann schaute er von den Noten auf und rief aus: «Nichts!» Zum erstenmal im Leben, sagte er, fühle er sich mit Musik «gesättigt».

Vier Wochen später in Vermont wirkte Arrau ausgeruht und entspannt. Wir sprachen über Chopin, aber diesmal war es aus irgendeinem Grunde Schumann, zu dem er nichts sagen wollte oder konnte. So beschloß ich, lieber das Gespräch in «Bestandsaufnahme», das im Dezember des Vorjahres stattgefunden hatte, noch zu ergänzen und auf den neuesten Stand zu bringen.

Das erste Thema, das wir anschnitten, waren Hunde, und das bedarf einer Erläuterung. Arrau liebt große, lebhafte Hunde. Seit Jahrzehnten gehört zu seinem Haushalt ein regelrechtes Gefolge, und wenn der Haushalt nach Vermont verlegt wird, kommen auch die Hunde mit – hinten im Familien-Kombi, einem 1976er Ford, den Mrs. Arrau fährt. Ein Besucher, der sich einem von Arraus beiden Häusern nähert, wird unweigerlich von lautem Hundegebell begrüßt. Eines der Tiere, das immer an Fenstern und Türen hochspringt, durch die es den Eindringling sehen kann, ist ein schwarzer deutscher Schäferhund mit aufgerichtetem Schwanz, hochgestellten Ohren, straffen Muskeln und furchteinflößenden Augen; das ist Congo, dessen Vater ein Landessieger war. Die beiden anderen, älteren Hunde sind Tinny, ein belgischer Hirtenhund, und Petra, eine mittelgroße Promenadenmischung.

An dem Tag des folgenden Gesprächs machten die Hunde besonders lange Radau, weil Arrau ausnahmsweise allein im Haus war. Von der Veranda aus hörte ich, wie er mit freundlicher Stimme Gehorsam forderte: «Komm her, meine Liebe . . . *Tinny* . . . *Congo* . . .» Eins nach dem anderen wurden die Tiere eingesperrt. Dann erschien Arrau, mit einer Trillerpfeife an einer Schnur um den Hals wie ein Schiedsrichter. Er brauchte sie, um die Hunde zurückzupfeifen, wenn sie sich auf Spaziergängen zu weit entfernten, erläuterte er. Kaum hatten wir es uns im Arbeitszimmer bequem gemacht, als das ganze Rudel durch eine Seitentür hereingestürmt kam und im Zimmer herumtobte. «Wie sind die bloß herausgekommen?» fragte sich Arrau. Mühsam wurden die Hunde wieder hinausgeschafft. Keine fünf Minuten später fuhr Mrs. Arrau mit dem Kombiwagen vor, in Begleitung von Christopher, dem jüngeren Sohn der Arraus, und Nicky, seinem munteren Samojedenspitz. Türen wurden geöffnet, und plötzlich sah man vier Hunde durch den Garten jagen. «Sie spielen so gerne mit Christophers Hund», erläuterte Arrau nachsichtig.

J. H.   Wann haben Sie Ihre Vorliebe für Hunde entdeckt? Schon in Berlin?

C. A.   O ja. Das hing mit meiner Mutter zusammen, die sich vor Tieren fürchtete. Sie wurde einmal von einem Hund angefallen, als sie schwanger war. Nicht mit mir – mit meinem älteren Bruder. Deshalb durfte ich nie einen Hund im Haus haben. Als ich heiratete und auszog, schaffte ich mir sofort einen Hund an. Genauer gesagt, wir bekamen einen als Hochzeitsgeschenk. Einen Drahthaarterrier.

J. H.   Wagner und Busoni liebten auch große Hunde. Eine meiner Lieblings-Anekdoten über Wagner ist, wie er darauf bestand, seinen Neufundländer mitzunehmen, als er und Minna aus Riga flohen. Sie mußten sich über eine Grenze schleichen, an der Kosaken patrouillierten, die Befehl hatten, ohne Anruf zu schießen. Und Busoni sagte einmal von einem seiner Studenten, er sei «so aufrichtig, so ernst und so intelligent – wie ein teurer Hund».

C. A.   Ich sage immer, daß Hunde freundlicher und intelligenter sind als viele Menschen. Es interessiert mich, wie sie dazu kamen, sich den Menschen anzuschließen. Das war vor Tausenden von Jahren. Die Hunde sagten sich wohl, daß das eine ganz angenehme Übereinkunft wäre. Sie konnten den Menschen beschützen und sich dafür von ihm füttern lassen.

J. H.   Wie viele Hunde haben Sie im Laufe Ihres Lebens besessen?

C. A.   Ungefähr dreißig.

J. H.   Und im Moment haben Sie drei.

C. A.   Ja. Und wir werden auch noch den unseres Sohnes Christopher aufnehmen müssen, weil in seinem Studentenheim vom nächsten Jahr an Hunde nicht erlaubt sind. Außerdem hat unsere Haushälterin einen kleinen Hund. Also sind es eigentlich fünf.

J. H. Haben Sie Lieblinge unter Ihren Hunden?

C. A. Ich gebe mir Mühe, sie nicht merken zu lassen, daß ich einen lieber habe als den anderen. Die spüren das nämlich. Sie sind sehr sensibel.

J. H. Aber Sie haben Favoriten?

C. A. Ja. Insgeheim.

J. H. Gibt es auch bestimmte Rassen, die Sie bevorzugen?

C. A. Nein. Nur Eigenschaften. Bei Hunden schätze ich an erster Stelle Intelligenz. Dann Gutartigkeit. Und daß sie gute Wachhunde sind, aber das ist antiquiert. Das Gefühl der Zusammengehörigkeit mit einem Hund ist etwas Wunderbares.

J. H. Vermissen Sie Ihre Hunde, wenn Sie auf Konzertreise sind?

C. A. Ja. Heute noch mehr als früher. Das hängt damit zusammen, daß mir das Reisen nicht mehr soviel Spaß macht wie früher. Ich fühle mich jetzt zu Hause wirklich wohler als auf Reisen.

J. H. Ich habe auch das Gefühl, daß Sie nicht mehr so gesellig sind wie früher, daß Sie sich weniger für Menschen interessieren. Sie konzentrieren sich mehr auf die Musik und die Dinge, die Ihnen nahestehen, sind nicht mehr so neugierig. Wahrscheinlich ist das einer der Gründe, weshalb Ihnen die Hunde immer wichtiger werden.

C. A. Ja. Diese Vorliebe für Hunde ist ja irgendwo auch eine Schwäche. Sie hat etwas mit Machtstreben zu tun. Aber dagegen kämpfe ich. Ich will nicht, daß sie mir blind gehorchen.

J. H. Nun, das tun sie ja auch nicht. Jedesmal, wenn ich hierher komme, brauchen Sie mindestens fünf Minuten, um sie einzusperren.

C. A. Ich möchte, daß sie ihre Persönlichkeit behalten. Der ältere schwarze folgt aufs Wort, aber dafür kann ich nichts. Sein früherer Besitzer wollte ihn nicht mehr, und wir wurden gefragt, ob wir ihn aufnehmen wollten. Er war überdressiert.

J. H. Im großen und ganzen sind Ihre Hunde aber alles andere als fügsam.

C. A. Es widerstrebt mir, etwas von ihnen zu verlangen, was sie selbst nicht wollen.

J. H. Wie gehorsam sind sie denn nun wirklich?

C. A. Der jüngere schwarze, Congo – er ist wirklich recht gehorsam, wenn Sie es unbedingt wissen wollen.

J. H. Sie mögen die Wildheit an ihm.

C. A. Genau. Es gefällt mir, wenn er sich frei entfaltet.

J. H. Trotzdem nimmt ein Hund einen weniger in Anspruch als ein Mensch. Wenn man zum Beispiel keine Lust hat, mit seinem Hund zu reden, erhebt der Hund keinerlei Einwände.

C. A. Er legt sich zu meinen Füßen und schläft.

J. H. Und das ist Ihnen lieber.

C. A. Viel lieber.

J. H. Ich glaube, diese Vorliebe ist heute stärker ausgeprägt als vor zwanzig oder dreißig Jahren.

C. A. Ja, das stimmt.

J. H. Das Reisen macht Ihnen weniger Spaß als früher. Sie fühlen sich stärker zu Ihren Hunden hingezogen. Und vor vier Wochen erzählten Sie mir in Douglaston, daß Sie in der kommenden Saison etwas kürzertreten wollen.

C. A. Ja, denn sehen Sie, mein Arzt in München sagte mir, mein Herz sei ein wenig angegriffen. Er meinte, ich sollte mir nicht mehr soviel zumuten. Ich werde jetzt wahrscheinlich in der kommenden Saison fünfundsiebzig Konzerte geben. Friede [Rothe] würde mir am liebsten nur *zehn* Konzerte im Jahr genehmigen. Mein Herz war immer phantastisch, wissen Sie. Jetzt ist es zum ersten Mal ein bißchen überanstrengt.

J. H. Und wie ist Ihnen dabei zumute? Freuen Sie sich darauf, es etwas ruhiger anzugehen, ein bißchen mehr zu Hause zu bleiben?

C. A. Ich bin da in einem Zwiespalt. Der Gedanke, weniger Konzerte zu geben, ist mir unangenehmer; er macht mir Angst. Ebenso die Tatsache, daß ich träge werde, wenn ich nicht mehr so oft auftrete. Mir gefällt das einfach nicht. Es erinnert mich an *Pensionierung*. Und danach ist mir überhaupt nicht zumute.

J. H. Es gibt da auch ein praktisches Problem, von dem Sie mir einmal erzählten. Das psychologische Problem, nach einer längeren Pause aufs Podium zurückkehren zu müssen.

C. A. Ja. Jetzt gehe ich im August nach Brasilien. Dann sind es über zwei Monate, daß ich nicht mehr öffentlich gespielt habe.

J. H. Als ich vor einem Monat bei Ihnen war, sagten Sie, Sie fühlten sich so mit Musik gesättigt, daß Sie nichts von ihr hören, nicht über sie sprechen und nicht über sie lesen mochten, ganz zu schweigen vom Klavierspielen. Das hat sich demnach inzwischen geändert.

C. A. Ja, jetzt drängt es mich wieder, neue Werke vorzubereiten. Aber die *Appassionata* wieder zu spielen – dafür kann ich mich im Moment gar nicht begeistern.

J. H. Ich wußte nicht, daß Sie die *Appassionata* auf Ihr Programm für die nächste Saison setzen wollen.

C. A. Ja, doch. Wissen Sie, ich dachte zunächst daran, im ersten Teil nur Brahms zu spielen – die Sonate op. 2 und die *Händel-Variationen*. Inzwischen sind mir aber Zweifel gekommen, eine ganze Hälfte eines Klavierabends nur mit Brahms, das ist für das Publikum nicht attraktiv. Deshalb habe ich mir gedacht, ich könnte vielleicht nur die Sonate spielen und dann, vor der Pause, die *Appassionata*.

J. H. Aber warum die *Appassionata,* wenn Sie ihrer überdrüssig sind? Warum nicht eine andere Beethoven-Sonate?

C. A. Ich brauche einen *Schlager* in der Mitte der Programms, vor der Pause.

J. H. Könnten Sie nicht mit einer Beethoven-Sonate anfangen und dann das op. 2 von Brahms spielen?

C. A. Nein, weil die Brahms-Sonate zum Ende hin ruhig wird. Das muß man auch immer berücksichtigen. Man braucht immer eine Art Höhepunkt vor der Pause. Und die *Appassionata* habe ich schon einige Jahre nicht mehr gespielt. Aber es ist auch noch nicht endgültig entschieden.

J. H. Was käme nach der Pause?

C. A. Im zweiten Teil möchte ich *L'Isle joyeuse* von Debussy spielen, von Ravel die *Valses nobles et sentimentales,* das Nocturne Es-Dur von Chopin – das drittletzte (op. 55, Nr. 2). Und dann noch etwas von Liszt, was, weiß ich noch nicht. Vielleicht *Funérailles,* vielleicht die beiden *Legenden,* vielleicht *Orage.*

J. H. Wie viele Wochen haben Sie das Klavier nicht angerührt, seit Sie diesen Sommer aus Europa zurückkamen?

C. A. Einen Monat, glaube ich.

J. H. Einen vollen Monat lang haben Sie also überhaupt nicht gespielt?

C. A.   Vielleicht waren es vier Wochen. Fast ein Monat.

J. H.   Stellen Sie es sich nicht manchmal als Erleichterung vor, öfter einmal solche Ferien vom Klavier einzuplanen? Spricht dieser Gedanke nicht wenigstens irgendeinen Teil Ihrer Persönlichkeit an.

C. A.   Doch, meine Trägheit.

J. H.   Wenn Sie weniger Konzerte gäben, welchen anderen Vorhaben würden Sie sich dann widmen? Würden Sie mehr unterrichten?

C. A.   Nein. Unterrichten, danach steht mir im Augenblick überhaupt nicht der Sinn. Was ich jetzt wirklich gern machen würde – ich möchte eine ganze Reihe Kompositionen studieren, die ich noch nie gespielt habe oder schon lange nicht mehr gespielt habe, mit dem Gedanken, sie auf Platte aufzunehmen oder sogar öffentlich vorzutragen. Obwohl das in meinem Alter natürlich anstrengend wäre. Auch ein wenig beängstigend. Aber es würde mich trotzdem reizen.

J. H.   Woran denken Sie da?

C. A.   Beispielsweise die drei großen Etüden (op. 18) von Bartók. Die habe ich vor vielen Jahren gespielt. Aber ich habe sie vollständig vergessen. Die Klavier-Strukturen dieser Stücke sind anders als bei jeder anderen Musik. Ein bißchen Vorwegnahme von Stockhausen, Musik dieser Art. Und ich würde gerne wieder die *Diabelli-Variationen* spielen. Da ist eine Plattenaufnahme vorgesehen. Aber ich würde sie auch gerne oft im Konzert spielen. Und schrecklich gerne würde ich beispielsweise Chabrier spielen. Ich *verehre* Chabrier. Die *Pièces pittoresques*. Und die Etudes von Debussy würde ich jetzt gerne viel spielen, wenn mir danach wäre, viel zu üben, was nicht der Fall ist. Länger als zwei Stunden täglich kann ich im Moment nicht üben.

J. H.   Sind Ravels *Valses nobles et sentimentales* nicht etwas, was Sie schon sehr lange nicht mehr gespielt haben?

C. A.   Ja, viele Jahre nicht mehr. Aber das ist nicht viel Arbeit, weil es keine technischen Schwierigkeiten oder andere Komplikationen gibt. Das wäre schnell wieder da.

C. A.   Und *L'Isle joyeuse*?

C. A.   *L'Isle joyeuse* ist eine der Kompositionen, die ich fast mein ganzes Leben lang gespielt habe.

J. H. Es ist ein brillantes Werk. Ich muß sagen, dieser Aspekt Ihres Programms überrascht mich. Sie erinnern sich, als wir über Brahms' Sonate op. 2 sprachen, sagten Sie, der Anfang sei eine solche «Herausforderung an die Welt», daß Sie sich fragen müßten, warum nicht jeder junge Pianist den Wunsch habe, dieses Werk zu spielen. Brahms war – wie alt, neunzehn wohl, als er es schrieb. Sie nehmen vorwiegend überschwengliche, heroische Musik in Ihr Programm auf.

C. A. Ich liebe *L'Isle joyeuse,* weil es eine *heidnische Orgie* ist. Das Ende ist ungeheuer. Ich habe es immer geliebt.

J. H. Sie haben offenbar keine große Lust, die Art Musik zu spielen, die gemeinhin mit reifem Alter in Verbindung gebracht wird.

C. A. Nein.

J. H. Wie der späte Brahms oder Schuberts B-Dur-Sonate. Herbstliche Musik. Ich dachte, Sie hätten erwogen, die B-Dur-Sonate zu spielen.

C. A. Ja, ich habe daran gedacht. Ich muß mir erst meine Aufnahme noch einmal anhören. Ich habe nur den ersten Satz gehört. Ich werde versuchen, mir auch den Rest anzuhören.

J. H. Wie gefiel Ihnen der erste Satz?

C. A. Nicht besonders, ehrlich gesagt. Aber ich war in einer furchtbaren Stimmung, als ich ihn abspielte. Deshalb würde ich mir gern noch einmal die ganze Sonate anhören. Meine Aufnahme der c-Moll-Sonate fand ich sehr gut; ich glaube, das ist eine meiner besten.

J. H. Stehen für die kommende Saison Konzerte oder Reisen auf Ihrem Programm, auf die Sie sich besonders freuen? Im August werden Sie vier Konzerte in Rio geben. Und dann gehen Sie nach Japan.

C. A. Ja. Wissen Sie, in Brasilien habe ich immer sehr gerne gespielt. Das Publikum dort vibriert förmlich – die drehen absolut durch, wenn ihnen was wirklich gefällt. Und auf Japan freue ich mich auch sehr. Das wird mein fünfter Besuch.

J. H. Wie ich hörte, werden Sie für Tokio zwei verschiedene Klavierabend-Programme brauchen. Haben Sie sich darüber schon Gedanken gemacht?

C. A. *Ja.* Die Agentur und die Zuhörer haben offenbar gebeten, ich möchte die Liszt-Sonate wiederholen. Die werde ich deshalb ans Ende stellen. Im ersten Teil spiele ich zwei Beethoven-Sonaten. Aber irgendwie bin ich nicht ganz glücklich damit. Ich würde lieber – ich weiß, in meinem Alter klingt das komisch – *orgiastischere* Musik spielen.

J. H. Und Liszt ist nicht orgiastisch?

C. A. Doch, deshalb kam ich ja auf Liszt zurück. Das ist der Grund, warum ich *L'Isle joyeuse* wieder spielen möchte. Und auch Ravel – *unglaublich* sinnlich, die Walzer von Ravel. Ich zumindest empfinde das sehr stark – bestimmte Nuancen und Schattierungen.

J. H. Empfinden Sie Brahms' Sonate op. 2 auch als orgiastisch?

C. A. O ja. Den ersten Satz. Und auch den *zweiten*.

J. H. Aber Beethoven nicht so sehr.

C. A. Nicht so sehr.

J. H. Auch nicht die *Appassionata*?

C. A. Die *Appassionata* ist eine der Beethoven-Sonaten, die ich gerade deswegen immer noch attraktiv finde. Ich würde auch gerne bestimmte Sachen von Schumann spielen. Beispielsweise die *Davidsbündlertänze*. Es würde mich ungeheuer reizen, diese Komposition wieder aufzugreifen. Habe ich Ihnen erzählt, daß ich das Balanchine-Ballett gesehen habe? Es war sehr schön. Und sehr gut gespielt von diesem jungen Pianisten, ich habe seinen Namen vergessen.[14] Aber die Idee dieses Balletts war nur romantisch-bürgerlich, ohne die dämonische Seite der Musik. Von der Choreographie war ich sehr enttäuscht. Von den *Davidsbündlertänzen* habe ich in meinem Leben nur eine einzige wirklich gute Aufführung gehört – Gieseking, in einem seiner guten Konzerte.

J. H. War das orgiastisch?

C. A. *Ja.* Es war wirklich *phantastisch*. Ich meine, wenn er in dieser Stimmung war, riß er alles mit.

J. H. Wann haben Sie die *Davidsbündlertänze* zuletzt gespielt?

C. A. Das war wahrscheinlich in den fünfziger Jahren in New York.

J. H. Aber Sie haben sie danach noch auf Platte eingespielt.

C. A. Ja. Das ist eine der wenigen Aufnahmen, mit denen ich restlos zufrieden war. Ich glaube, es ist eine meiner besten Einspielungen . . . Es gibt eine Menge Sachen, die ich gerne noch spielen würde. *Busoni* zum Beispiel.

J.H. Was ist eigentlich aus der Idee geworden, Schönbergs op. 11 zusammen mit der Toccata von Busoni aufzunehmen?

C.A. Das ist immer noch möglich. Wahrscheinlich werde ich es machen. Neulich hörte ich in Deutschland einen *Studenten* – einen Schüler eines Schülers von mir. Er spielte Busonis Fantasie über *Carmen* ganz hervorragend. Und ich dachte mir, warum spiele *ich* das nicht? Ich finde das wunderbar! Es ist ein Stück, das ich früher oft gespielt habe. Und ich hatte es völlig vergessen. Es gab idiotische Vorurteile dagegen – nicht daß ich selbst diese Vorurteile gehabt hätte, aber das Publikum und die Intellektuellen waren immer gegen jede Transkription. Also spielte ich es nicht mehr. Es wäre sehr, sehr leicht, es wieder aufzugreifen. Und das *Indianische Tagebuch* – das ist ein wundervolles Stück. Aber das sind Pläne... Ich bin heute pessimistisch gestimmt. Ich habe gerade einen Monat meines Lebens verloren. *Kostbare* Zeit. Ich hätte üben können, eine Menge neue Musik *lernen* – neue Dinge, oder fast neue. Und ich habe nichts davon getan.

J.H. Gönnen Sie sich denn nie eine Pause? Hören Sie nie auf, sich selbst anzutreiben?

C.A. Wahrscheinlich muß man ab und zu einmal pausieren. Wissen Sie, Martin Krause schrieb seinen Schülern immer vor, daß sie mindestens einen Monat *gar nichts* spielten. Jedes Jahr.

J.H. Haben Sie sich auch schon manchmal an diese Regel gehalten?

C.A. O ja. Früher habe ich sie regelmäßig befolgt.

J.H. Aber es hat nur einen Sinn, wenn Sie es bewußt tun, so daß Sie kein schlechtes Gewissen zu haben brauchen.

C.A. Ich habe tatsächlich ein schlechtes Gewissen. *Jetzt* habe ich es. Weil ich weiß, daß die Zeit – wie sagt man? – daß die Zeit mir davonläuft... und ich sollte... Als ich hörte, daß ich diesen Sommer zwei Monate Ferien haben würde, hatte ich wirklich den unwiderstehlichen *Drang,* Neues in Angriff zu nehmen, schöpferisch zu sein. Aber ich habe noch nicht einmal begonnen, ernsthaft zu arbeiten.

J.H. Aber Sie hatten es doch offensichtlich nötig, sich von der Musik zu erholen, sich zu entspannen. Es war keine vertane Zeit.

C. A. Sie haben völlig recht.

J. H. Wie war das letzten Sommer? Haben Sie dann nicht eine ähnliche Ruhepause eingelegt?

C. A. Letzten Sommer hat man mich doch tatsächlich gezwungen, die Konzerte in Australien abzusagen. Es hieß, ich sei überarbeitet.

J. H. Ich habe gemeint, ob Sie genausolange nicht ans Klavier gegangen sind.

C. A. Ja. Es war genau das gleiche. Hier. Nun ja . . . noch etwas, was ich gerne spielen würde – Sie werden überrascht sein – ist *Reger*. Regers *Bach-Variationen*. Die wollte ich immer schon spielen.

J. H. Haben Sie sie jemals gespielt?

C. A. Nein. Es ist ungeheuer schwer, das auswendig zu lernen. Reger!

J. H. Wenn Sie eine solche Komposition auf Platte einspielen würden, inwieweit müßten Sie sie dazu auswendig lernen? Inwieweit könnten Sie die Noten ablesen?

C. A. Ich würde es mir zur Aufgabe machen, sie ganz auswendig zu lernen, auch wenn ich sie nicht im Konzert spielen würde.

J. H. Nehmen Sie nie ein Stück auf, das Sie nicht auswendig spielen können?

C. A. Ich hatte oft die Noten vor mir liegen. Aber ich spielte tatsächlich auswendig.

J. H. Nun, es tut mir leid, daß Sie so ein schlechtes Gewissen haben wegen . . .

C. A. Das hat zwei Seiten. Einerseits habe ich ein schlechtes Gewissen, weil ich mir ausrechne, daß mir nicht mehr viel Zeit bleibt. Andererseits sage ich mir, daß ich es mir wirklich *verdient* habe, mich auch einmal längere Zeit auf oberflächliche Weise zu unterhalten. Und alles mögliche zu tun, was ich mein Leben lang nicht gemacht habe.

J. H. Was zum Beispiel?

C. A. Ach, ich weiß nicht.

Für seine restlichen Konzerte im Jahre 1981 entschied sich Arrau, das gleiche Programm mit Kompositionen von Beethoven, Schumann, Debussy, Chopin und Liszt beizubehalten, das er während der ganzen Saison 1980/81 gespielt hatte. Sein neues Programm, das am 10. Januar in San Francisco bekanntgegeben wurde, bestand aus Beethovens Sonate *Les Adieux,* der h-Moll-Sonate von Liszt, Beethovens *Appassionata* und der *Dante-Sonate* von Liszt. *L'Isle joyeuse* nahm er Anfang 1984 wieder in sein Konzertrepertoire auf.

Zweiter Teil

Gespräche über Musik

Klaviertechnik

Seit einigen Jahren leidet Claudio Arrau unter einer Genickversteifung, die dazu führen kann, daß er auf dem Podium müde und unsicher wirkt. Aber das Piano gibt ihm Halt und Kraft. Manchmal, in Augenblicken tiefster Konzentration, werden seine Augen hart, und der Kopf schiebt sich vor und nach unten. Aber sobald die Musik ihn gefangennimmt, entspannt sie ihn sichtlich. Eine Stunde danach sitzt er aufrecht und hält den Blick in die Höhe gerichtet.

Auch sein Gesicht wandelt sich, wenn er Klavier spielt. Seine Züge, die mitunter vor nervöser Anspannung hager und träge wirken, fangen Feuer. Im charakteristischen Fall erinnern sie dann an eine tragische Maske: sein Mund zieht sich nach unten und wird hart, und seine Augenbrauen, die etwas Katzenhaftes haben, wölben sich nach oben. In Augenblicken höchster Belastung reißt er die Augen weit auf und atmet tiefer und schneller, mit schweren, fast keuchenden Zügen. Hinter der Szene, in seinem prächtigen Umhang, den er immer nach dem Konzert trägt, ist er dann trotzdem wieder ganz Herr seiner selbst, und sein Gesicht strahlt – die Angst ist vom inneren Feuer aufgezehrt worden.

Es gibt Pianisten, bei denen psychische Spannung unweigerlich auch zu physischer Spannung führt, so daß die Bewegungsfreiheit der Hände eingeschränkt ist. Andere sind zwar elastisch in ihrer Fingertechnik, aber es mangelt ihnen an emotionaler Spannkraft. Bei Arrau ist dagegen emotionale Angespanntheit mit körperlicher Elastizität gepaart – er schwitzt nicht einmal –, und das ist eine der Quellen seiner nach wie vor großen emotionalen und technischen Reserven. Seine schiere Ausdauer kann erfrischend sein: Nach einer Beethoven-Sonate, Schumanns *Sinfonischen Etüden*, einem zyklischen Werk von Debussy und Chopins f-Moll-Fantasie beginnt er Liszts *Dante-Sonate,* schüttelt die Triller und gebrochenen Akkorde nur so aus dem Ärmel, gleitet leicht über die ineinander verschränkten Oktaven. Während seine Nerven zum Zerreißen gespannt sind, produziert sein Körper mit unermüdlichem Gleichmut makellose Passagen.

Zwei Wochen vor seinem achtundsiebzigsten Geburtstag spielte er in New York in drei aufeinanderfolgenden Konzerten jeweils das vierte und fünfte Klavierkonzert von Beethoven – also sechs Konzerte an drei Tagen – mit Gerard Schwarz und dessen hervorragender Y Chamber Symphony. Nach jedem der Konzerte war Arrau in bester Verfassung und strahlender Laune. Der sechsundvierzig Jahre jüngere Schwarz war rot im Gesicht und durchgeschwitzt. Vier Tage danach – Arrau hatte inzwischen in Montreal schon wieder zweimal das Fünfte gespielt –, überlegte Schwarz: «Ich war noch nie so verkrampft wie vor diesen Konzerten. Es ist mir noch nie so schwergefallen, aufs Podium zu gehen, wie am ersten Abend. Als dieses Konzert zu Ende war, hatte ich eine Muskelzerrung im linken Arm. Ich bin eigentlich beim Dirigieren immer entspannt – keine Rückenschmerzen, nichts. Aber nach diesem Konzert war mein linker Arm nicht mehr zu gebrauchen. Ich begreife immer noch nicht, warum es so schwer war. Außer daß es – für mich – natürlich ein ungeheuer wichtiges Ereignis war.»

Arraus Fähigkeit, Intensität und Gelassenheit miteinander zu verbinden, kommt nicht von ungefähr; seinen Schülern empfiehlt er Eugen Herrigels Buch *Zen in der Kunst des Bogenschießens,* in dem diese Korrelation ausgelotet wird. Für den Zen-Meister, der Eugen Herrigel im Bogenschießen unterweist, setzt athletisches Können Training in Selbstvergessenheit voraus, damit die unvermittelten Reflexe der Kindheit wiederbelebt werden. Arraus gequältes Gesicht und schweres Atmen sind persönliche Extravaganzen, die kein Zen-Meister vorschreiben würde. Dennoch erhellt Herrigels Buch Satz für Satz die Kunst des Klavierspielens, wie Arrau sie vertritt:

«Sie . . . müssen lernen, nur Ihre beiden Hände die Arbeit tun zu lassen, während die Arm- und Schultermuskeln locker bleiben und wie unbeteiligt zusehen. Erst wenn Sie dies können, erfüllen Sie eine der Bedingungen, unter denen das Spannen und Schießen ‹geistig› wird.

... Der Meister verfolgte aufmerksam meine Bemühungen, verbesserte gelassen meine gezwungene Haltung, lobte meinen Eifer, tadelte meinen Kraftaufwand, aber ließ mich gewähren. Nur rührte er, indem er mir das deutsche Wort ‹gelockert›, das er unterdessen kennengelernt hatte, beim Spannen des Bogens zurief, immer wieder an die wunde Stelle.

... ‹Denken Sie nicht an das, was Sie zu tun haben, überlegen Sie nicht, wie es auszuführen sei!› rief er mir zu. ‹Der Schuß wird ja nur dann glatt, wenn er den Schützen selbst überrascht.›

[Der Meister sagte:] ‹Ich ... erwarte von Ihnen vor allem, daß Sie sich durch die Anwesenheit von Zuschauern nicht beirren lassen, sondern völlig unbekümmert die Zeremonie durchführen, als seien wir ... ganz unter uns.›»

Nicht minder relevant sind Herrigels Bemerkungen über die Zen-Schwertkunst:

«Der Schwertmeister ... ist zurückhaltend ... und es fehlt ihm jeder Sinn dafür, sich aufzuspielen.

[Daß er scheitert] liegt ... daran, daß der Lehrling nicht unterlassen kann, den Gegner und dessen Art, das Schwert zu führen, sorgsam zu beobachten; daran, daß er überlegt, wie er ihm am wirksamsten beikommen könne, und auf den Augenblick lauert, in dem er sich eine Blöße gibt. Es liegt daran, daß er, um es kurz zu sagen, seine ganze Kunst und Wissenschaft zu Rate zieht. Indem er sich so verhält, büßt er ... die ‹Gegenwart des Herzens› ein ... Je mehr er darauf ausgeht, die Überlegenheit der Schwertführung von seiner Überlegung, von der bewußten Verwertung seines Könnens ... abhängig zu machen, um so mehr hemmt er die freie Beweglichkeit im ‹Wirken des Herzens›. Wie ist dem abzuhelfen? Wie wird das Können ‹geistig›, wie wird aus der souveränen Beherrschung der Technik meisterliche Schwertführung? Nur dadurch, lautet die Antwort, daß der Lehrling absichtslos und ichlos wird.»[15]

Arrau predigt dagegen, sich auf den Willen zu verlassen. Wenn er nicht dem Willen unterworfen ist, ist der physische Impuls fließend und in sich selbst ausreichend, nicht bloß kompetent, sondern *kreativ*.

Als junger Mann verließ sich Arrau auf seine Intuition; er bewegte sich, wie er selbst sagt, auf dem Klavier «wie eine Katze». Später stellte er, teils für sich selbst, teils für Lehrzwecke, einen Spiegel neben dem Klavier auf und studierte sogar mit Hilfe von Filmaufnahmen seine eigene Technik. Seine wichtigste Beobachtung war, daß der Körper eines Pianisten entspannt sein sollte, daß steife, angespannte Arme und Schultern oder – außer dort, wo es die Musik verlangt – stahlharte Finger den Selbstausdruck behindern. Und er selbst, so stellte er fest, vermied solche Anspannung vor allem dadurch, daß er das natürliche Körpergewicht einsetzte; anstatt die Tasten mit Kraft anzuschlagen, überließ er die Arbeit der Schwerkraft.

In der Tat ähnelt Arrau, wenn man ihn genau beobachtet, beim Klavierspielen vor allem einer baumelnden Marionette. Und er versteht es, seine mechanische Freiheit und Vielseitigkeit zu nutzen. Im Unterschied zu manchen Pianisten, die eine relativ gleichbleibende Handstellung bevorzugen, bringt er seine Finger, Handgelenke, Ellbogen und Schultern in unterschiedliche Winkel und Höhen und setzt die Hebel und Gelenke je nach Bedarf ein. Triller spielt er beispielsweise je nach ihrer Lautstärke, ihrer Geschwindigkeit und ihrem grifftechnischen Schwierigkeitsgrad mit hohem oder niedrigem, unbeweglichem oder rotierendem Handgelenk. Oft ist auch der Arm an einem Triller beteiligt; dann dreht sich der ganze Zylinder, von den Fingern bis zur Schulter, um seine Achse, locker und geschmeidig wie ein Glied einer Stoffpuppe. Manchmal streckt er die Hand flach aus und drückt die Taste mit sanften Streichbewegungen zum Körper hin herab. Für einen Akzent werden die Finger dann jäh zu Stößeln, die senkrecht aus großer Höhe auf die Tasten herabsausen. Um noch mehr Lautstärke zu erzielen, läßt er dabei die Hände aus dem Handgelenk nach unten schnellen. Der doppelte Stoß reißt die Schultern nach oben und den Kopf nach hinten.

Seine Fingersätze, die oft idiosynkratisch sind, bezeugen die Geschmeidigkeit seiner Gelenke. Am Beginn von Beethovens *Pa-*

storalsonate in D-Dur, op. 28 werden die schwierigen Bindungen zwischen den Stimmen der rechten Hand ohne Zuhilfenahme des Pedals wie folgt hergestellt:

Im ersten Satz des fünften Klavierkonzerts von Beethoven zwingt er sich, Doppelschläge in Terzen zu artikulieren, die fast immer unsauber gespielt werden, wobei er Fingersätze anwendet, die wohl die meisten Pianisten nicht in Erwägung ziehen oder riskieren würden:

Seine Bewegungen zu und von den Tasten sind nie hektisch. Bei raschem Tempo, wenn es viele Töne zu spielen gilt, erweckt sein geschmeidiger, ökonomischer Ansatz den Eindruck geringerer Geschwindigkeit: die Vorbereitungen bleiben flüssig und gleichmäßig. Charakteristisch für ihn ist, daß die erhobene Hand Keilform annimmt, an den Knöcheln eng zusammengelegt und mit dem Gewicht in den Fingerspitzen. Im Fallen öffnet sich die Hand – etwa wie ein Fallschirm oder ein herabflatterndes Taschentuch – und läßt sich schließlich geöffnet auf der Tastatur nieder.

Neben Beweglichkeit, Ausdauer und emotionaler Freiheit ist Arraus Technik auch durch einen charakteristischen Ton gekennzeichnet. Die zehn agilen, individuell ausbalancierten Finger an den rotierenden Handgelenken, die für gleichmäßigen Zugang sorgen, fördern Klarheit und Polyphonie. Der stete Einsatz des Körpergewichts schließlich ermöglicht sonore Klangfülle ohne Schrillheit und Schroffheit.

J. H. Gibt es einen bestimmten Klang, den Sie auf dem Klavier hervorzubringen suchen?

C. A. Den Klang, den man erzielt, ohne auf das Klavier *einzuschlagen*. Ohne zu hämmern, denn das ist häßlich. Das bedeutet, daß der Körper entspannt sein muß und daß man das Gewicht des ganzen Oberkörpers einsetzt. Eines der ersten Dinge, die ich meinen Schülern beibringe, ist, den Arm mit seinem ganzen Gewicht fallen zu lassen. Das bedeutet, daß der ganze Arm gehoben werden muß, nicht nur vom Ellbogen an. Man muß ein Gefühl für den Arm als Einheit bekommen, also nicht unterteilt in Hand, Handgelenk, Unterarm, Ellbogen. Der Arm soll wie eine Schlange werden. Beispielsweise ist es wichtig, daß man die Bewegungen der Finger nie unabhängig vom Arm sieht. Das sollte es überhaupt nicht geben.

J. H. Bekommen Sie dadurch das Gefühl, inniger mit dem Klavier verbunden zu sein?

C. A. Genau. Es kommt darauf an, eins mit dem Instrument zu werden. Das Klavier nicht als totes Ding vor sich stehen zu haben, das man *attackieren* muß. Natürlich braucht man mitunter Lautstärke und muß das Instrument dazu bringen, daß es sie produziert. Aber man darf nicht brutal mit dem Klavier umgehen.

J. H. Wie steht es mit dem Legatospiel als einer Möglichkeit, einen nicht durch Perkussion entstehenden Ton zu erzeugen?

C. A. Manche sagen ja, es gebe auf dem Klavier kein Legato. Das ist Unsinn. Das Legato entsteht natürlich dadurch, daß man den Finger nicht von der Taste nimmt, ehe der nächste Finger die nächste Taste angeschlagen hat. Martin Krause lag es besonders am Herzen, seinen Schülern das Legatospiel beizubringen. Er ließ sie ohne Pedal üben. Ich glaube, die Legatotechnik wird heute nicht mehr so viel praktiziert. Viele Male habe ich jemanden spielen hören und mir gedacht: ‹Das ist schön, aber es hört sich an wie Prokofieff und soll doch Beethoven sein.›

J. H. Sie haben eine leidenschaftliche Vorliebe für die Legato-Fingertechnik. Wenn Sie Legato-Oktaven spielen, verbinden Sie nicht nur die äußeren Töne, sondern auch die inneren, indem Sie mit dem Daumen über die Tasten kriechen.

C. A. Ich nehme an, das ist eine Erfindung von mir, denn ich habe es noch niemanden erwähnen gehört. Ich wende eine Rotationsbewegung mit dem Daumen an. (Zur Demonstration läßt Arrau seinen unglaublich gelenkigen rechten Daumen wie eine Raupe von einer Unter- auf eine Obertaste kriechen; das Endglied steigt als erstes hinauf, während das Grundglied noch auf der weißen Taste ruht.)

J. H. Gibt es neben der verbindenden Fingertechnik noch bestimmte Prinzipien, die Sie bei Legato-Passagen anwenden?

C. A. Man darf nie zwei Töne mit genau derselben Dynamik spielen. Nur auf diese Weise kann man die menschliche Stimme imitieren. Man muß dazu unbedingt die Arme auf und ab sowie seitwärts bewegen. Es ist eine Frage der Disziplin, man darf nicht vergessen, daß man singen muß. Die Töne müssen in *Wellen* kommen.

J. H. Stellen Sie sich wirklich vor, sie hörten einen Sänger oder seien selbst einer?

C. A. Krause hat das getan. Zumal wenn jemand nicht imstande war, ein Cantabile hervorzubringen, ließ er ihn die betreffende Passage singen und dann auf dem Klavier nachspielen, was er gesungen hatte. Ich selbst mache es auch so, wenn ich etwas einstudiere und eine Stelle nicht ganz verstehe. Ich singe sie mir vor, immer wieder, bis ich sie plötzlich auch auf dem Klavier spielen kann. Gesang hat mich schon immer interessiert – nicht nur die Phrasierung, sondern auch die körperlichen Gesten guter Opernschauspieler. Als ich noch sehr jung war, hatten wir sogar eine kleine Operngruppe, der auch Krauses Töchter angehörten. Ich weiß noch, daß wir einmal den *Troubadour* aufführten. Ich sang den Bariton – den Grafen Luna. Wir sangen tatsächlich die ganze Oper bis auf die Chöre.

J. H. Wenn Sie vokale Phrasierungen auf das Klavier übertragen, versuchen Sie dann auch, den Atembogen eines Sängers zu imitieren?

C. A. In der Musik des 19. Jahrhunderts haben ja alle Phrasierungen etwas mit dem Atemholen zu tun.

J. H. Wie ich weiß, wenden Sie solche Prinzipien nicht nur auf langsame Kantilenen an, wie etwa bei den Nocturnes von Chopin, sondern auch auf schnelle Legato-Figurationen wie in den Chopin-Konzerten oder die lyrischen Passagen in den Ecksätzen des G-Dur-Konzerts von Beethoven.

C. A. Solche Passagen als schnelle Melodien zu spielen, das versuche ich immer meinen Schülern beizubringen, und ich bemühe mich auch, es selbst zu tun. Die dynamischen Schattierungen sind es, die sehr schnellen Passagen Sinn und Bedeutung geben; man kann die Töne nicht mit gleichbleibender Dynamik spielen. Aus diesem Grund denke ich mir manchmal, es war falsch, daß man hundert Jahre lang als Ideal angestrebt hat, Tonleitern möglichst gleichmäßig zu spielen. Takatakataka – die Schreibmaschinen-Methode. Das ist das einzige, worauf es den Leuten ankommt.

J. H. Ist die Phrasierung schneller Passagen hauptsächlich eine Frage der Fingerkraft?

C. A. Die Handstellung spielt auch eine Rolle. Wissen Sie, früher hob man nie das Handgelenk an, und viele junge Leute spielen heute noch so. Aber in dem Moment, wo man das Handgelenk anheben darf – und den ganzen Arm –, kommt die Phrasierung ganz von selbst. Man sollte sich wirklich bemühen, alle Passagen zu schattieren, also das zu tun, was die Deutschen «beseelen» nennen – die eigene Seele hineinlegen. Der erste Satz des G-Dur-Konzerts von Beethoven, von dem Sie sprachen, ist ein sehr gutes Beispiel dafür. Man muß selbst den Arpeggien der linken Hand Sinn und Stimmung verleihen.

J. H. Sie legen Wert darauf, Passagen bei Chopin zu gestalten, die normalerweise als Beiwerk behandelt werden. Das fällt mir besonders bei Ihren Einspielungen der g-Moll-Ballade auf.*

C. A. Ich glaube nicht, daß ich jemals eine wirklich gute Aufführung dieser Ballade gehört habe. Ich weiß nicht, warum, aber die anderen Balladen werden im allgemeinen besser gespielt als die in g-Moll. Die Pianisten unterteilen sie immer in lyrische Abschnitte und solche, in denen sie drauflos spielen können.

J. H. Mir fällt noch ein anderes Beispiel ein, nämlich die Art, wie Sie die arpeggierten Passagen für die linke Hand auf den ersten Seiten der Liszt-Sonate spielen, die bei vielen Pianisten ganz verschwommen klingen.

C. A. Da spielt auch das polyphone Denken mit herein. Und es finden sich auf diesen Seiten Passagen mit völlig unterschiedlicher

---

* Z. B. in dem Scherzando-Abschnitt, der mit Takt 138 beginnt. Indem Arrau in Takt 141 so betont retardiert und die letzten der sechs hohen G in der rechten Hand (Takt 144) betont, verwandelt er das übliche filigrane Beiwerk in eine bewegte Melodie, die durch Wiederholung Spannung schafft.

Dynamik und Artikulation für die linke und die rechte Hand. Manchmal muß man sogar mit derselben Hand verschiedenen dynamischen Linien folgen. Wenn man gelockert ist, fällt einem das viel leichter als mit einer steifen Hand – man kann die Hand einfach mehr auf die eine oder mehr auf die andere Seite drehen.

J. H. Um beim Thema Polyphonie zu bleiben: Sie spielen Akkorde in der Weise, daß sich ein volles, aktives Stimmengeflecht ergibt. Viele Pianisten arbeiten in einer Akkordfolge eine Mittelstimme heraus, aber so, daß darüber hinaus nicht viel zu hören ist. Sie dagegen, so scheint mir, bringen alle Stimmen zur Geltung.

C. A. Genau. Akkorde sollten nie ausgefüllte Oktaven sein. Jeder Ton muß Bedeutung bekommen.

J. H. Inwieweit sind Sie imstande, mit dem Ohr zu folgen, wenn Sie eine Akkordfolge spielen? Ist es notwendig, jede Stimme zu hören? Ich denke da beispielsweise an Ihre Einspielung des langsamen Satzes von Beethovens Sonate As-Dur op. 26 mit dem Trauermarsch, in der die Mehrstimmigkeit besonders stark ausgeprägt ist.

C. A. Ich würde schon sagen, daß man die einzelnen Stimmen alle heraushören muß, falls das vom Komponisten so gemeint ist. Bei Debussy soll ja beispielsweise vieles nur angedeutet werden. In der Trauermarsch-Sonate ist der langsame Satz ein Ensemble. Die Stimmen sind gleichwertig, aber verschieden, und die Dynamik einer Stimme kann sich unabhängig von den anderen ändern. Die Mittelstimmen sind in diesem Satz durchweg wichtiger als die Oktaven; die Oktaven sind eher ein Rahmen. Ach übrigens, haben Sie sich nicht über mein Tempo im letzten Satz gewundert? Der wird oft wie eine Cramer-Etüde gespielt. Für mich ist der Grundgedanke des ganzen letzten Satzes «das Keimen der jungen Natur» – daß nach dem Tode das Leben von neuem beginnt. Er sollte deshalb so langsam wie möglich gespielt werden. Dann ergibt sich eine sinnvolle Beziehung zwischen dem Trauermarsch und dem letzten Satz.

J. H. Eines der auffallenden Merkmale Ihres Klavierspiels – für den, der Ihnen zusieht – ist es, daß Sie manchmal den ganzen Oberkörper heben, wenn Sie zu einem Fortissimo-Akkord ansetzen; es ist fast so, als würden Ihre Arme und Schultern in die Höhe gezogen und dann fallen gelassen.

C. A. Eigentlich habe ich drei Arten, solche Akkorde zu spielen. Die eine, die Sie meinen, besteht darin, daß man die Finger zu Beginn knapp über den Tasten hängen läßt, dann den ganzen Arm hebt und ihn fallen läßt. Bei der zweiten berühren die Finger die Tasten, und man *reißt* die Arme nach unten, indem man plötzlich die Ellbogen anzieht. Bei der dritten Art liegen die Finger ebenfalls schon leicht auf den Tasten, und man läßt Hände und Arme nach oben schnellen, indem man sich aus dem Handgelenk heraus abstößt.

J. H. Mir ist aufgefallen, daß Sie die erste Methode besonders bei Schlußakkorden anwenden.

C. A. Ja, weil dann die Spannung vorbei ist; diese Methode erzeugt weniger Spannung – und einen volleren Klang. Für die ersten beiden Methoden gilt, daß man um so mehr Gewicht und daher um so mehr Klangfülle bekommt, je höher man beginnt.

J. H. Das sind alles Methoden, mit mehr Kraft zu spielen, ohne auf die Tasten einzuhämmern.

C. A. Ja, ganz recht.

J. H. Und auch Arten der Interpretation mit dem Körper.

C. A. Ja. Man erreicht eine Entwicklungsstufe, auf der diese Dinge vom Körper unwillkürlich ausgeführt werden. Wenn die Musik zu einem Teil von einem selbst geworden ist, wenn man sie verinnerlicht hat, braucht man über diese Bewegungen nicht mehr nachzudenken. Manchmal fühle ich mich ganz wie ein Tänzer.

J. H. Eine andere charakteristische Bewegung von Ihnen besteht darin, daß Sie, etwa bei einem Triller, nicht nur die Hand, sondern den ganzen Arm rotieren lassen.

C. A. Die Armrotation ist sehr wichtig bei Trillern und gebrochenen Oktaven. Hinzu kommen kreisförmige Bewegungen des Handgelenks und Armvibrationen. Mitunter, etwa bei den Arpeggien ganz am Ende des ersten Satzes von Brahms' d-Moll-Kon-

zert, muß man zu jedem erdenklichen Mittel greifen, um zu erreichen, daß sich das Klavier gegenüber dem Orchester behauptet. Genau betrachtet, gibt es hier drei Bewegungen. Die eine besteht darin, daß man mit dem Arm nach außen kreist und dann auf die Daumenspitze herunterkommt. Und bei den letzten beiden Tönen (a und d) die Armrotation. Außerdem ständig die Vibration des Arms. Alle diese Bewegungen müssen mit ungeheurem Gewicht ausgeführt werden.

J. H. Es gibt wohl niemanden, der die Oktaven-Glissandi am Schluß der *Waldstein-Sonate* so weich fließend spielt wie Sie. Wie bewerkstelligen Sie es, daß es sich so leicht anhört?

C. A. Da spielt zunächst einmal die Spannweite eine Rolle – Glissandi in Oktaven sind für meine Hand nicht schwierig. Und natürlich die Mechanik des Klaviers. Wie Sie wissen, wurde die *Waldstein-Sonate* für ein Klavier mit der alten Wiener Mechanik komponiert, die das Spielen von Glissandi in Oktaven sehr erleichterte. Manchmal komme ich in einen Saal, in dem ich die *Waldstein-Sonate* spielen soll, und finde einen Flügel vor, auf dem Oktaven-Glissandi unspielbar sind. Dann ändere ich das Programm. Ich spiele die *Waldstein-Sonate* nur, wenn der Flügel reagiert.

J. H. Sie sprechen von Ihrer Spannweite. Gibt es eine ideale Handgröße für das Klavierspiel?

C. A. Ich glaube, meine Hände eignen sich ganz besonders gut für das Piano. Ich habe eine Spannweite von elf Tasten. Ich kann mit Zeigefinger und Daumen eine Oktave greifen, ohne weiteres. Das macht Sprünge wesentlich einfacher. Auch mit dem zweiten und fünften Finger kann ich eine Oktave greifen. Wenn ich anderen Pianisten beim Spiel zusehe, habe ich manchmal den Eindruck, daß sie kein sicheres Gefühl für die Größe einer Oktave haben, wenn ihre Hände größer sind als meine. Und manche haben ja auch sehr dicke Finger. Brahms soll dicke Finger gehabt haben – das war der Grund, weshalb er so oft falsche Töne spielte.

J. H. Sind Ihre Hände für Sie ein privilegierter Teil Ihres Körpers?

C. A. Ich tue oft Dinge, die gefährlich für meine Hände sind – beispielsweise mit einer Sichel Unkraut jäten. Ich bin nicht übertrieben vorsichtig. Das ist wichtig, weil man sonst nicht mehr intuitiv mit den Händen umgeht.

J. H. Was wäre über Ihr Körpergewicht zu sagen. Sie sind ja durchaus korpulent. Halten Sie das für wichtig?

C. A. Ja. Ich glaube, manche Menschen eignen sich von ihrem Körperbau her besser für das Klavier als andere. Allerdings ist der Geist manchmal so stark, daß er solche Schwierigkeiten überwindet. Viele hervorragende Pianisten hatten eine schlechte Hand. Der unglaublichste Fall ist Alicia de Larrocha. Ihre Hände sind winzig; sie kann kaum eine Oktave greifen.

J. H. Haben Sie ein bestimmtes Programm, um sich als Pianist körperlich fit zu halten?

C. A. Heute kaum noch. Früher habe ich viel Gymnastik getrieben. In Berlin hatte ich sogar einen Trainer. Wir gingen mehrmals wöchentlich ins Stadion. Besonders mit dem Medizinball haben wir sehr viel gemacht. Schwimmen mochte ich nie. Ich habe viel gerudert. Wir hatten sogar hier [in Douglaston] noch ein Boot, von 1947 bis 1950.

J. H. Wann haben Sie mit dem regelmäßigen sportlichen Training aufgehört?

C. A. Vor fünfzehn Jahren habe ich noch oft mit dem Medizinball trainiert, meist mit Schülern. Drunten am Wasser. Und in Vermont. Ich zog dazu immer Boxhandschuhe an. Sonst wären die Finger zu sehr gefährdet gewesen. Man kann den Ball auf viele verschiedene Arten werfen – über den Kopf, von der Seite, mit einer Körperdrehung . . .

J. H. Das hält einen locker und geschmeidig.

C. A. Ganz recht. Und man stemmt ein ganz schönes Gewicht.

J. H. Ein Aspekt der Klaviertechnik, über den wir noch nicht gesprochen haben, ist die Ausdauer. Woher nehmen Sie Ihre Ausdauer? Wie kommt es, daß Ihre Hände nicht ermüden?

C. A. Die Hände sollten eigentlich nie ermüden. Ich weiß überhaupt nicht, was das ist, Ermüdung.

J. H. Sie haben also nie das Gefühl, daß Ihre Hände sich verkrampfen oder steif werden?

C. A. Nein, *niemals*. Verkrampfung ist entweder auf psychische Probleme oder auf etwas Physisches, also irgendeine Besonderheit der Spieltechnik zurückzuführen.

J. H. Wie viele Stunden hintereinander können Sie üben?

C. A. Früher brachte ich es bis auf vierzehn Stunden. Beispielsweise als ich *Mazeppa* einstudierte. Das wurde sogar meiner sehr musikliebenden Tante zuviel; nach dreizehn Stunden kam sie herein und sagte: «*Bitte hör auf,* mein Schatz. Ich halte das nicht mehr aus!» Aber mir war das egal. Da war ich achtzehn oder neunzehn. Ein andermal bekam ich eine Rechnung von einem Nachbarn, der für ein halbes Jahr in ein Nervensanatorium hatte gehen müssen. Das muß Ende der zwanziger Jahre gewesen sein. Heute übe ich im allgemeinen zwei bis drei Stunden. Manchmal auch fünf bis sechs, wenn ich ein neues Stück studiere oder auch eines, das ich lange nicht mehr gespielt habe. Aber das kommt nur noch sehr selten vor.

J. H.   Ermüdet es Sie nicht, beispielsweise die Liszt-Sonate zu üben? Selbst wenn Ihre Hände nicht ermüden, ist das nicht emotional sehr anstrengend?

C. A.   Wenn ich übe, spiele ich fast ganz ohne Emotion. Es ist wie die Arbeit in einer Werkstatt.

J. H.   Wenn Sie mit Emotion spielen, im Konzert, fällt es Ihnen dann schwerer, körperlich entspannt zu bleiben?

C. A.   Das ist eine der Hauptschwierigkeiten beim Klavierspielen – in Augenblicken höchster emotionaler Anspannung körperlich entspannt zu bleiben. Ich habe in vielen Fällen erlebt, wie Pianisten, auch berühmte, völlig steif wurden und sich verkrampften. Busoni hatte die seltsame Theorie, daß das Publikum um so ergriffener zuhöre, je unbeteiligter der Pianist spiele. Das ist mir immer unbegreiflich gewesen. Ich habe nämlich immer festgestellt, daß jemand, der emotional vollkommen ausgeglichen wirkt, den Eindruck von Kälte erweckt. Er ist auch kalt. Ich habe für diese Distanziertheit nichts übrig.

J. H.   Aber mancher wird sich vielleicht fragen, wie es Ihnen gelingt, so beteiligt und zugleich entspannt zu sein.

C. A.   Ach, wissen Sie, das kommt daher, daß man eins wird mit der Musik. Man wird sogar eins mit dem Publikum. Man kann die Dinge nicht so *trennen.* Aber Emotionen zu unterdrücken – das halte ich nicht für gut.

J. H.   Fühlen Sie sich manchmal nach einem Konzert emotional erschöpft?

C. A.   Nein.

J. H.   Und Sie sind auch nie körperlich erschöpft?

C. A. Aber ganz und gar nicht. Im Gegenteil, manchmal fühle ich mich vor dem Konzert unwohl oder niedergeschlagen und frage mich, wie um alles in der Welt ich dieses Konzert durchstehen soll. Aber sobald ich das Podium betrete, bin ich ein anderer Mensch.

J. H. Was tun Sie, um sich vor einem Konzert «anzuwärmen»? Sie sprachen davon, daß Sie die Oktaven-Glissandi in der *Waldstein-Sonate* vor einem Konzert spielen, um den Flügel zu testen. Gibt es noch andere Passagen in Ihrem Repertorie, die Sie grundsätzlich vorher spielen?

C. A. Nein. Abgesehen von den Oktaven-Glissandi probiere ich nie einen Flügel vor einem Konzert aus. Das ist auch etwas, was ich bei Krause gelernt habe. Er meinte, wer sich vor Konzerten einspielen müsse, habe ein technisches Problem – er sei nicht gelockert. Auch wenn man um vier Uhr morgens geweckt würde, sagte er immer, müsse man in der Lage sein, sofort aufs Podium zu gehen und vor Publikum zu spielen, ohne sich vorher einzuspielen.

J. H. Hielt Krause es für psychologisch schädlich, sich vor einem Auftritt einzuspielen?

C. A. Ja, er meinte, das mache einen nur nervös. Ich verstehe die Leute nicht, die buchstäblich bis zur letzten Minute üben. Dabei geht auch etwas verloren, was ich nicht missen möchte – die geistige Energie, mit der man beginnt.

J. H. Was tun Sie vor einem Konzert?

C. A. Vor allem schlafe ich, im allgemeinen zwei Stunden. Ruhe ist sehr wichtig vor einem Konzert. Und durch Schlafen gelangt man zum Kern seines schöpferischen Unbewußten. Außerdem bin ich gern eine Stunde vor Beginn in dem Konzertgebäude. Und eine Stunde davor wache ich auf – also zwei Stunden, bevor ich aufs Podium gehe. Hinter der Bühne sehe ich mir dann die Noten an. Ich gehe im Geiste mindestens die eine Hälfte des Programms durch. In der Pause sehe ich mir dann den Rest an. So gehe ich in Hochstimmung aufs Podium – in dem Gefühl, daß ich etwas Wunderbares erleben werde.

J. H. Heißt das, daß Sie manchmal ein Instrument spielen, das Sie noch nie berührt haben?

C. A. Ja, sehr oft. Manchmal ist mir das sogar lieber. Die Flügel sind ja im Durchschnitt sehr viel besser geworden, sowohl in Europa als auch in Amerika. Und mein Ruhm – darf ich das sagen? – bringt es mit sich, daß man sich mehr Mühe gibt. Oftmals bekomme ich einen Flügel, den ich schon kenne, oder man holt vorher einen Techniker, dem ich vertraue, damit er sich den Flügel vornimmt. Ich kann deshalb heute mit der Gewißheit in ein Konzert gehen, daß der Flügel eine gewisse Qualität haben wird. Außerdem bin ich der Meinung, daß man in der Lage sein sollte, sich auf dem Podium auf das jeweilige Instrument einzustellen, *augenblicklich*. Beim ersten Akkord muß man eigentlich sofort wissen, was für ein Piano man vor sich hat.

J. H.   Noch eine letzte Frage zur Technik. Sie haben durchblicken lassen, daß Krause Ihnen zwar beigebracht hat, entspannt zu spielen, daß Sie im übrigen aber die meisten Ihrer speziellen technischen Grundsätze nicht Krause verdanken. Wann und wie sind Sie auf diese Dinge gekommen?

C. A.   Bewußt wurde das alles erst, lange nachdem Krause gestorben war. Anfangs spielte ich, ohne mir Gedanken über die Technik zu machen, weil ich ja diese natürliche Begabung hatte. Erst viel später kam ich zu der Überzeugung, daß ich mir bewußt machen sollte, wie ich spielte. Da stellte ich einen Spiegel neben dem Klavier auf – damals muß ich achtzehn oder neunzehn gewesen sein. Da bemerkte ich zum erstenmal Dinge wie Rotation, Vibration, den Einsatz des Armgewichts und so weiter.

J. H.   Ist denn heute nicht die Bedeutung des natürlichen Körpergewichts als Element der Klaviertechnik weithin erkannt und anerkannt?

C. A.   Schon, aber ich kenne heutzutage *niemanden*, der unter Ausnutzung des natürlichen Gewichts spielt. Jedenfalls niemanden außerhalb unserer Gruppe.[16] Einer der ersten, der darüber schrieb, war Rudolf Breithaupt, der am Sternschen Konservatorium in Berlin unterrichtete. Ich weiß noch, daß er mich einmal bat, ihm vorzuspielen, und dann, noch während ich spielte, immer wieder sagte: «Ja! Ja! Ja!! Genau richtig!» Seine Bücher wurden mindestens zwanzig Jahre lang viel beachtet. Aber heute kennt man sie offenbar kaum noch. Breithaupts Unterricht hatte einen gravierenden Mangel – er beschränkte sich ausschließlich auf das Armgewicht. Seine Schüler entwickelten ihre Fingertechnik überhaupt nicht. Das gilt natürlich nicht für Teresa Carreño – sie wußte es besser. Aber die anderen spielten immer unsauber. Breithaupt vernachlässigte die Fingermuskulatur völlig.

J. H. Sie sagen, Sie kennen niemanden, der heutzutage unter Ausnutzung des natürlichen Armgewichts spielt. Haben Sie denn früher welche gekannt?

C. A. In erster Linie Teresa Carreño. Ihr Spiel war auf ideale Weise natürlich. Sie studierte bei Breithaupt, als sie ungefähr fünfundvierzig war. Davor hatte sie im französischen Stil gespielt – mit *Jeu perlé* und steifer Hand. Sie hatte überhaupt keine Kraft. Dann stellte sie sich radikal um. Teresa Carreño war ein vollkommenes Beispiel für die natürliche Gewichtstechnik.

Interpretation

Arraus Südamerika-Tourneen der späten dreißiger und frühen vierziger Jahre wurden von der einheimischen Presse in einer Weise gewürdigt, wie es einem heimkehrenden Lieblingssohn gebührte, unter anderem in überschwenglichen Interviews mit dem Künstler, die in dieser Art in der deutschen Tagespresse kaum vorstellbar wären. Liest man eine größere Anzahl dieser Berichte, so erhält man ein recht farbiges Bild von Arraus Wirkung in der Öffentlichkeit in den ersten Jahren seiner Ehe, einer Zeit, da er die traumatische Phase seiner Karriere nach Krauses Tod überwunden hatte.

Seine Erscheinung und sein Auftreten werden als jugendlich, energisch und unaffektiert bezeichnet; die in Santiago erscheinende Zeitung *Ercilla* schreibt ihm 1939 «das Air des abgeklärten Jünglings» zu. Ein ganzseitiges Interview, das die ebenfalls in Santiago erscheinende Boulevardzeitung *Frente Popular* 1939 brachte, enthält auch die folgenden Bemerkungen: «Claudio Arrau ist eine herbe Enttäuschung für alle, die in jedem Künstler etwas Exotisches suchen... Arrau erscheint als sportlicher Typ und lächelt gutgelaunt, als er uns kräftig die Hand schüttelt. Er hat einen feinen Sinn für Humor, und im Gespräch wirkt er lebhaft und unterstreicht seine Worte mit spontanen, ausdrucksvollen Gesten. Er ist ein Mann von heute, ein moderner Mensch, dessen Genialität auch ohne jede Extravaganz in seinem Auftreten oder seiner Kunst evident ist.»

Ein ausführliches zweiseitiges Interview erschien 1941 in Bogotá in dem Boulevardblatt *La Razón*. In seinem Hotelzimmer, so berichtete die Zeitung, «ist Claudio Arrau freundlich und herzlich zu jedermann, zum Reporter, zum Fotografen, zum Liftboy, zu allen Menschen, die mit ihm sprechen möchten, zu allen, die sich ihm freundschaftlich verbunden fühlen und ihm die Hand schütteln wollen. Er strahlt eine bemerkenswert natürliche Liebenswürdigkeit aus. Er sagt nie etwas, ohne seine Worte mit einer charmanten Geste zu begleiten, und jeder seiner Sätze hat einen Klang von Herzlichkeit, einen Ton von Freundschaft und Schlichtheit.»

Das Aufschlußreichste an diesen beiden Artikeln ist jedoch Arraus eigene Darstellung seiner künstlerischen Philosophie. Auf die Frage von *Frente Popular,* was er unter Interpretation verstehe, antwortete er:

«In allen Kunstgattungen bildet sich heute ein neuer Typus des Interpreten heraus, ein Typus, der die Absage an den willkürlichen Künstler verkörpert, an die Effekthascherei, die so sehr ein Produkt des 19. Jahrhunderts ist. Ich glaube, man kann dieses Phänomen darauf zurückführen, daß man sich heute um eine aufrichtigere und gerechtere Art der Interpretation bemüht. Ein Kunstwerk sollte einem Künstler nie als Vorwand dafür dienen, etwa seinen Gefühlen Luft zu machen. Ebensowenig sollte man das Werk zur Selbstdarstellung benutzen; der Interpret hat die heilige Pflicht, die Gedanken des Komponisten, dessen Werk er interpretiert, unverfälscht wiederzugeben.»

Und dem Interviewer von *La Razón* sagt Arrau:

«Ich glaube, es besteht ein grundlegender Unterschied zwischen den heutigen Musikern und denen der früheren künstlerischen Schule, der Generation vor uns. Früher hatten die Interpreten, die Musiker, eine Auffassung von Urheberschaft, die sie zu einer willkürlichen und oft verfälschenden Interpretationsweise bewog, wobei das Ziel einer textgetreuen Interpretation oft hinter der Eitelkeit der Interpreten zurückstehen mußte ... Das scheint mir sehr verderblich für die Kunst zu sein.»

Diese Version von Arraus künstlerischem Credo mit ihrer Unterscheidung zwischen moderner Objektivität und dem Hang zur

Selbstdarstellung einer vergangenen Epoche liefert wohl den historischen Hintergrund für die interpretatorischen Grundsätze, zu denen sich Arrau im folgenden Gespräch bekennt. Es will bedacht sein, daß trotz der populären Klischeevorstellung, in der die Weimarer Kultur mit *Dr. Caligari* und glitzernden Varietés gleichgesetzt wird, der Expressionismus in der Zeit zwischen den Weltkriegen in Berlin schon auf dem Rückzug war. Eine neuere, kühlere Ästhetik stellte praktisches Denken und Selbstdisziplin über leidenschaftliche Subjektivität. Das war die Neue Sachlichkeit, zu deren Idealen eine nüchterne, pragmatische Grundhaltung gehörte, ein Funktionalismus ohne dekorative Schnörkel. Unter den Komponisten war der bedeutendste Vertreter der Neuen Sachlichkeit wahrscheinlich Paul Hindemith. Bei den ausübenden Musikern sieht man heute in Otto Klemperer den radikalsten und objektivsten unter den Dirigenten der Weimarer Epoche.

Arrau fand Klemperers Aufführungen vor dem Zweiten Weltkrieg zu schnell und zu wenig verinnerlicht. Und wie aus seiner schon erwähnten Anekdote über die Triller im fünften Klavierkonzert von Beethoven hervorgeht, konnten er und Klemperer auch nach dem Krieg noch verschiedener Meinung darüber sein, ob eine Verzierung bloßes Beiwerk oder Ausdrucksmittel sei. Dennoch hob Arrau immer wieder Klemperers Integrität hervor, und Arraus Äußerungen, in denen er sich so entschieden für äußerste Treue gegenüber dem Text des Komponisten erklärte, hätten sicherlich Klemperers Beifall gefunden.

In diesem Zusammenhang sollte nicht unerwähnt bleiben, daß von den Musikern, die Arrau besonders schätzte, Artur Schnabel – obzwar nicht ganz so streng wie Klemperer – zu seiner Zeit ebenfalls ein führender Vertreter des Objektivismus war. In einer Würdigung Schnabels schrieb Arrau im Februar 1952, ein Jahr nach dem Tod des Pianisten, in *Musical America*:

«Lange vor dem Krieg galt Schnabel in Berlin bereits als führende geistige Autorität für Beethoven, Schubert und Brahms – und daher auch als trocken. Schnabels jüngeren Zeitgenossen Edwin Fischer kannte man dagegen als vulkanischen, eruptiven Beethoven-Interpreten. Aber während Fischer im Konzert oft selbstherrlich wurde und nicht davor zurückschreckte, Dinge einzufügen, die nicht in den Noten standen, war Schnabel der erste, der sich gewissenhaft an den schriftlich fixierten Notentext hielt. Auf diesem Gebiet war er der gefeierte Musiker, der das – zu der Zeit seltsamerweise noch neue – Ideal des Interpreten als eines Dieners statt eines Ausbeuters der Musik verkörperte.»

Arrau übertrifft in seiner rigorosen Texttreue sogar noch das Vorbild Schnabel. Im selben Maße wie Schnabel hält er sich an jede Vorschrift des Komponisten hinsichtlich Phrasierung und Dynamik. In noch größerem Umfang als Schnabel strebt er danach, jede Note genau und bedeutungsvoll wiederzugeben. Bei schwierigen oder dicht gesetzten Passagen sind seine Fingersätze nicht bequem, sondern sauber, und er lehnt es ab, Nebennoten zu vernachlässigen. Bei Abweichungen zwischen verschiedenen Ausgaben greift er auf Handschriften und andere verläßliche Quellen zurück, um jede persönliche Willkür auszuschließen. Wo die Notation nicht eindeutig ist, versucht er, zu einer systematischen Auslegung zu gelangen – bei Mozart und Beethoven läßt er Triller stets mit dem oberen Ton beginnen, bei Chopin spielt er Verzierungsnoten grundsätzlich auf den Takt.

Die relativ raschen Tempi und außerordentlich klaren Linien von Arraus frühesten Platteneinspielungen, auf die am Schluß im Kapitel «Arrau auf Schallplatten» noch näher eingegangen wird, belegen den Einfluß der Neuen Sachlichkeit. Im Laufe der Zeit setzte sich jedoch offenbar die ausgleichend wirkende Affinität zu dionysischen Musikern wie Furtwängler und Fischer stärker durch. Die Folge war ein Gleichgewicht zwischen Hingabe und Beherrschtheit, das sich je nach Art der Musik und im Zuge der zunehmenden Verschmelzung von Verstand und Gefühl verlagerte. Um noch einmal Arraus Plattenaufnahmen heranzuziehen: In den sechziger Jahren war der subjektive Elan seiner Interpretationen bisweilen so ungestüm, daß es schien, als müsse sein Bekenntnis zur Texttreue als Damm gegen überschäumende Wellen des Temperaments dienen. Auf jeden Fall aber stellte sich eine Dialektik her, in der die Texttreue als Ordnungsprinzip der subjektiven Versenkung gegenüberstand.

Diese Verbindung von ausgeprägter Korrektheit mit ausgeprägtem Engagement – halb «modern», halb romantisch – ist sicherlich ein wesentliches Merkmal von Arraus interpretatorischer Handschrift in den reifen Jahren. In ihr spiegelt sich der Mensch Arrau, dessen innere Unrast – die heute viel deutlicher zutage tritt als zu der Zeit, da die südamerikanische Presse den «sportlichen Typ» in ihm sah – sich hinter einer gesetzten Art zu sprechen und sich zu kleiden verbirgt. Eine weitere Komponente seiner pianistischen Handschrift, die ebenfalls seiner gewissenhaften Bescheidenheit entspringt, ist sein Abscheu vor jeglichem Renommieren mit seinen technischen Fähigkeiten. Nur nebenbei erwähnt er gelegentlich eine seiner technischen Glanzleistungen, wie beispielsweise die letzten Seiten der *Waldstein-Sonate,* wo er mit seinen Oktaven-Glissandi atemlose Bewunderung erregt. (Er spielt die ab- und aufsteigenden Oktaven im Glissando anstatt aus dem Handgelenk, weil Beethoven es so wollte; daß er sie mit erstaunlicher Leichtigkeit spielt, ist Nebensache.) Er nutzt seine hervorragenden Voraussetzungen, um den Ausdruck zu befreien, so daß die Finger, die Hände und die Arme selbst kreativ werden, anstatt nur mechanische Hilfsmittel der Kreativität zu sein. «Gewichtigkeit» im doppelten Sinne von «Ernst» und «Schwere» ist vielleicht das Wort, mit dem sich Methodik und Wesen seines Spiels am besten kennzeichnen lassen. Zumal bei Brahms schafft sein emphatischer Einsatz von Finger- und Armgewicht eine Unterströmung, die zugleich physischer Natur und von elementarer Innerlichkeit ist – ihn zu sehen heißt, ihn zu hören.

Ein letzter Aspekt von Arraus Interpretationsweise ist die vielbesprochene Mannigfaltigkeit seines Repertoires. Er selbst sieht da einen Zusammenhang: «Je breiter der Boden, auf dem ein Interpret steht, um so tiefer seine Wurzeln.» Bei dem Namen Arrau denkt man an Beethoven, Brahms, Chopin, Liszt und Schumann. Dabei wird manchmal vergessen, daß diese Vielseitigkeit früher noch ausgeprägter war. Schon die Programme, die er unter Krauses Obhut spielte, ließen nicht nur eine breite Skala von Affinitäten erkennen, sondern auch ein Interesse an der Einstudierung immer neuer Werke. In einer Besprechung aus dem Jahre 1915 heißt es: «Dem Lehrer gebührt Anerkennung dafür, daß das Programm nicht nur aus oft gespielten Werken bekannter Komponisten bestand, sondern auch selten zu hörende Stücke umfaßte.» In der zweiten Hälfte des Klavierabends im Beethovensaal, von dem da die Rede ist, spielte Arrau einen Rigaudon (op. 204 Nr. 3) und eine Gavotte (op. 125) von Joachim Raff, Hans von Bülows Tarantella in a-Moll op. 19 sowie fünf *Tonbilder* zu Stifters *Studien* (op. 12) von Felix Weingartner. Im Dezember 1918 spielte Arrau ein ganzes Programm mit Werken für Klavier und Orchester, bestehend aus dem Konzert B-Dur von Hermann Goetz (1840–1876), Chopins Variationen über «Là ci darem», Richard Strauss' *Burleske* und dem ersten Klavierkonzert von Liszt. Ein Kritiker schrieb darüber: «Der Eifer, mit dem der junge Pianist nach lohnenden, weniger bekannten Werken sucht, beschämt viele seiner Kollegen am Klavier, darunter auch einige von Rang und Namen.»

In späteren Jahren spielte Arrau die erste amerikanische Plattenaufnahme von Strauss' *Burleske* ein und bestritt die mexikanische Erstaufführung des komplexen, gehaltvollen Klavierkonzerts von Carlos Chávez. Von Strawinsky spielte er das Konzert für Klavier und Bläser, die *Piano-Rag-Music,* die *Drei Sätze aus Petruschka* sowie die Serenade in A, die er mit dem Komponisten einstudierte. Mit atonaler Musik ist er nur selten hervorgetreten, aber er spielte immerhin von Schönberg das Klavierkonzert, die Sechs kleinen Klavierstücke op. 19 und häufig die expressionistischen Drei Klavierstücke op. 11.

Vielleicht erklärt sich Arraus breites Spektrum aus der Verbindung von lateinischer Herkunft und deutscher Ausbildung. Wie er selbst eingesteht, ist er in ungewöhnlichem Maße fähig, vom Blatt zu lesen, und tat sich eine Zeitlang auch sehr leicht mit dem Auswendiglernen. Auch die Pflege der Karriere spielte eine Rolle: Obwohl er Rachmaninow als seichten Komponisten ansieht, spielte er zwischen den Weltkriegen oft das dritte und gelegentlich auch das zweite Klavierkonzert. Auch hat er seine Abneigung gegen Ginasteras Klaviersonate und die erste Klaviersonate von Brahms bekundet. Im allgemeinen weiß er aber nur Freundliches über Musik zu sagen, und das ist sicherlich einer der wichtigsten Gründe für seine allumfassende Musikalität. Herabsetzung ist seine Sache nicht, ihn drängt es zu Anerkennung und Würdigung. Sein Lieblingswort ist «wunderbar», und er gebraucht es mit Überzeugung.

Das ist der psychologische Hintergrund für Arraus kräftezehrende Bach-, Beethoven- und Mozart-Zyklen. Er hat auch alle oder nahezu alle Werke für Klavier von Brahms, Chopin, Debussy, Ravel, Schumann und Weber aufgeführt. In den dreißiger Jahren, als er ein eigenes Trio hatte (zusammen mit dem Geiger Hermann Hubl und dem Cellisten Hans Münch-Holland), spielte er die wichtigsten Werke der Literatur für Klaviertrio, Klavierquartett und Klavierquintett. Seine Aufführungsserie aller Violinsonaten von Beethoven, die er 1944 mit Joseph Szigeti in der Library of Congress spielte, wurde auf Platten aufgenommen. Zu seinen seltenen kammermusikalischen Auftritten seit dem Zweiten Weltkrieg gehören immerhin denkwürdige Festspiel-Aufführungen des Klavierquintetts von Brahms mit dem Amadeus-Quartett und der *Liebeslieder-Walzer* mit Benjamin Britten, beide in Aldeburgh, sowie des C-Dur-Trios von Brahms mit Isaac Stern und Pablo Casals beim Casals Festival in Puerto Rico.

Die fünfzehn Klavierabende im Winter 1933/34 in Mexico City können als Musterbeispiel gelten für Arraus Solo-Repertoire zu der Zeit, als es am größten war. Unter den aufgeführten Werken fand sich kein einziges, das er nur bei dieser Gelegenheit gespielt hätte – das *Allegro barbaro* von Bartók und die Auszüge aus den *Goyescas,* die Toccata von Prokofieff, Poulencs *Napoli,* Ravels *Jeux d'eaux* tauchen allesamt wiederholt in Arraus Programmen der dreißiger und vierziger Jahre auf.

Ergänzend mag die folgende Liste verdeutlichen, welche entlegenen Winkel er durchstöbert hat. Zu den Orchesterkompositionen, die er aufgeführt hat, zählen Konzerte von Henselt, Hummel und Heinrich Knoedt, Debussys Fantasie, Faurés Ballade, Honeggers Concertino und Tschaikoswkys Fantasie op. 56. Saties *Sports et divertissements* wurde durch Arrau in New York erstaufgeführt, desgleichen Nicolas Nabokovs Klaviersonate in Paris. Arrau hat südamerikanische Werke von Juan José Castro, Juan Lecuna, Domingo Santa Cruz und Villa-Lobos öffentlich vorgetragen. Er spielte Liszts Variationen über *Weinen, Klagen, Sorgen, Zagen* und Schuberts Drei Klavierstücke op. ph. (D 946), als beide Werke wesentlich obskurer waren als heute. Im Jahre 1950 holte er das *Hexaméron* aus der Versenkung, ein Werk, das der legendären Rivalität zwischen Liszt und Thalberg entsprang und aus sechs Bravour-Variationen über den Marsch aus *I puritani* besteht, komponiert von Chopin, Czerny, Henri Herz, Liszt, Johann Peter Pixis und Thalberg. Als der alternde Busoni sich bei Isidore Philipp beklagte, es fehle ihm an Werken, die er in sein Repertoire aufnehmen könne, empfahl Philipp ihm Skrjabin und Alkan. Arrau bewunderte beide Komponisten; von Skrjabin hat er die vierte und fünfte Sonate, von Alkan einen Teil der Sinfonie für Klavier gespielt. Und er liebt Busonis eigene Kompositionen, von denen er das Konzertstück, die *Indianische Fantasie* und *Romanza e scherzoso* sowie verschiedene Solowerke gespielt hat, darunter die *Fantasia Contrappuntistica* und die Toccata.

Diese äußerliche Vielfalt ist zum Teil irreführend. Die Aufführungsreihe in Mexico City begann mit einem Werk von Haydn, den f-Moll-Variationen; ansonsten hat Arrau nur wenig von Haydn öffentlich gespielt. Von Prokofieff hat er wohl nur die Toccata, die *Visions fugitives* und das dritte Klavierkonzert aufgeführt. Neben dem *Allegro barbaro* hat er von Bartók die Suite op. 14 und die Etüden op. 18 gespielt, nicht jedoch die Sonate und nur das zweite der drei Klavierkonzerte. Er hat nie die Konzerte von Ravel oder wichtige Solowerke von Grieg gespielt.

Sein aktives Repertoire ist überdies ständig geschrumpft. In den fünfziger Jahren nahm er noch regelmäßig kleinere Stücke von Albéniz, Bartók, Debussy, Fauré, Granados, Poulenc und Ravel ins Programm. In den sechziger und siebziger Jahren fielen diese kleinen Stücke dann weg oder wurden zum ganzen *Gaspard de la nuit* von Ravel, vollständigen Heften von Debussy-Préludes oder den gesamten *Préludes* von Chopin zusammengefaßt.

Die größte dieser Zusammenfassungen betraf Beethoven. Zwischen den Weltkriegen gab Arrau in Mexiko und Südamerika zyklische Aufführungen sämtlicher Beethoven-Sonaten. Sein 1952 von der BBC übertragener Beethoven-Sonatenzyklus war jedoch der erste seit mehr als einem Jahrzehnt. Diesem folgten ein vollständiger Zyklus in der New Yorker Town Hall (1953–54) sowie eine Vielzahl von Beethoven-Einspielungen für EMI. In den späten fünfziger und während der ganzen sechziger Jahre identifizierte er sich immer stärker mit Beethoven. Er gab zwar keine kompletten Sonatenzyklen mehr (fünfmal setzte er dazu an – in Berlin, Hamburg, London, New York und Zürich, doch jedesmal brach er etwa in der Mitte ab), aber es wurde ihm zur Gewohnheit, zwei oder mehr Beethoven-Sonaten je Programm zu spielen. Schließlich konzentrierte sich sein aktives Repertoire auf einen mehr oder weniger harten Kern: die Sonaten und Konzerte von Beethoven und Brahms, die großen Schumann-Zyklen und die Konzerte und heroischen Solowerke von Chopin.

Arraus Beethoven-Phase ist mit auf das Drängen seiner Managerin Friede Rothe zurückzuführen, die der Meinung war, seine Karriere in Amerika komme nicht hinreichend voran und sein Name müsse durch «etwas Großes» mehr Glanz bekommen. Und Arrau stellte fest, daß er mit den «Durch-Kampf-zum-Sieg»-Szenarien der Beethovenschen Musik Erfolg hatte. In den siebziger Jahren schien dann der Erfolgsdruck nachzulassen. Arrau wandte sich von Werken wie dem op. 111 und der *Appassionata* ab und beschäftigte sich wieder mehr mit Phasen der Literatur, die sanfter, weiträumiger oder auch unverhohlen virtuoser sind. Besonders hingezogen fühlte er sich zu Debussy, Liszt und Schubert.

In den Aufnahmestudios, wo Auswendigspielen nicht erforderlich ist, interpretierte er Debussys *Préludes*, Liszts *Transzendentale Etüden* und die Sonaten in c-Moll und B-Dur von Schubert. Sein aktives Repertoire war unterdessen bis 1979–80 auf ein einziges Solo-Programm und acht Orchesterwerke pro Saison geschrumpft. Trotzdem blieb die Vielfalt der Stile erhalten. Neben den Konzerten von Beethoven, Schumann und Brahms spielte er nach wie vor das f-Moll-Konzert von Chopin, das A-Dur-Konzert von Liszt, die *Burleske* von Strauss und Webers Konzertstück. Von Debussy eignete er sich wieder die *Estampes* und die *Images I* an. Bei Liszt kehrte er zur *Dante-Sonate* zurück, die er über vierzig Jahre lang nicht mehr gespielt hatte.

Wenn er nicht von Konzerten und Schallplatten-Einspielungen in Anspruch genommen wird, legt Arrau nach wie vor einen gesunden musikalischen Appetit an den Tag. Er ist beeindruckt von Ives' *Concord Sonata,* Boulez' Klaviersonaten, dem Klavierkonzert von Elliott Carter. Er hält Bernd Alois Zimmermanns *Soldaten* für eine der großen Opern des 20. Jahrhunderts und bewundert Tippetts *King Priam.* Er bringt es nicht fertig, eine Liste seines früheren Repertoires durchzulesen, ohne immer wieder bewundernd innezuhalten – bei Chabriers *Idylle,* Juan Lecunas *Sub-*

urbio oder der *Spanischen Rhapsodie* für Klavier und Orchester von Liszt/Busoni. «*Wunderbar!*» ruft er immer wieder aus. «Warum *spiele* ich das nicht mehr?! Ich würde es gerne aufnehmen.»

J.H. Da wir uns bereits über Klaviertechnik unterhalten haben und nun über Interpretation sprechen wollen, könnten wir vielleicht damit beginnen, daß wir das Verhältnis zwischen Technik und Interpretation ausloten. Ist es eine Gefahr, daß man sich seiner Technik zu sehr bewußt wird?
C.A. Eine große Gefahr. Das hat viel damit zu tun, wie man spielt, körperlich. Manchmal gelingen einem wunderbare Sachen, selbst wenn der Arm steif ist. Aber das bedeutet, daß man sich zu sehr mit dem technischen Vorgang beschäftigt. Ich habe schon sehr früh entdeckt, daß man kreativer wird, wenn man entspannt spielt – weil das so natürlich ist; weil der ganze Körper beteiligt ist; weil sich dann die Einheit von Leib und Seele herstellt.
J.H. Ich habe ein Zitat von Furtwängler zu diesem Thema mitgebracht, aus seinem Buch *Gespräche über Musik*:

«Denn in dem Moment, wo das Technische um seiner selbst willen angegangen wird, wird, wie ich schon einmal sagte, die seelische Einheit des Ganzen zerstört. Das Technische darf sich nicht – auch nicht für Momente – bei der echten Darstellung vom ‹Seelischen› trennen. Und das auch da nicht, wo es an sich ‹wirkt›. Eine solche Wirkung, wenn sie schon eine Wirkung ist, ist allemal eine falsche Wirkung, da sie vom Wesentlichen abzieht. Daß dem so ist, fühlt und weiß freilich nur der, der das betreffende Werk in einer seinem inneren Wesen entsprechenden Darstellung schon *vorher* kennt. Deshalb sind solche aus dem Technisch-Virtuosen stammende Darstellungen der großen lebendigen Werke der Vergangenheit in der Praxis so gefährlich; sie verderben recht eigentlich den Geschmack.»[17]

C.A. Oh, das gefällt mir sehr gut. An anderer Stelle schreibt Furtwängler in diesem Buch, er müsse sich immer wieder darüber wundern, wie Leute, die romantische Musik sehr schön, mit Sinnlichkeit und Leidenschaft spielen, in Ehrfurcht erstarren, wenn sie Beethoven oder Mozart spielen – daß sie dann völlig unkreativ werden und daß das falsch sei, weil sie diese Musik genauso gestalten sollten wie die andere. Es ist tatsächlich so: je besser man Beethoven spielt, je näher man dem tieferen Sinn kommt, um so besser spielt man auch Tschaikowsky.

J. H. Damit haben wir einen Punkt angeschnitten, den ich gerne ausführlicher behandeln würde. Ich habe hier eine Besprechung eines Ihrer Klavierabende in New York, die Andrew Porter für den *New Yorker* [3. März 1980] schrieb und in der er die Vermutung äußert, Sie könnten Opfer eines Vorurteils sein, nämlich «der Vorstellung, daß ein Pianist, dessen ‹Spezialgebiete› die von Schnabel, Cortot, Kempff, Rubinstein und Serkin umfassen, so eine Art Chamäleon sein muß, daß jemand, der so viel spielt, Tag für Tag, in einem Land nach dem anderen – hier Brahms oder Beethoven, dort Debussy und gleich darauf Schumann oder Chopin –, sich nicht allem, was er macht, mit gleichem Ernst widmen kann». Manchen ist die Spannweite Ihres Repertoires nicht ganz geheuer. Es ist ja schon ungewöhnlich, daß jemand Beethoven und Chopin gleich hervorragend spielt.

C. A. Das ist so eine landläufige Vorstellung. Die Leute meinen, ein Interpret könne nur Sachen gut spielen, die ihm wesensverwandt sind. Dabei ist es genau umgekehrt. Ein wahrer Interpret ist jemand, der sich in etwas verwandeln kann, was er nicht ist. In Deutschland hieß es immer, «das liegt ihm». Aber das ist eigentlich keine Interpretation. Das ist dann wie bei einem Schauspieler, der immer nur sich selbst spielt. Der beste Debussy, den ich jemals von einem Orchester gehört habe, war von Furtwängler, nicht von einem französischen Dirigenten. Und wer hätte jemals Tschaikowskys *Pathétique* tiefgründiger dirigiert als Furtwängler? Wenn ich von irgendwelchen Fällen wüßte, wo sogenannte Spezialisten wirklich überragend gewesen wären . . . In der Regel ist es doch so, daß diese Leute ihre besondere «Spezialität» viel oberflächlicher spielen als diejenigen, die alles spielen. Der schlechteste Chopin, den ich kenne, wird von sogenannten Chopin-Spezialisten gespielt. In Deutschland wurde ein Mann namens Koczalsky abgöttisch verehrt. Er spielte ausschließlich Chopin. Es war miserabel. Oder Brailowsky! Der schlechteste Chopin, den man je gehört hat. Sich auf zwei oder drei Komponisten zu beschränken, oder auf ein bestimmtes Gebiet, ist ungesund. Ich muß hier Fischer-Dieskau erwähnen. Neulich hörte ich zufällig eine Schallplatte, auf der Fischer-Dieskau Verdi sang. Es war schlicht eine Offenbarung. Und er ist großartig als Schubert- und Wagner-Sänger. Busonis *Goethe-Lieder* – phantastisch. *Lear* von Reimann! Den *Wozzeck* hörte ich in Berlin – eine Woche nachdem ich ihn mit dem *Falstaff* auf italienisch gehört hatte. Das verstehe ich unter Interpretation. Man muß die Fähigkeit besitzen, sich in verschiedene Welten zu versetzen. Sonst ist man kein wahrer Interpret.

J. H. Wenn ich Sie richtig verstehe, wollen Sie damit sagen, daß Interpretation auf höchstem Niveau von Gaben lebt, die alle großen Interpreten gemeinsam haben, Gaben, die tief im Charakter oder im Gefühl wurzeln. Also etwas, das nichts mit der Nationalität zu tun hat.

C. A. Es hat natürlich auch etwas mit der Nationalität zu tun. Man kann die Dinge nicht so trennen. Aber das nationale Element ist im allgemeinen das uninteressanteste und das unwichtigste. Vor allem bei genialen Werken. Bei Debussy ist beispielsweise das nationale Element nicht so wichtig wie bei Chabrier.

J. H. Dennoch verstanden sich einige der größten deutschen Musiker, unter ihnen auch Furtwängler, als Sachwalter der «deutschen Kunst».

C. A. Das ist eine altmodische Denkweise. So als wollte man behaupten, nur ein Deutscher könne Beethoven spielen. Das ist lächerlich. Oder wenn die Wiener sagen, nur ein Wiener könne sich in Schubert einfühlen.

J. H. Wenn Sie diese Auffassung als altmodisch bezeichnen, meinen Sie dann damit, daß sie früher gültiger war als heute?

C. A. Das nicht. Aber sie war weiter verbreitet – in einer Zeit nationalistischer Tendenzen. Ich weiß noch, wie sehr man sich in Deutschland wunderte, als das französische Capet-Quartett nach Berlin kam, um alle Beethoven-Quartette zu spielen.

J. H. Fühlten Sie sich als Südamerikaner in Berlin diskriminiert?

C. A. Ja, ganz am Anfang. Dann geschah mit mir etwas Ähnliches wie mit Teresa Carreño. Ich wurde immer mehr als Eigentum von Berlin angesehen. Nicht von Deutschland, sondern von Berlin. Wenn jemand sagte: «Er ist aus Südamerika, wissen Sie», bekam er zur Antwort: «Ja, aber *ausgebildet* wurde er in Berlin.» Das hat sich zum Glück geändert.

J. H. Wie steht es mit jenen Faktoren, ohne die wahrhaft bedeutende Interpretation nicht denkbar ist? Sie nehmen es mit der Texttreue peinlich genau. In welchem Zusammenhang stehen Interpretation und Texttreue?

C. A. Für manche ist Texttreue gleichbedeutend mit Sterilität. Das ist dieses alberne Entweder-oder-Denken. In Wirklichkeit gibt es da gar keinen Konflikt. Man sollte damit beginnen, daß man den Text in allen Einzelheiten so respektiert, wie er geschrieben wurde. Wenn Beethoven «piano» notiert hat und man spielt forte, dann ist das eindeutig falsch! Aber die korrekte Wiedergabe des Notentextes ist nur die Basis, der vorgegebene Rahmen, innerhalb dessen man weiterarbeiten muß. Interpretation ist eine Synthese zwischen der Welt des Komponisten und der Welt des Interpreten.

J. H. Sie beschränken sich ja nicht darauf, niemals die Töne oder die Dynamik zu verändern, sondern gehen noch weiter. Beispielsweise verteilen Sie die Töne nie anders auf die beiden Hände, als es der Komponist vorgesehen hat, wie es viele Pianisten tun, um gleichmäßiger oder genauer spielen zu können.

C. A. Es heißt immer, dem Publikum falle das gar nicht auf. Das ist natürlich in einem gewissen Sinne richtig. Eigentlich sollte man aber für den *idealen* Zuhörer spielen. Der ideale Zuhörer bemerkt den Unterschied. Nehmen wir den Anfang von Beethovens Opus 111. Manche spielen das mit zwei Händen, weil sie keine unsauberen Oktaven riskieren wollen. Also zum einen klingt es anders, wenn es, wie notiert, mit einer Hand gespielt wird. Und zum anderen hat technische Schwierigkeit an sich einen Ausdruckswert.

J. H. Wie steht es mit dem großen Triller im Hauptthema des ersten Satzes von Brahms' d-Moll-Konzert? Der klingt doch ganz anders, wenn er mit zwei Händen gespielt wird, nicht wahr?

C. A. *Völlig* anders. Aber um ihn so auszuführen, wie Brahms ihn notiert hat, braucht man natürlich ungeheure Kraft in der Rotationsbewegung. Sonst wird die Hand steif.

J. H. Oder die doppelte chromatische Tonleiter am Schluß von

Chopins Scherzo h-Moll – viele Pianisten spielen da abwechselnde Oktaven.

C. A.   Ich habe einmal eine Kritik gelesen, in der stand, Horowitz habe diese Passage in Oktaven gespielt, und alle Pianisten im Saal hätten ihn um diese Glanzleistung *beneidet*. In Wirklichkeit ist es so *zehnmal* leichter, als wenn man die chromatische Tonleiter mit den notierten Akzenten spielt – und mit der vorgeschriebenen Tonstärke.

J. H.   Ein anderer Aspekt der Texttreue, wie Sie sie praktizieren, ist es, daß Sie oft zu etwas anderen Deutungen kommen, als man sie für gewöhnlich hört. Ein Beispiel dafür ist Ihre Phrasierung des Rondo-Themas in Beethovens C-Dur-Konzert.

C. A.   Viele nehmen es mit solchen Feinheiten nicht so genau. Czerny bestätigt, daß Beethoven die zweite Sechzehntelnote beinahe als Vorschlag ausgeführt haben wollte. Ein anderes Beispiel ist der Schlußsatz von Beethovens Sonate op. 78; hier wird nie auch nur versucht, die notierte Phrasierung zu spielen.

J. H.   Wahrscheinlich finden die meisten, daß es merkwürdig klingt, wenn es genau nach Vorschrift gespielt wird.

C. A.   Ja, weil sie nicht daran gewöhnt sind. Ich muß mich manchmal schon sehr wundern. Neulich sagte zum Beispiel Jorge Bolet in einem Interview, er finde es «idiotisch» – wörtlich! –, jede musikalische Einzelheit so aufzufassen, wie sie notiert ist. Dann wird man *pedantisch,* sagte er.

J. H.   Wie zuverlässig sind Metronomangaben als Element der Interpretation?

C. A.   Das kommt darauf an. Bei Schumann stammen beispielsweise die meisten Metronomangaben von Clara. Und wir wissen ja, daß sie immer ein bißchen Angst vor der Musik ihres Mannes hatte. Es scheint, daß sie die Metronomangaben immer ein wenig verändert hat – bei den schnellen Sätzen langsamer, bei den langsamen schneller. Die berühmte Metronombezeichnung am Anfang des Klavierkonzerts – das ist natürlich unmöglich. Und auch beim Andante des ersten Satzes ist die Metronomangabe viel zu schnell. Was da passiert ist, weiß ich nicht. Es ist undenkbar, daß sich unser Musikgefühl so grundlegend gewandelt hat. Dasselbe Problem gibt es bei Beethoven, bei den wenigen Metronomangaben in den Sonaten. Wenn man den ersten Satz der *Hammerklavier-Sonate* der Metronomangabe entsprechend spielt, büßt er all seine Majestät ein. Bei Beethoven könnte ich mir denken, daß er wahrscheinlich – ich sage nur «wahrscheinlich» – diesen Apparat *verabscheute*. Wenn man deshalb Metronomangaben von ihm verlangte, wurde er wahrscheinlich ungehalten und sagte irgend etwas.

J. H. Haben Sie schon einmal probiert, den ersten Satz der *Hammerklavier-Sonate* im Metronom-Tempo zu spielen?

C. A. Ja. Aber das ist technisch sehr schwierig. Nahezu unmöglich.

J. H. Aber nicht ganz unmöglich?

C. A. Nein.

J. H. Wie steht es mit Czernys Metronomangaben für die Beethoven-Sonaten?

C. A. Die muß man berücksichtigen. Es sind die einzigen Angaben von jemandem, der tatsächlich bei Beethoven studiert hat und unter seinem Einfluß konzertierte. Aber allzu verläßlich sind sie auch nicht. Ich muß Ihnen auch sagen, daß einige der modernen Komponisten, mit denen ich arbeitete, selbst nicht wußten, welches Tempo sie eigentlich haben wollten.

J. H. Glauben Sie, daß es für ein bestimmtes Stück so etwas wie ein richtiges Tempo gibt?

C. A. Ja, aber mit einem gewissen Spielraum, der allerdings recht begrenzt ist.

J. H. Könnten Sie mir ein paar Werke nennen, die Ihrer Ansicht nach oft in falschem Tempo gespielt werden?

C. A. Der erste Satz der *Waldstein-Sonate* – dreimal zu schnell. Das d-Moll-Konzert von Brahms, erster und zweiter Satz.

J. H. Man sagt Ihnen eine Vorliebe für langsame Tempi nach.

Wie reagieren Sie, wenn andere behaupten, Ihre Tempi seien zu langsam?

C.A. Ach, da bin ich *schrecklich* eingebildet. Ich glaube, sie haben alle unrecht. Nur ich habe recht.

J.H. Sie bemängeln auch, daß die Tutti in Konzerten oft zu schnell gespielt werden.

C.A. Das ist eine Angewohnheit vieler Dirigenten – daß sie das Tempo des Solisten korrigieren. Sie fürchten, das Publikum könne sich langweilen. Ich habe das manche schon *sagen* hören – daß die Leute einschlafen.

J.H. Was wäre zum technisch bravourösen, brillant-virtuosen Spiel zu sagen? Kann das ein legitimes Mittel sein, das Publikum wachzuhalten?

C.A. Es war ein legitimes Mittel in einer bestimmten Periode des 19. Jahrhunderts, nämlich zu der Zeit, als der Pianist als Solist aufkam. Da gab es ja diesen Personenkult. Viele der Kompositionen, die damals vorgetragen wurden, zeichneten sich weder durch musikalischen Wert noch durch Schönheit besonders aus. Sie dienten nur dazu, Virtuosität zu demonstrieren. Das wurde damals akzeptiert.

J.H. Ist es bei bestimmten Musikstücken auch heute noch vertretbar, etwa beim *Mephisto-Walzer*?

C.A. Ich finde, beim *Mephisto-Walzer* hat jeder Ton einen so hohen Ausdruckswert, daß man nichts um bloßer Virtuosität willen tun sollte. Ich meine, die *Norma*-Fantasie und die Paraphrase über *I puritani* von Liszt, das sind Stücke, die dafür gemacht sind, daß der Pianist mit seinen Fähigkeiten brillieren kann. Das war damals gerechtfertigt. Heute ist das nicht mehr der Fall.

J.H. Waren Sie denn nie versucht, ein schnelleres Tempo oder eine ausgeprägtere Dynamik zu wählen, um mit Ihrer Fingertechnik zu brillieren?

C.A. Als ich in den Zwanzigern war, beklagten sich tatsächlich viele, daß ich zu schnell spielte. *Jahrelang* bekam ich das zu hören. Wahrscheinlich habe ich in vielen Fällen wirklich zu schnell gespielt, weil ich so in das Klavier verliebt war und in meine Finger. Vielleicht wollte ich auch ein bißchen mehr Applaus. Aber das habe ich schon sehr, sehr lange nicht mehr bewußt getan. In gewissem Sinne ist es mir gleichgültig geworden, ob ich einem

Publikum gefalle oder nicht. Zuviel ans Publikum zu denken, das ist eines der Dinge, an denen eine Interpretation scheitern kann.

J. H. Als letzten Punkt zum Thema Technik und Interpretation würde ich gerne diskutieren, wie sich Ihrer Meinung nach Ihr Klavierspiel im Laufe der Jahre gewandelt hat.

C. A. Wissen Sie, es gibt ja diese vielen Leute, die nur zu hören brauchen, wie alt ich bin, und sofort von Verklärung und Abgeklärtheit reden. Das ist absurd. Die Intensität des Ausdrucks in meinem Spiel ist meinem Gefühl nach heute viel stärker, viel konzentrierter als vor vielen Jahren. Aber das ist natürlich ein eingefleischtes Vorurteil: Wenn jemand alt wird, muß er ruhig und abgeklärt werden. Das Gegenteil ist richtig, man liebt das Leben viel mehr und auch seine Gefühle. Oder man glaubt, ein Künstler müsse müde und gleichgültig werden, wenn er alt wird. Das mag vielleicht für viele wirklich zutreffen, daß sie mit zunehmendem Alter schwächer werden. Aber wenn man sein Leben lang intensiv war, ist man es im Alter nur um so mehr.

J. H. Sie sagten vorhin, Sie seien wegen Ihres zu schnellen Spiels kritisiert worden. Haben Sie festgestellt, daß Sie bei bestimmten Werken inzwischen bewußt ein langsameres Tempo wählen?

C. A. Ich glaube, den zweiten Satz des d-Moll-Konzerts von Brahms, den spiele ich heute langsamer als früher.

J. H. Nach Ihren Schallplatten zu urteilen, ist dies sicher der Fall. Ihre erste Einspielung dieses Konzerts, unter Basil Cameron, ist schneller als die unter Giulini. Und diese ist immer noch schneller als die jüngste unter Bernard Haitink. Haben Sie sich in letzter Zeit einmal irgendwelche Ihrer älteren Aufnahmen angehört?

C. A. Nur eine, die von Chopins e-Moll-Konzert mit Klemperer. Ich hatte diese Aufnahme in so wunderbarer Erinnerung. Man könnte fast sagen, daß ich Klemperer überhaupt erst mit Chopin *bekannt machen* mußte. Er hatte nie etwas von ihm dirigiert. Er hatte nicht einmal irgend etwas von Chopin selbst gespielt. Man muß nämlich wissen, daß James Kwast sein Lehrer war, und Kwasts Schüler spielten nie Chopin. Ich weiß nicht, woran es lag, aber ich war von der Aufnahme ein bißchen enttäuscht. Ich hatte die Aufführung in der Erinnerung idealisiert.

J. H. Ist es manchmal vorgekommen, daß Sie neue Einsichten in ein Werk gewannen, das Sie schon seit vielen Jahren gespielt hatten?

C. A. Im Schlußsatz der c-Moll-Sonate von Schubert gibt es Passagen, die ich früher fast anmutig-elegant spielte. Jetzt empfinde ich dagegen sehr stark, daß der ganze Satz tief tragisch ist, sehr nahe dem Gedanken an den Tod. Schubert hatte die Gewißheit, daß er sterben würde, als er die Sonate komponierte – wenn er wirklich Syphilis hatte.

J. H. In welchen Passagen kommt für Ihr Empfinden die Todesahnung besonders stark zum Ausdruck?

C. A. In den absteigenden chromatischen Skalen – im letzten Satz und auch in der Durchführung des ersten Satzes. Diese Abschnitte müssen als etwas Skeletthaftes, Makabres vorgetragen werden – ohne jedes Fleisch. Wirklich als Werk des Todes. Das ist übrigens einzigartig in der ganzen Musik. Es ist authentisch. Es ist durchaus nicht weit hergeholt.

J. H. Ich weiß, daß Sie sich etwa um dieselbe Zeit wieder Schuberts B-Dur-Sonate zuwandten, weil Sie beide Werke einspielen wollten. Sind Sie auch bei dieser Sonate zu neuen Erkenntnissen gekommen?

C. A. Die Bedeutung des letzten Satzes, die ja so problematisch ist, wurde mir ganz klar. Ich weiß nicht, ob das auf der Platte richtig herauskommen wird, aber was ich jetzt am deutlichsten empfinde, ist die *Ambivalenz* des Themas. Erst kommt, erstaunlicherweise, das G, sforzato, wie ein Trompetenstoß. Dann vier Takte in c-Moll, von wachsender Angst erfüllt. Und dann unvermittelt dieses Gefühl der Resignation und die Rückkehr zu B-Dur – diese Todesnähe, als sei alles sinnlos geworden. Und das wiederholt sich immer und immer wieder. Die Modulationen erzeugen unerhörte Spannung innerhalb dieses einen Themas. Ich habe bis jetzt noch niemanden die Sonate in diesem Sinne spielen hören, aber ich bin zutiefst überzeugt.

J. H. Wie stehen Sie zur Reprise im ersten Satz, die ja die meisten Pianisten weglassen?

C. A. Sie *muß* gespielt werden. Weggelassen wird sie mit dem sattsam bekannten, lächerlichen Hinweis auf die Überlänge der Sonate. Das spricht nur gegen den Hörer, nicht gegen den Komponisten. Die Länge einer Komposition ist überhaupt kein zulässiges Kriterium. Schubert braucht diesen langen, langen Atem. Die Leute bringen nicht die nötige Geduld für ihn auf, weil ihre Konzentration nicht anhält. Wenn jemand beim Hören der B-Dur-Sonate auch nur an die Länge denkt, ist das schon ein Zeichen dafür, daß er nicht ernst genug, nicht aufgeschlossen genug zuhört.

J. H. Wie deuten Sie den ersten Schluß der Exposition in Schuberts B-Dur-Sonate?

C. A. Der erste Schluß ist wie eine Frage – die Frage, ob all diese Traurigkeit und Melancholie notwendig ist.

J. H. Ein Ausbruchsversuch.

C. A. Ja.

J. H. Und die Reprise selbst – welchen Sinn hat es, die Exposition hier noch einmal zu wiederholen?

C. A. Es ist ein Zurückfallen in dieses traurig-schöne Gefühl . . .

J. H. Ein verführerisches Winken des Todes wie im «Lindenbaum».

C. A. Ein Rufen, ein Rufen . . .

J. H. Was würden Sie sagen: wie hat sich Ihr Spiel in Abhängigkeit vom Alter geändert, in technischer, mechanischer Hinsicht?

C. A. Ganz plötzlich denkt man über bestimmte technische Probleme nicht mehr nach, und die Probleme verschwinden. Ich überlasse es sozusagen meinen Fingern, meinen Muskeln. Eine der *Transzendentalen Etüden* von Liszt beispielsweise, *Wilde Jagd,* bei der es sich wirklich um eines der schwierigsten Stücke der Klavierliteratur handelt – an dieser Etüde habe ich im Laufe meines Lebens oft gearbeitet, und es war mir nie gelungen, Liszts Metronomangabe einzuhalten. Als ich sie mir aber anläßlich einer bevorstehenden Schallplatten-Einspielung wieder vornahm, stellte ich plötzlich fest, daß ich sie ohne große Mühe im notierten Tempo spielen konnte. Ich will damit sagen, wenn etwas nicht geht, versuche ich nicht mehr, es zu erzwingen. Ich warte, bis es von selbst heranreift. Ich überlasse es meinem Unbewußten, die Probleme zu lösen, anstatt meine Willenskraft einzusetzen.

J. H. Sie glauben also nicht, daß an einem bestimmten Punkt ein unvermeidliches körperliches Nachlassen eintritt, so daß sich die Beweglichkeit der Hände verringert?

C. A. Nein, das glaube ich nicht. Und zwar, weil ich Pianisten wie Teresa Carreño gesehen habe, die nie so vital war wie wenige Monate vor ihrem Tod. Busoni ebenfalls. Ich erinnere mich noch an seine letzten Konzerte. Da war nichts von nachlassender Begeisterung oder Kraft zu spüren.

J. H.   Daß Sie sich Ihre technischen Fähigkeiten bis ins hohe Alter erhalten konnten, hängt offenbar damit zusammen, daß Sie so großen Wert auf entspanntes Spielen legen. Wir beide kennen Beispiele von Pianisten, die mit zu starker Muskelanspannung spielten und deren Karriere deshalb ein vorzeitiges Ende nahm.

C. A.   Bei Sängern ist es dasselbe. Wenn sie entspannt sind und die Töne einfach herauskommen lassen, behalten sie ihre Stimme bis ins hohe Alter. Die Muskeln besitzen ihre eigene Weisheit.

J. H.   Geschieht etwas Vergleichbares auch auf dem Gebiet der Interpretation? Stellen Sie fest, daß Sie sich mehr auf spontane Intuition verlassen und weniger auf das Experimentieren mit dem Tempo, der Dynamik, der Mehrstimmigkeit und so weiter?

C. A.   Ich habe nie etwas für solche Experimente übriggehabt – im Gegensatz zu vielen anderen Pianisten, die schon einmal einen Kollegen fragen: «Wie gefällt Ihnen das?», oder: «Meinen Sie, ich sollte es so spielen?» Für mich ist das unvorstellbar. Wenn ich im Zweifel bin, wie ich etwas spielen soll – ob hier ein Crescendo, dort ein Ritardando angebracht wäre –, warte ich einfach ab, wie es sich entwickelt. Wenn man an einem Stück arbeitet, sollten solche Dinge einfach reifen.

J. H.   Ich glaube, das ist ein wichtiger Punkt, sowohl allgemein als auch im Hinblick auf Ihr Spiel. Ich finde das nämlich immer wieder bestätigt, wenn ich Schallplatten vergleiche, die Sie von demselben Werk eingespielt haben. Beispielsweise habe ich die Chopin-Préludes, die Sie 1950–51 aufgenommen haben, mit Ihrer Einspielung aus dem Jahr 1973 verglichen. Ich stellte fest, daß praktisch jede Ausdrucks- und Klangschattierung sich auf 1950–51 zurückführen ließ, daß aber 1973 Ihr Vortrag durchgeistigter war und mehr Ausdruckstiefe besaß. Ich habe überhaupt den Eindruck, daß Sie nur sehr selten eine Idee sofort voll entwickelt vorstellen. Und das finde ich sehr bemerkenswert. Es gibt einen gewissen Typus von Künstler, wie etwa Glenn Gould (den ich bewundere; es liegt mir fern, ihn herabzusetzen), dessen Auffassung von Interpretation ironisch sein kann. Ein solcher Musiker sagt dann etwa: «Probieren wir diese Passage heute noch einmal in einem schnelleren Tempo und mit anderer Phrasierung und warten ab, was dabei herauskommt.» Und er glaubt, daß er durch Zufall ein paar interessante Ideen entdecken wird. Sie dagegen sind ein ganz anderer Künstlertyp. Es würde mich interessieren, ob Sie auch nur so weit gehen, bestimmte Passagen in verschiedenen Tempi zu spielen, wenn Sie ein Stück zu Hause studieren.

C. A. Nein, nein, das mache ich nie. Auch eine Wiederholung piano oder pianissimo zu spielen, nachdem man die Passage zuvor forte gespielt hat, das wäre auch so eine Manipulation.

J. H. Ich kann mir Sie auch nicht vorstellen, wie Sie sich ans Klavier setzen und jemandem eine Passage vorspielen, um ihm zu zeigen, wie es richtig ist.

C. A. Das tue ich auch nie. Selbst wenn ich unterrichte, spiele ich nie vor. Dann besteht die Gefahr der Imitation.

J. H. Ich vermute aber, daß dies nicht der einzige Grund ist, warum Sie Schülern nicht vorspielen. Klavierspielen ist eben keine Tätigkeit, der Sie sich leichten Herzens unterziehen.

C. A. Na ja, ich bin schon ein komischer Kauz.

J. H. Wissen Sie von irgendwelchen anderen Pianisten, die auch so eine Abneigung gegen beiläufiges Spielen haben?

C. A. Nein. Wenn die zusammenkommen, spielen sie einander vor. Sie stoßen sich regelrecht gegenseitig vom Klavierstuhl.

J. H. Ich habe gehört, daß Sie einmal in Südkalifornien vor einem Konzert einen neuen Flügel gezeigt bekamen, der erst kurz zuvor eingetroffen war. Die Leiterin der örtlichen Konzertdirektion wollte Sie dazu bringen, ihn auszuprobieren, weil sie sehr stolz auf das Instrument war. Und Sie weigerten sich. Als die Dame aber nicht locker ließ, spielten Sie zu guter Letzt *einen* Ton. Können Sie sich daran erinnern?

C. A. Ja, ja. Wissen Sie, manchmal bringe ich es einfach nicht über mich, einen Flügel auszuprobieren, selbst wenn es notwendig wäre. *Ich kann nicht einfach so Klavier spielen.*

J. H. Über Ihre Abneigung, einen Flügel vor einem Konzert auszuprobieren, haben wir schon gesprochen. Aber es ist doch sicher schon vorgekommen, daß Sie sich zu Steinway & Sons bemühen mußten, um ein Instrument auszuwählen.

C. A. Ja, und es war eine Tortur.

J. H. Waren da noch andere Leute dabei?

C. A. Vielleicht ein Stimmer und eine Sekretärin.

J.H. Fühlten Sie sich durch ihre Anwesenheit gestört?

C.A. Ja.

J.H. Und was spielten Sie in so einem Fall?

C.A. Ein paar Akkorde.

J.H. Also zwei oder drei?

C.A. Vielleicht auch vier. Wenn ich höre, daß Rubinstein nach seinen Konzerten oft auf Gesellschaften ging und dort noch ein bißchen weiterspielte, ist mir das unbegreiflich. Für mich ist alles wie ein öffentlicher Auftritt. Es klingt wahrscheinlich lächerlich, aber wenn bei einer Orchesterprobe der Dirigent zu mir sagt: «Spielen Sie einfach nur mezza voce, schonen Sie Ihre Kräfte» – das ist mir schlicht unmöglich. Dann höre ich ganz zu spielen auf.

J.H. Mit halber Tonstärke zu spielen, ließe sich nicht mit Ihrem Musikverständnis vereinbaren. Es wäre so etwas wie eine obszöne Handlung.

C.A. Ganz recht. Es wäre *Blasphemie*.

Liszt

Der erste, der allen überlieferten Berichten zufolge jemals einen Solo-Klavierabend gab, war Franz Liszt. Das war am 9. Juni 1840 in London. Zwar war es nicht das erste Mal, daß er ohne begleitende Künstler auftrat, aber sein Solokonzert in den Hanover Square Rooms gab Anlaß zur ersten Verwendung des Ausdrucks «recital» (Solovortrag) und gilt allgemein als Vorläufer des Klavierabends im heutigen Sinne. Liszt wurde damals bereits vergöttert wie noch kein Pianist vor ihm. Drei Jahre später gab er in Berlin innerhalb von zwei Monaten einundzwanzig Konzerte mit über achtzig Werken. Frauen weinten und fielen in Ohnmacht, eine behielt die Teeblätter aus seiner Tasse als Andenken, eine andere einen Zigarrenstummel, den sie fortan in ihrem Dekolleté trug. Der unpopuläre preußische König Friedrich Wilhelm IV. schenkte Liszt eine mit Diamanten besetzte Börse; Liszt warf sie voller Verachtung in die Kulissen. Er verließ die Stadt in einer Kutsche, die von sechs Schimmeln gezogen wurde und der dreißig Wagen und einundfünfzig Reiter folgten. Den Schluß des feierlichen Zuges bildeten Hunderte von Privatkutschen. Seine Bewunderer säumten in großer Zahl die Straßen.

Liszt war mehr als ein Pianist, er war die prometheische Verkörperung des romantischen Ideals vom Künstler als einsamem, nur sich selbst verantwortlichen Helden. Was er tat, tat er alleine, ohne Orchester, ohne einen Sänger oder Geiger, der dann neben ihm auf den Plakaten gestanden hätte. Sein Orchester war das Klavier, das erst vor kurzem durch Metallteile verstärkt worden war und sensibel auf jeden Impuls von Hand, Fuß und Gehirn ansprach. Als Stammvater aller Pianisten, die nach ihm kommen sollten, war er nicht nur der unerreichte Magier der Tasten, son-

dern auch, als Schüler des Beethoven-Adepten Carl Czerny, inspirierter Interpret der *Hammerklavier-Sonate* und anderer Meisterwerke der Klavierliteratur. Als begabter Selbstdarsteller verwandelte Liszt den Konzertsaal in ein Theater. Als musikalischer Bü-
ßer machte er eine Kirche daraus. «Wenn Liszt etwas Pathetisches
spielt, hört cs sich an, als hätte er schon alles durchgemacht, so
daß beim Zuhörer alte Wunden wieder aufbrechen», berichtete
seine amerikanische Schülerin Amy Fay. «Alles, was man durch-
litten hat, steht wieder vor einem.»

An seiner eigenen Musik ist der religiöse Ernst ebenso bemer-
kenswert wie der draufgängerische Elan. Unter dem gleichen
Zwiespalt litt auch der Mensch Franz Liszt. So wie man seine
Musik oft allzu voreilig als bombastisch und sentimental verur-
teilt, sieht man in ihm selbst allzu leicht nur den Casanova oder
Mephisto. Seine legendäre Technik hatte er sich unter großen
Mühen erworben. Er nutzte seinen Ruhm, um Wagner und Ber-
lioz zu fördern und Geld für die Opfer von Überschwemmungen,
für Musikschulen und andere wohltätige Zwecke zu sammeln.
Trotz seines wiederholten Abgleitens ins Gewöhnliche blieb sein
Charakter im Grunde unverdorben und gütig, was ihn hilflos
gegenüber herrischen Frauen machte und den Drang zur Religion
erklärt, der ihn schließlich dazu bewog, die vier niederen Weihen
zum katholischen Priesteramt anzunehmen.

Arraus Verhältnis zu Liszt geht auf sein Verhältnis zu Krause
zurück, der den Komponisten Liszt schätzte. Liszt nimmt in Arraus frühen Programmen und Einspielungen einen hervorragenden Platz ein. Arrau wurde in zwei aufeinanderfolgenden Jahren,
1919 und 1920, mit dem Liszt-Preis ausgezeichnet. Während bestimmte Werke, darunter *Les jeux d'eaux à la Villa d'Este* und der
Mephisto-Walzer, auch in seinem späteren Repertoire immer wieder auftauchen, wurden ihm nach und nach andere Komponisten
wichtiger. Im reiferen Alter kehrte Arrau dann zur h-Moll-Sonate
und zur *Dante-Sonate* zurück und stellte fest, daß Liszt ihn fesselte
wie nie zuvor.

Von Krause übernahm Arrau auch die beständige Verehrung
für Liszt als Pädagogen, Mäzen und Mann von Welt. Liszts Ironie
und Leichtlebigkeit fehlen Arrau völlig; doch mehr als Beethoven,
Busoni oder Krause ist es Liszt, dessen Heroismus, Eleganz,

Großzügigkeit und schlichte Würde als Vorbilder für Arraus Auftreten und Ideale dienen. Wenn er allein auf dem Podium am Klavier sitzt und dreitausend Menschen in Atem hält, wird Liszts Vermächtnis heraufbeschworen. In Rußland trugen ihn junge Musiker auf ihren Schultern aus dem Saal. In Mexico City mußte einmal die Polizei eingreifen, um die aufgebrachten Musikliebhaber zu zerstreuen, die keine Karten mehr bekommen hatten. In Buenos Aires, Caracas und Santiago konnte er manchmal nur unter Polizeischutz in sein Hotel zurückkehren. In Santiago wurde er einmal auf dem Bahnhof von einem riesigen Kinderchor empfangen, der die Nationalhymne sang. Der Umhang, den er nach Konzerten trägt, sein Schmuck aus der Alten Welt, seine riesigen Programme und sein kostenloser Unterricht, die Ehrentitel, die ihm in vier Ländern verliehen wurden, und die beiden nach ihm benannten Straßen in Chile, die anmutige Würde und aufrichtige Freude, mit der er solche Huldigungen entgegennimmt – dies alles sind Lisztsche Attribute. Die stimmungsvolle Ruhe seines Arbeitszimmers in Douglaston mit dem Flügel, den Kerzen und den schwarzen Ikonen beschwört nichts so sehr herauf wie die Musik Liszts.

Die besondere Empfänglichkeit für diese Musik, die man in Arraus Liszt-Aufführungen spürt, trat auch zutage, als ich ihn in dem nun folgenden Gespräch bat, die Sonate und die Ballade in h-Moll zu beschreiben. Wir gingen Seite für Seite die Noten durch, die wir auf einen Stuhl zwischen uns gestellt hatten. Arrau bewies unendliche Geduld. Wenn ihm die Worte fehlten, wartete er schweigend, die Augen blicklos oder geschlossen, bis die Musik zu wirken begann, wo die Sprache versagte. Dann atmete er mit sichtlicher Mühe tief und schwer ein, als wollte er die stummen Notenbilder in sich aufnehmen. Und schließlich berichtete er dann, wie Tristan nach einem seiner Fieberträume, über die Visionen, die er erblickt hatte.

J. H. Welche Rolle hat Liszt in Ihrer künstlerischen Entwicklung gespielt?

C. A. Durch Krause, der großen Wert darauf legte, daß seine Schüler möglichst früh Liszt spielten, hat mich seine Musik von emotionalen Hemmungen befreit. Ich weiß nicht, ob Krause dachte, ich sei innerlich blockiert. Aber Liszt brachte mich dazu, daß ich wirklich aus mir herausging. Es ging dabei nicht nur darum, zu lernen, die Gefühle auch *mitzuteilen*.

J. H. Dieser Gedanke der Mitteilung von Gefühlen hat etwas mit dem Theater zu tun, nicht wahr? Mit Schauspielkunst. Im Gegensatz zu Mozart oder Beethoven führt Liszt ein erfreuliches Moment der Übertreibung in die Musik ein.

C. A. Erfreulich in einem bestimmten Augenblick. Wenn heute in Deutschland Schiller gespielt wird, bedaure ich immer, daß die Schauspieler sich offenbar des Pathos schämen. Sie halten es für altmodisch. Aber man kann Schiller oder Liszt nicht zurückhaltend spielen. Dann werden sie unerträglich. Schillers Dramen und Liszts Musik müssen *aufgebaut* werden.

J. H. Das ist einer der Gründe, weshalb Liszt jahrzehntelang so geringgeschätzt wurde. Man schaute sich die Noten an und sah nichts. Selbst ein so großartiges Stück wie *Vallée d'Obermann* kann den Anschein erwecken, als bestünde es nur aus Tremolos und einfachen Akkordstrukturen.

C. A. Das ist kein gutes Beispiel, weil gerade dieses eine Stück so schön ist, daß es auch ohne inspirierte Interpretation wirkt.

J. H. Was wäre denn ein besseres Beispiel?

C. A. *Mazeppa* muß aufgebaut werden. *Harmonies du soir* muß aufgebaut werden. Weil diese Stücke an Kitsch grenzen. Die Arpeggien beispielsweise können sehr leicht trivial wirken.

J. H. Ein großes Problem bei Liszt sind ja auch die Tremolos.

C. A. Oh, sie sind sehr gefährlich. Eines Tages, nachdem ich *Les jeux d'eaux à la Villa d'Este* gespielt hatte, fragte mich eine Dame: «Warum spielen Sie denn dieses *scheußliche* Stück, bei dem man immer meint, daß das Telefon klingelt?» Und ich war in Ekstase gewesen! Tremolos können eine mystische Qualität haben. Aber es kommt darauf an, wie sie ausgeführt werden. Spielt man sie ein bißchen zu schnell oder zu laut oder ein bißchen zu deutlich, werden sie vulgär.

J. H. Das eindrucksvollste Tremolo, das ich je gehört habe, spielten Sie, und zwar auf dem Höhepunkt der h-Moll-Sonate. Ich meine das große Tremolo in der rechten Hand auf der vorletzten Seite. Dieses Tremolo hat mich immer gestört, bis ich es von Ihnen hörte. Anstatt es mechanisch herunterzuspulen, steigerten

Sie sich allmählich und wurden gegen Ende langsamer, so daß die einzelnen Töne immer deutlicher wurden, während sie ihre größte Lautstärke erreichten.

C. A.   Alles muß mitwirken an der Bedeutung des Augenblicks, nicht wahr? In der *Dante-Sonate* gibt es zwei Stellen, die als Beispiele für mystische Tremolos einfach ungeheuer sind.

J. H.   Wie ist es mit den wiederholten Akkorden auf dem Höhepunkt der *Vallée d'Obermann?* Ist das eine gefährliche Stelle?

C. A.   Ja, wenn man tatatata spielt, also jeden Akkord für sich. Die Akkorde müssen *beben*. Man muß dicht an den Tasten bleiben, sie nicht ganz hochkommen lassen.

J. H.   Um auf meine Frage nach Liszts Rolle in Ihrer künstlerischen Entwicklung zurückzukommen: Ich habe den Eindruck, daß es eine Zeit gab, in der Sie sich ihm entfremdeten.

C. A.   Nun, das hatte auch äußere Gründe. Man hatte mir geraten, nicht so viel Liszt zu spielen, bis ich mich hier durchgesetzt hätte. Ich konzentrierte mich auf Beethoven, Brahms und Schumann.

J. H.   Wann kehrten Sie zu Liszt zurück?

C. A.   Vor etwa zehn, fünfzehn Jahren.

J. H.   In der Zeit, als Sie nicht sehr viel Liszt spielten – und als er, nebenbei gesagt, allgemein nicht sehr viel gespielt wurde –, kam er Ihnen da allmählich weniger wichtig vor?

C. A.   Eigentlich nicht. Ich habe Liszt immer sehr geliebt, ich *brauchte* ihn. Ich sehnte mich danach, ihn wieder zu spielen.

J. H.   Wie war das, die Rückkehr zu Liszt? Haben sich manche Stücke für Sie verändert?

C. A.   Ja, völlig. Beginnen wir mit der *Dante-Sonate*. Die habe ich vielleicht als Kind zu oft gespielt. Deshalb war sie für mich so eine Art Oktavenetüde. Und jetzt habe ich ihre Tiefgründigkeit entdeckt. Sie ist jetzt ein völlig neues Stück für mich.

J. H.   Den *Mephisto-Walzer* spielen Sie gar nicht mehr.

C. A.   Den habe ich einmal bei einem Wettbewerb in Paris ungefähr sechzigmal gehört, und zwar durchweg miserabel gespielt. Seitdem will ich nichts mehr davon sehen oder hören.

J. H.   Und wie steht es mit den *Funérailles?*

C. A.   Die habe ich immer geliebt. Aber auch dieses Stück wird oft grauenhaft verhunzt. Es wird ebenfalls eine Oktavenetüde daraus.

J. H.   Und die h-Moll-Sonate? Die haben Sie 1970 eingespielt.

C. A. Ich glaube, das war eines der ersten Male, daß ich diese Sonate spielte, nachdem ich sie mindestens zwanzig Jahre lang nicht gespielt hatte.

J. H. Wie kam es, daß Sie nach so langer Zeit zu dieser Komposition zurückfanden?

C. A. Sie war mir immer gegenwärtig gewesen. Die Liebe zu dieser Sonate hatte nie nachgelassen. Auch in diesem Fall bin ich einem guten Rat gefolgt. Friede [Rothe] meinte, da ich mich inzwischen als bedeutender klassischer Interpret durchgesetzt hätte, sei es an der Zeit, auch meine anderen Seiten zu zeigen.

J. H. War es wie eine beglückende Heimkehr?

C. A. Ja, eine Heimkehr. Ich genoß jede einzelne Note. Ich brauchte eine gewisse Zeit. Ich weiß noch, daß die erste öffentliche Aufführung nicht besonders gut war. Aber es wurde dann mit jeder Aufführung besser. Ich glaube, beim fünften Mal in Wien habe ich das Stück wieder ganz im Griff gehabt.

J. H. Wann hatten Sie die Liszt-Sonate zum erstenmal einstudiert?

C. A. Ich war wohl siebzehn oder achtzehn, als ich sie zum erstenmal in der Öffentlichkeit spielte.

J. H. Diese Komposition ist so bedeutend – und Ihnen so wichtig –, daß ich gerne etwas ausführlicher darüber sprechen möchte. Würden Sie sie als Liszts größtes Klavierwerk bezeichnen?

C. A. O ja, unbedingt.

J. H. Was ist das Besondere, Einmalige daran?

C. A. Der meisterliche Aufbau. Damals war eine so freie Form bei einer Sonate völlig unbekannt.

J. H. Inwieweit legen Sie Ihrer Interpretation ein faustisches Szenarium zugrunde? Denken Sie dabei an Faust, Gretchen und Mephistopheles?

C. A. Ja, unbedingt. Diese Deutung galt unter Liszts Schülern als selbstverständlich.

J. H. Ich spüre die Gegenwart der Faustlegende in der Intensität und visionären Ausdruckskraft, mit der Sie diese Komposition spielen. Sie sehen darin offenbar eine tiefere Bedeutung, mit der Sie sich identifizieren. Inwieweit ordnen Sie bestimmte Passagen den verschiedenen Figuren zu? Beispielsweise das Anfangsthema in Oktaven.

C. A. Das ist eindeutig Mephisto. Auch dies

ist ein Aspekt Mephistos. Und dies

ist wie eine Höllenvision – ein schier unglaubliches Wehklagen.
J. H. Und die große Passage in Doppeloktaven?

C. A. Das ist der *scheinbare* Triumph von Mephisto. Und dies ist natürlich die Majestät des Allmächtigen:

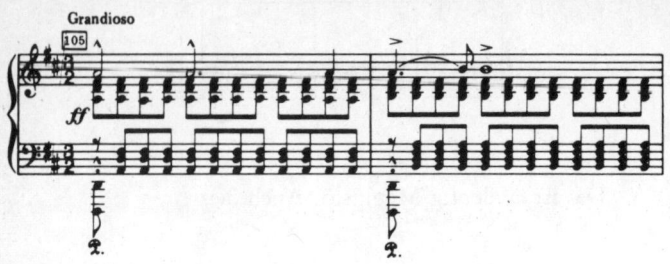

Und dann tritt aus dem Mephisto-Thema Gretchen hervor, mit derselben melodischen Linie, aber einem ganz anderen Charakter – es ist gewissermaßen ein Flehen, verschont oder gerettet zu werden.

J. H. Sehen Sie darin den Beginn einer Konfrontation zwischen Gretchen und Mephisto?
C. A. Ja. Und bei den verminderten Septakkorden

habe ich immer das Gefühl, daß Mephisto hier Faust und Gretchen höhnisch nachäfft. Auf der nächsten Seite tritt dann plötzlich der leidenschaftliche, sinnliche Aspekt von Faust und Gretchen hervor.

Und hier zeigt sich Faust zum erstenmal von seiner männlichen Seite:

J. H. Dann (Takt 286) nimmt Liszt die Oktaven der allerersten Takte der Sonate wieder auf. Haben sie hier dieselbe Bedeutung wie zuvor?

C. A. Das ist wiederum Mephistos Triumph.

J. H. Als nächstes kommt eine Seite Konfrontation.

C. A. Das Wichtigste ist hier das Staccatissimo.

Das wird nie richtig ausgeführt – daß die Akkorde voneinander abgesetzt werden. Warum, weiß ich nicht. Das ist nicht der Allmächtige, sondern Mephistopheles. Der Quartsextakkord, der immer Spannung erzeugt, klingt hier ironisch. Dagegen sind die Akkorde gleich darauf, in der Grundstellung, drohend.

J. H. Was geschieht dazwischen, in dem Rezitativ?

C. A. Das sind die beiden Menschen, die darum bitten, verstanden und verschont zu werden.

J. H. Wie unterscheidet sich dieses zweite Rezitativ (Takt 306) vom ersten (301)?

C. A. Aus ihm spricht größere Verzweiflung. Sehen Sie, Mephistopheles verliert hier an Boden. Zuerst sind die Staccatissimo-Akkorde zynisch, sarkastisch. Beim zweiten Mal, mit den Akkorden in der Grundstellung, zieht er sich ein bißchen zurück. Und von da an wird er immer schwächer, aufgrund des inständigen Flehens. Auf der nächsten Seite darf die Intensität des Bittens nicht abnehmen, trotz des Diminuendos. Die letzten beiden Akkorde vor dem zweiten Satz klingen wie ein Schluchzen. Und die Länge der Fermate (Takt 330) ist sehr wichtig. Im zweiten Satz verherrlichen Gretchen und Faust dann die Liebe. Das muß wirklich ekstatisch gespielt werden.

J. H. Was bedeutet in diesem Satz die Wiederkehr des Themas, das ursprünglich den Allmächtigen kennzeichnete (Takt 363)?

C. A. Man könnte sagen, daß der Allmächtige trotz allem diese beiden Menschen annimmt. So als könnte er durch schieres menschliches Leid milde gestimmt werden.

J. H. Am Ende dieses Satzes findet sich eine bemerkenswerte Stelle mit leisen Skalen in der rechten Hand.

C. A. Das wird immer zu schnell gespielt. Dann verliert die Stelle alles Geheimnisvolle. Mich fröstelt es immer, wenn ich sie

spiele. In der großen Fuge, die als nächstes kommt (Takt 460), ist Mephisto wieder da und schüttet sich aus vor Lachen. Dann kommt die Reprise und schließlich auf den letzten Seiten der Sieg.

J. H. Was wäre zur allerletzten Seite zu sagen, nach dem letzten Höhepunkt?

C. A. Dort darf das Mephisto-Thema in der linken Hand nicht bedeutungslos werden.

Ich wende hier kleine rhythmische Verzerrungen an, auch noch beim letzten Takt, pianissimo. Und dann kommt das abschließende mephistophelische Thema, aber diesmal mit einem dis anstelle des d.

Es ist unglaublich, wie all die *Niedertracht* Mephistos verwandelt wird. Durch *eine* Note.

J.H. Wie deuten Sie den allerletzten Ton der Komposition, das tiefe h, das Sie so unvermutet spielen?

C.A. Dadurch wird die ganze Vision ausgelöscht.

J.H. Es ist wie das Erwachen aus einem Traum?

C.A. Genau.

J.H. Inwieweit stellen Sie sich die Figuren und Ereignisse vor, über die wir gesprochen haben, wenn Sie das Stück spielen? Sehen Sie wirklich Gretchen vor sich?

C.A. Eher Gretchens Gefühlswelt. Die Figuren sind sehr gegenwärtig, aber als musikalische Gefühle. Es kommt mir nie darauf an, konkrete Bilder heraufzubeschwören.

J.H. Und wie fühlen Sie sich hinterher?

C.A. Nun, eine Zeitlang schwebe ich noch in den Wolken. Und ich habe festgestellt, daß dann mit mir nichts anzufangen ist, wenn ich in Gesellschaft bin. Ich bin dann ganz benommen und rede, wenn überhaupt, nur dummes Zeug.

J.H. Darüber sprachen wir schon – das Ausbleiben der Worte, wenn das Gefühl übermächtig wird. Bleiben Sie sich des Publikums bewußt, während Sie spielen?

C.A. Nein, nein, nein. Ganz am Anfang, ja. Aber später, wenn ich da unterbrochen würde, wüßte ich nicht mehr, wo ich bin.

J.H. Wie hat sich Ihre Auffassung der Liszt-Sonate im Laufe der Zeit gewandelt?

C.A. Ich würde sagen, meine Bewunderung hat zugenommen. Vor allem, als ich das Faksimile sah. Wenn man sieht, wie Liszt Passagen gestrichen hat, die ihm banal erschienen, dann wird einem klar, welch ein Meister des Aufbaus er war. Der ursprüngliche Schluß, im Faksimile, ist nichts als leeres Getöse. Reine Effekthascherei.

J.H. Es gibt noch eine Komposition von Liszt, die ich gerne mit Ihnen besprechen würde – die Ballade h-Moll. Ich weiß, daß Ihrer Meinung nach die Geschichte von Hero und Leander dieser Komposition zugrunde liegt. Diese Deutung ist vielen nicht bekannt.

C.A. In Liszts Kreis war sie durchaus geläufig. Soviel ich mich erinnern kann, folgt die Musik recht genau dem Mythos. Leander durchschwamm jeden Abend den Hellespont, um Hero zu besuchen, und am Morgen schwamm er zurück. In Liszts Musik kann man tatsächlich hören, wie es für Leander von Mal zu Mal schwieriger wird. In der vierten Nacht ertrinkt er. Die letzten Seiten sind dann eine Verklärung.

J.H. Die ersten beiden Seiten mit den auf- und absteigenden chromatischen Läufen in der linken Hand – da durchschwimmt also Leander zum erstenmal den Hellespont?

C.A. Dieses erste Mal geschieht eigentlich noch nichts. Das Meer ist nicht stürmisch – noch nicht. Dann kommt Heros Thema.

Die Musik für die zweite Nacht (Takt 36) muß stürmischer gespielt werden, und das Thema in der rechten Hand sollte drohender sein. In der dritten Nacht (Takt 70) kommt ein furchtbarer Sturm auf. Dies hier sind natürlich hohe Wellen; sie dürfen nicht wie ein Übungsstück für gebrochene Oktaven klingen:

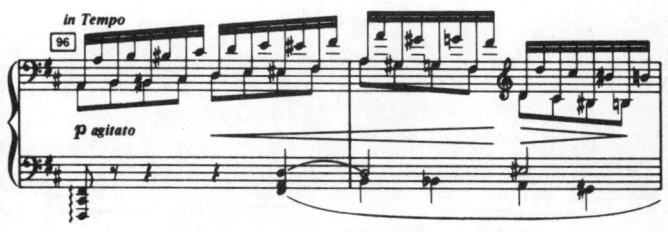

Leander erreicht aber trotzdem das andere Ufer – abgekämpft und nach Luft ringend. Es heißt, Wagner hätte hier

sein Liebesmotiv für *Tristan* entlehnt.

Wie auch immer, Hero tröstet Leander, liebkost ihn, und erkennt, wie nahe daran sie war, ihn zu verlieren. Dann kommt die vierte Nacht und der heftigste Sturm (Takt 162). Das ist der letzte Kampf:

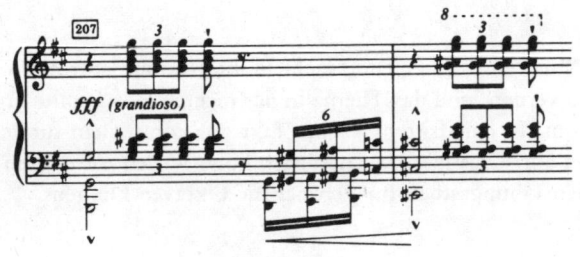

Leander ist völlig verzweifelt. Und hier ertrinkt er:

In diesem Appassionato-Abschnitt

drückt das Liebesthema auch Heros Besorgnis aus, ihre Trauer –
wahrscheinlich ahnt sie, daß Leander tot ist. Später hört man dann
Totenglocken.

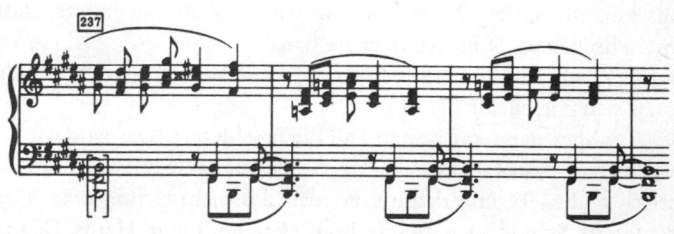

Hier muß Heros Thema ganz anders gespielt werden – körperlos.
Jetzt begreift sie vielleicht bewußt, was geschehen ist. Und dann
kommt die Verklärung.

Das muß wirklich sinnlich gespielt werden. Aber auch das Element der Erinnerung muß präsent sein.

J. H. Das ist wiederum eine von Liszts thematischen Umwandlungen, für mein Gefühl nicht weniger dramatisch als die Umwandlungen in der Sonate. Wie würden Sie dieses Thema charakterisieren, dort wo es zum erstenmal vorkommt, in den ersten Takten der Komposition?

C. A. Der Kampf mit dem Wasser muß spürbar werden. Hier dagegen, in der Verklärung, ist es wie eine Vision.

J. H. Am Schluß ist da noch ein Textproblem. Es stehen zwei Versionen des Höhepunkts zur Wahl, eine mit Akkorden, die andere mit Läufen. Sie bevorzugen die Läufe (Takt 292).

C. A. Ja. Einmal drücken die Läufe die Vorstellung von Wasser aus. Die Akkorde sind zu triumphal. Und außerdem leiten die Läufe besser zum abschließenden Höhepunkt über. Interpretatorisch sind die Läufe wirklich problematisch, wenn man sie nicht bis zur allerletzten Note mit Ausdruck spielt. Sie müssen fast melodisch sein. Sonst klingen sie banal.

J. H. Zum Schluß stellt sich noch die Frage, für welche Koda man sich entscheiden soll.

C. A. Aber nein, auf keinen Fall die erste Koda. Das ist dasselbe wie bei der Sonate. Liszt ließ das Stück zuerst ungeheuer bombastisch enden. Dann erkannte er, daß das nicht richtig war. Der revidierte Schluß ist wunderschön. Hier muß man Heros Thema (Takt 105) auf ganz andere Art spielen – als Konfrontation mit dem Tod. Sie gibt den Kampf auf und sagt Leander Lebewohl.

J. H. Viele machen sich ja nichts aus diesem Werk. Sie finden es melodramatisch.

C. A. Das ist es nicht. Ich halte es für eines von Liszts Meisterwerken. Es gibt da ja dieses leidige Problem mit der Programm-Musik. Manche glauben, es sei für einen Musiker schädlich, an etwas anderes zu denken als die Noten. Ich stimme dem zu, soweit es die endgültige Aufführung eines Werks betrifft. Aber ich habe festgestellt, daß für einen Schüler, der beim Unterricht keinen Zugang zu einem Werk findet, die einzige Möglichkeit oft darin besteht, sich ein Programm vorzustellen. Zumindest solange er das Werk einstudiert.

J. H. Wir haben noch gar nicht über den Film gesprochen, den Sie gemacht haben. Es ist kaum bekannt, daß Sie die Titelrolle in einem Film über Liszt gespielt haben.

C. A. Die mexikanischen Filme waren damals recht primitiv. Ich war ja ein Laienschauspieler. Ich habe nie den ganzen Film gesehen – nur Ausschnitte. Einige der Liebesszenen fand ich sogar ganz gut. Da konnte man als Laienschauspieler noch am ehesten etwas Vernünftiges zustande bringen. Am schlimmsten waren die Szenen, in denen ich wütend sein mußte. Das fiel mir sehr schwer.

J. H. Es soll in dem Film eine Szene gegeben haben, die Sie zu Tränen rührte.

C. A. O ja. Liszt sitzt da als alter Mann im Zug und denkt zurück. Ein schönes junges Mädchen sitzt ihm gegenüber, und es lacht über ihn. Ich war sehr gerührt und mußte weinen.

J. H. Sie hegen große Bewunderung für den Menschen Liszt.

C. A. Er war ein wunderbarer Mensch, der seine Zeitgenossen verstand und ihre Bedeutung richtig einschätzte. Keiner hat so viel für andere Komponisten getan wie er.

J. H. Manche sehen in ihm einen Schauspieler, einen Poseur.

C. A. Natürlich war er eitel. Aber dagegen ist nichts zu sagen. Vielleicht hatte er auch wirklich etwas von einem Schauspieler, vor allem im Umgang mit Frauen. Aber was für ein gütiger, edler Mensch er war! Was die Gräfin d'Agoult gegen Liszt sagte und schrieb, beruhte zum größten Teil auf Einbildung.

J. H. Haben Sie Cosimas Tagebücher gelesen?

C. A. Ich finde diese Frau unmöglich. Es ist eine Schande, wie sie sich ihrem Vater gegenüber verhielt. Manchmal *empfing* sie ihn nicht mal in Wahnfried. Sie selbst, nicht etwa Wagner. Siegfried Wagners Tochter Friedelind – eine wunderbare Frau; wir waren befreundet – wurde einmal wütend, weil ich es wagte, ihren Urgroßvater als Komponisten zu loben. Das entsprach dem Urteil der ganzen Wagner-Familie über Liszt als Komponisten. Für Wagner selbst gilt das nicht. Er liebte die Sonate. Aber für die Familie gab es nur *einen* Komponisten. Selbst Beethoven war gewissermaßen nur eine Überleitung zu Wagner.

J. H. Wie hoch schätzen Sie Liszts Werk ein?

C. A. Das Problem bei Liszt ist, daß er so viele Gelegenheitswerke komponiert hat, eine Menge unbedeutender Musik, die nie hätte gedruckt werden dürfen.

J. H. Aber auch die bedeutenden Werke wurden und werden oft abfällig beurteilt.

C. A. Daran sind die Interpreten schuld. Weil sie Liszt dazu benutzen, ihre Virtuosität zur Schau zu stellen. Und bei Liszt findet sich nun einmal mehr, womit man seine Fingerfertigkeit demonstrieren kann, als etwa bei Chopin oder Schumann.

J. H. Sie spielen Liszt seit mehr als einem halben Jahrhundert. Könnten Sie aus Ihrer Erfahrung heraus einmal die Höhen und Tiefen von Liszts Nachruhm schildern?

C. A. Deutschland hat sich hartnäckiger gesträubt als andere Länder. Und man sträubt sich dort *immer noch,* ihn als großen Komponisten anzuerkennen. Wenn in Deutschland von der «Liszt-Renaissance» die Rede ist, dann immer so, als fände sie nur in anderen Ländern statt. Das macht mich rasend. Aber auch in Österreich und Italien sowie in den Ländern, in denen Spanisch und Portugiesisch gesprochen wird, gibt es Widerstände gegen Liszt. Wunderbar ist dagegen, wie hoch Liszt neuerdings in Frankreich geschätzt wird. Möglicherweise hat dort so etwas wie eine frühe Liszt-Renaissance stattgefunden, weil Debussy und Ravel *Les Jeux d'eaux à la Villa d'Este* bewunderten. In England und den Vereinigten Staaten ist die Liszt-Renaissance wohl schon seit über zwanzig Jahren im Gange.

J. H. Als ich neulich Ihre Kritiken aus der *New York Times* durchging, stieß ich auch auf eine aus den vierziger Jahren, in der *Les Jeux d'eaux à la Villa d'Este* ein «sublimiertes Salonstück» genannt werden.

C. A. Da sehen Sie, wie Kritiker und Musiker immer von ihm sprachen.

J. H. Aber nun hat er es ja geschafft.

C. A. Ich würde Liszt vielleicht nicht auf eine Stufe mit Bach, Mozart, Beethoven oder Schubert stellen. Aber sicherlich auf die gleiche wie Weber, Chopin, Schumann und Brahms.

Brahms, Chopin, Beethoven

Neben Liszt sind wohl Beethoven, Brahms, Chopin und Schumann die Komponisten, mit denen man Arrau am häufigsten in Verbindung bringt. Ihre Musik ist einer Analyse durch Fabel und Metapher weniger zugänglich als die Liszts. Eine Beethoven-Sonate oder eine Ballade von Chopin ebenso ausführlich erörtern zu wollen, wie es mit der Sonate und der Ballade h-Moll von Liszt geschehen ist, hätte bedeutet, den Rahmen dieses Buches durch ein Übermaß an technischen Details zu sprengen. Es war ursprünglich meine Absicht gewesen, Beethoven, Brahms, Chopin und Schumann etwas weniger gründlich zu diskutieren als Liszt und die vier Gespräche in einem Kapitel zusammenzufassen. Es ergab sich dann aber, daß Beethovens viertes Klavierkonzert Arrau doch zu einer «Geschichte» anregte. Im Gespräch über Brahms und Chopin hob er bestimmte interpretatorische Leitlinien hervor und nannte spezielle Anwendungen. Schumann erwies sich, aus welchem Grund auch immer, als unergiebiges Gesprächsthema – Arrau machte zu ihm nur vereinzelte Anmerkungen; eine davon habe ich in die Besprechung seiner Schumann-Einspielungen am Schluß des Buches aufgenommen.

Arrau fand erst relativ spät zu Brahms. Martin Krause war der Ansicht gewesen, Brahms' dichte Klavierstrukturen eigneten sich nicht zur Entwicklung der Fingertechnik. Die einzigen Kompositionen von Brahms, die Arrau seiner Erinnerung zufolge bei Martin Krause einstudierte, waren die *Paganini-Variationen* und die *51 Übungen für Klavier*. Die Brahms-Werke, die er am öftesten aufgeführt hat, sind die Sonaten fis-Moll und f-Moll, die *Händel-Variationen* und die beiden Klavierkonzerte. Die späteren Klavierkompositionen (op. 76, 79, 116, 117, 118, 119) hat er mehr oder minder unbeachtet gelassen. Krause hielt nicht viel von ihnen, und Arrau meint, sie erfreuten sich in Deutschland überhaupt keiner besonderen Wertschätzung. In jüngster Zeit hat er jedoch entdeckt, daß sie leidenschaftlicher sind, als er vermutete, und denkt nun daran, einige davon in sein Repertoire aufzunehmen.

Chopin ist nach Arraus Ansicht ein Komponist, den Krause – damals allerdings im Gegensatz zu seinen Landsleuten – schätzte. Abgesehen von den kammermusikalischen Kompositionen und der kaum bekannten ersten Sonate hat er, so erinnert er sich, fast das gesamte Werk Chopins aufgeführt, und zwar – zusätzlich zu den vielen Kompositionen, die er auf Schallplatte eingespielt hat – einschließlich aller Mazurkas und Polonaisen.

Seit den fünfziger Jahren hat Arrau Beethoven öfter gespielt als jeden anderen Komponisten. Mit über 80 Beethoven-Einträgen spiegelt sich dieser Schwerpunkt auch in seiner Diskographie wider. Auch hat er bei C. F. Peters die Beethoven-Sonaten in zwei Bänden herausgegeben.

J. H. Die Brahms-Kompositionen, die Sie vorwiegend spielen, vor allem die Klaviersonaten fis-Moll und f-Moll sowie das Klavierkonzert d-Moll, sind nicht nur Jugendwerke im buchstäblichen Sinne – Brahms schrieb sie, als er noch nicht zwanzig oder in den Zwanzigern war –, sondern gelten auch ihrem Gehalt, ihrem Geist nach als jugendlich. Mir scheint jedoch, daß alle drei Werke auf zweierlei Art interpretiert werden können. Sie legen das d-Moll-Konzert breit an und drücken dadurch Reife und Erfahrung aus. Viele Pianisten spielen es schneller als Sie und mit einer anderen Art von Leidenschaft – zorniger, direkter.

C. A. Es ist ein Fehler, *Schnelligkeit* mit *Leidenschaft* gleichzusetzen. Bei Musik, die langsam gespielt werden muß, ist Schnelligkeit das Gegenteil von Leidenschaft. Die Spannung geht völlig verloren. Ich bin nicht der Meinung, daß beim d-Moll-Konzert zwei verschiedene Interpretationsweisen möglich sind. Der erste Satz steht im Sechsvierteltakt. Und er ist nicht einmal Allegro, sondern Maestoso überschrieben. Wo bleibt das Majestätische, wenn man ihn zu schnell spielt? Brahms gelangte früh zu einer Reife, zumal in diesem Konzert. Und wie der zweite Satz oft gespielt wird! Die Dirigenten nehmen den Anfang meist zu schnell, weil sie nur eine Note je Schlagzeit haben.

J. H.   Was ist die Stimmung dieses zweiten Satzes?

C. A.   Vor allem drückt sich darin die Tragik von Schumanns Wahnsinn und Tod aus. Außerdem entwirft er ein Bild von Clara in ihrem Kummer. Und obendrein schrieb Brahms auch noch auf eine der Kopien der Partitur das Motto «*Benedictus qui venit in nomine Domini*». Dies alles, und dann wird dieser Satz metronomisch gespielt! Der letzte Satz mit seiner Vitalität – da sind verschiedene Interpretationen denkbar. Aber bei den ersten Sätzen ist das ausgeschlossen. Das ist ein schwerwiegendes Mißverständnis.

J. H.   Könnten wir über die Kadenz des zweiten Satzes sprechen? Für mich ist das einer der Höhepunkte Ihrer Interpretation.

C. A.   Die Triller drücken so etwas wie religiöse Verzückung aus. Ich muß die Dirigenten immer bitten – buchstäblich auf Knien *bitten* –, nach der Kadenz nicht schneller zu werden. Das Ende des Satzes sollte im Gegenteil noch langsamer gespielt werden. Es ist wie ein Abschied von Schumann, ein Rückblick. Der letzte Satz ist nicht so problematisch. Er ist ein Bekenntnis zum Leben. Das sind die Gefühle, die ein junger Mensch nach solch einer Tragödie haben sollte.

J. H.   Möchten Sie etwas über den Kopfsatz sagen?

C. A.   Er ist monumental. Er ist kolossal. Derlei hatte es vorher noch nie in der Musik gegeben. Schon im zweiten Takt geht Brahms von d-Moll nach B-Dur – das allein muß das damalige Publikum schockiert haben. Das Konzert war ja bei seiner ersten Aufführung durch Brahms ein katastrophaler Mißerfolg. Er hatte vier Jahre gebraucht, um es fertigzustellen. Und es verging – ich weiß nicht – ein halbes Jahrhundert, bis es wirklich populär wurde.

J. H.   Brahms hat drei Klaviersonaten komponiert. Zwei davon bringt man mit Ihnen in Verbindung – die in f-Moll und die in fis-Moll. Haben Sie jemals die C-Dur-Sonate gespielt?

C. A.   Nein. Ich finde sie schwach. Der langsame Satz ist allerdings sehr schön.

J. H.   Sie sind also der Meinung, die fis-Moll-Sonate sei das stärkere Werk – obwohl sie früher entstand?

C. A.   Ja. Der Anfang der fis-Moll-Sonate ist so *unglaublich*, eine solche Herausforderung an die Welt. Das allein müßte schon den Wunsch wecken, sie zu spielen, vor allem bei jungen Leuten. Der ganze erste Satz ist wirklich prachtvoll.

J.H. Ist die Koda technisch oder von der Interpretation her schwierig? Brahms schreibt ja vor, daß die ganze letzte Seite fortissimo zu spielen ist.

C.A. Es ist fast unmöglich, sie so zu spielen, wie sie notiert ist – die großen Sprünge fortissimo auszuführen. Tatsächlich machen es sich alle Pianisten *ohne Ausnahme* leichter, indem sie die Noten anders auf die beiden Hände verteilen. Hier zum Beispiel spielen sie die tiefsten Töne für die rechte Hand – fis, cis, a, fis – mit der linken:

So ist es natürlich ganz leicht. Ich wiederhole: Solche Vereinfachungen sind abzulehnen. Technische Schwierigkeiten haben als solche einen Ausdruckswert. Wenn etwas leicht klingt, bekommt es eine ganz andere Bedeutung. Eine andere Stelle in derselben Sonate, die fast nie so gespielt wird, wie sie notiert ist, ist die letzte Seite des Scherzos – die tiefsten Töne in den Tremolos für die rechte Hand werden einfach weggelassen.

J.H. Das ist ja eine Sonate, die nicht sehr viel gespielt wird.

C.A. Ich glaube, das liegt daran, daß der Schluß so merkwürdig ist. Er löst jedenfalls keine Beifallsstürme aus. Er muß ekstatisch sein, aber pianissimo, bis auf die letzten drei Akkorde. Den Läufen und Trillern der letzten Seite etwas Mystisches, Ekstatisches zu verleihen, ist sehr schwierig. Ich meine, von der Komposition her ist das nicht unbedingt spontan.

J. H. Wäre Ihnen ein anderer Schluß lieber?

C. A. Nun, ja gewiß. Etwas, das besser zu dem unmittelbar vorausgehenden Höhepunkt passen würde.

J. H. Würden Sie nicht sagen, daß der ganze letzte Satz der fis-Moll-Sonate problematisch ist?

C. A. Eigentlich weniger problematisch als das Finale der f-Moll-Sonate.

J. H. Aber die f-Moll-Sonate hat einen denkwürdigeren langsamen Satz. Könnten wir vielleicht darüber ein bißchen reden? Das ist solch ein Höhepunkt in . . .

C. A. In der gesamten Musik! Für mich ist das die schönste Liebesmusik nach *Tristan*. Und die erotischste – wenn man wirklich aus sich herausgeht, ohne jede falsche Scham. Und wenn man *langsam* genug spielt.

J. H. Sind Sie in Ihrer Interpretation von dem Sternau-Zitat beeinflußt, das Brahms dem Satz voranstellte? «Der Abend dämmert, das Mondlicht scheint / Da sind zwei Herzen in Liebe vereint / und halten sich selig umfangen.»

C. A. Ja, unbedingt. Sternau war übrigens ein mittelmäßiger, unbedeutender Dichter. Ich weiß nicht, wo Brahms dieses Zitat ausgegraben hat.

J. H. Ich habe einmal mit einem bekannten New Yorker Klavierlehrer darüber diskutiert, ob der letzte Teil dieses Satzes, den Brahms «Andante molto» überschrieben hat, schneller oder langsamer sein soll als das Grundtempo.

C. A. Es bedeutet langsamer. Brahms konnte nicht Italienisch. Er dachte, «andante» bedeute langsam. Vor allem in seinen frühen Werken war er sich über die Bedeutung der italienischen Tempoangaben nicht ganz im klaren. «Andante molto» – im Italienischen würde das ja «sehr fließend» bedeuten. Interessant ist übrigens auch das Tempo des ganzen Satzes. Er ist nicht im Zwei-, sondern im Viervierteltakt komponiert.

J. H. Warum hat dann Brahms nicht die entsprechende Taktbezeichnung angebracht, also vier Viertel statt zwei?

C. A.   Dieser Zweivierteltakt findet sich auch bei Beethoven oft, aber man muß vier Viertel lesen, nicht zwei. Beispielsweise in *Les Adieux,* der Anfang und das Andante. Haben Sie einmal Rudolf Kolischs Artikel über die Taktvorzeichen bei Beethoven gelesen?[18] Er erwähnt mehrere solcher Fälle. Wenn man dem langsamen Satz der f-Moll-Sonate von Brahms einen Zweivierteltakt zugrunde-legt, ist er *gefällig.* Statt ekstatisch.

J. H.   Möchten Sie auch etwas zu der Poco-più-lento-Passage sagen?

C. A.   Das ist eine Reihe von Gruppen von jeweils zwei Noten. Manchmal werden sie als fortlaufende Melodie gespielt. Aber ei-gentlich sollte es eine Art Zwiesprache zwischen Liebenden sein.

Später vereinigen sich dann die zwei Stimmen zu einer einzigen.

J. H.   Etwas Ähnliches gibt es sonst so gut wie nirgends mehr bei Brahms, nicht wahr?

C. A.   Ein klein wenig vielleicht die zweite der Balladen op. 10, wo man ebenfalls dieses Gefühl weiter Horizonte hat. Diese Ballade erinnert mich auch an ein Lied von Brahms – *Feldeinsamkeit.* Es handelt von einem Mann, der auf einer Wiese liegt, zu den Wolken hinaufschaut und darüber ins Schwärmen gerät.* Die Balladen

---

* «Feldeinsamkeit» von Hermann Allmers:

> Ich ruhe still im hohen grünen Gras
> Und sende lange meinen Blick nach oben,
> Von Grillen rings umschwirrt ohn Unterlaß,
> Von Himmelsbläue wundersam umwoben.
>
> Die schönen weißen Wolken ziehn dahin
> Durchs tiefe Blau, wie schöne stille Träume;
> Mir ist, als ob ich längst gestorben bin
> Und ziehe selig mit durch ewge Räume.

op. 10 haben überhaupt etwas mit Brahms' Liedern gemeinsam. Ich finde, als Liedkomponist war Brahms ungeheuer schöpferisch – das sollten auch diejenigen anerkennen, die ihn sonst als zu pompös ablehnen.

J. H. Ich finde Ihre Einspielung der vierten Ballade besonders aufschlußreich.

C. A. Auch in dieser Ballade ist das Gefühl mystischer Naturerfahrung sehr ausgeprägt – erst Sonnenschein und dann jähe Düsternis. Der Schluß ist ungeheuer – più lento, dann poco a poco ritenuto, dann ritenuto und schließlich adagio. Es ist, als erreichte man einen Höhepunkt, auf dem alles zum Stillstand kommt. Die heilige Teresa, die spanische Mystikerin, schrieb über die Vereinigung mit Gott auf dem *Gipfel* einer Ekstase; am Schluß ist sie keiner Bewegung mehr fähig. Die Franzosen haben dafür das Wort *hébété*. Die Deutschen sagen *erstarrt*. Genau das ist dieser Schluß.

J. H. Sie haben erzählt, als Sie 1954 in Köln Chopins e-Moll-Konzert mit Otto Klemperer spielten, habe sich herausgestellt, daß er noch nie Chopin dirigiert hatte.

C. A. Er kannte Chopin überhaupt nicht. Bei der Probe klopfte er während der großen Orchestereinleitung ab und sagte: «Meine Herren, dieser Mann war ein wahrhaft großer Komponist.» Als ob er das als erster entdeckt hätte! In Deutschland galt Chopin bei vielen, zumal vor dem Zweiten Weltkrieg, nicht als großer Komponist. Selbst wenn man ihn bewunderte, lag in dieser Bewunderung eine gewisse Herablassung. Man kreidete es ihm an, daß er nichts für Orchester und fast keine Kammermusik komponiert hatte.

J. H. Gab es deutsche Pianisten, die dafür bekannt waren, daß sie sich zu Chopin herabließen? Ich denke da zum Beispiel an Schnabel.

C. A. Ich glaube schon. Ich habe ihn mit dem e-Moll-Konzert gehört. Es klang wie Bach. Es war, als hätte er sich vorgenommen, ich werde den Leuten mal zeigen, wie Chopin eigentlich klingen sollte. Es war wie erfundener Bach.

J. H. Es gibt da noch ein ähnliches Vorurteil gegen Chopin – die Ansicht, seine Musik sei nur ein Vorwand für Selbstdarstellung.

C. A. Ja, ein Vorwand für Persönlichkeitskulte anstelle von Musik, die für die ganze Menschheit gültig ist. Viele Deutsche hielten ihn für einen Salonkomponisten. Sie benutzten ihn dazu, technische Brillanz und persönliche Eleganz zur Schau zu stellen. Chopins Musik hat natürlich Eleganz, im großartigsten Sinn des Wortes. Aber sie ist nur *ein* Element. Diese Vorstellung, die in manchen Köpfen herumgeistert, daß seine Musik sich bis zum Mezzoforte steigern und dann wieder zurücksinken sollte, ist einfach absurd. Daß er krank war und über keine großen körperlichen Kraftreserven verfügte, bedeutet doch nicht, daß andere dies imitieren sollten. Seine Musik ist viel größer. Man spricht über seine Spazierstocksammlung und seine schönen Taschentücher und Krawatten, über die Eleganz seiner Kleidung und seines Lebensstils. Ich bin jedoch überzeugt, daß Komponisten sehr selten die besten Interpreten ihrer eigenen Musik sind.

J. H. Hat sich in Deutschland irgend jemand für Chopin als großen Komponisten ernster Musik eingesetzt – vielleicht Busoni?

C. A. Ja, doch, Busoni war begeistert von den Préludes. Aber genau wie Schnabel wollte er Chopin vor den Auffassungen *retten*, die andere Pianisten von ihm hatten. Ich habe ihn nie darüber sprechen hören, aber das war seine Einstellung.

J. H. Waren die Ansichten über Chopin, auf die Sie in den Vereinigten Staaten stießen, verschieden von denen, die in Deutschland herrschten?

C. A. Ich würde sagen, der einzige Unterschied war, daß man in Deutschland auch als großer Interpret gelten konnte, wenn man Chopin nicht spielen konnte. In den Vereinigten Staaten, in Frankreich und in England gab es hingegen Pianisten, die nur Chopin spielten und trotzdem als große Interpreten galten.

J. H. Chopin zu spielen war also in den Vereinigten Staaten für einen Pianisten wichtiger als in Deutschland.

C. A. Ja, unbedingt.

J. H. Wurde Chopin dort grundsätzlich anders eingeschätzt?

C. A. Nun ja, in den Vereinigten Staaten waren die Leute einfach *bezaubert* von Chopins Musik. Es kam ihnen nie in den Sinn, daß er auch tiefgründig sein könnte.

J. H. Was würden Sie als den Gipfel von Chopins Schaffen bezeichnen?

C. A. Wahrscheinlich die Nocturnes.

J. H. Das ist aber eine ketzerische Ansicht.

C.A. Ach ja?

J.H. Sicher. Die meisten Leute . . .

C.A. . . . würden sich für die Balladen entscheiden.

J.H. Und die Préludes. Die Nocturnes, so meine ich, gelten eher als beschreibend, nicht als tiefgründig.

C.A. Man sagt mir das immer wieder, wissen Sie, daß mein Chopin anders ist. Dabei finde ich es ganz natürlich, ihn so zu spielen, wie ich es tue.

J.H. Inwieweit wird es Ihnen bewußt, wenn Sie ein Stück unkonventionell spielen? Beispielsweise würde ich sagen, daß von Ihren auf Platte eingespielten Interpretationen der Nocturnes die des Nocturnes in G-Dur aus op. 37 am stärksten von der herkömmlichen Auffassung abweicht. Normalerweise wird es ruhiger gespielt. Es ist Ihnen nicht bewußt, daß Sie dieses Stück ungewöhnlich bewegt spielen?

C.A. Ich weiß nicht einmal, was die herkömmliche Auffassung ist.

J.H. Können Sie sich erinnern, dieses Nocturne G-Dur jemals von einem anderen Pianisten gehört zu haben? Könnte es sein, daß Sie es überhaupt nur durch Ihre eigenen Aufführungen kennen?

C.A. Ich kann mich tatsächlich nicht erinnern, es von irgend jemand anders gehört zu haben. Aber lassen Sie mich überlegen, welche Chopin-Interpretationen haben mir gefallen? Da war einmal eine wundervolle Aufführung des dritten Nocturnes durch d'Albert. Das war reine Magie. Und Horowitz in den zwanziger Jahren in Berlin mit der b-Moll-Sonate – davon war ich auch sehr angetan. Natürlich habe ich auch von Pachmann gehört. Das vierte Scherzo. Das war sehr schön – leicht, und die Läufe alle irgendwie beseelt. Mit Hofmann wußte ich nichts Rechtes anzufangen. Am besten von allen Chopin-Interpreten gefiel mir wahrscheinlich Cortot, obwohl er oft links und rechts Noten, die auf denselben Schlag fallen, nacheinander anschlug. Ich erinnere mich an einen wundervollen Vortrag der Etudes in London. Die Préludes habe ich auch von ihm gehört.

J.H. Die Préludes. Diese Kompositionen, so scheint mir, widerlegen am eindeutigsten die Vorurteile gegen Chopin. Weil man nun wirklich nicht behaupten kann, die Préludes seien Salonmusik oder bloße Paradestücke. Spielen Sie sie eigentlich immer als Zyklus?

C.A. Ja. Als junger Mann habe ich sie auch einzeln gespielt.

Aber damit habe ich dann aufgehört – in den zwanziger Jahren, glaube ich.

J. H.   Haben Sie Lieblingsstücke unter den Préludes?

C. A.   Ich sage ja, ich sehe sie nicht als einzelne Stücke. Sie *antworten* einander. Wenn ich mit einem fertig bin, *muß* ich das nächste spielen. In gewisser Weise messen sie Chopins Kosmos aus. Abwechselnd Licht und Schatten.

J. H.   Vor kurzem habe ich eine Bandaufnahme von einer Aufführung der Préludes gehört, die Sie 1969 in Los Angeles gaben. Manchmal gingen Sie da ohne Unterbrechung zum nächsten Prélude über, ohne hörbare Pause. Bei Ihren Platten-Einspielungen ist das nicht der Fall, weil bei der Plattenherstellung die einzelnen Stücke durch Leerrillen getrennt werden.

C. A.   Das erinnert mich ein bißchen an die Verbindungen zwischen den Sätzen beim späten Beethoven. Da kommt es vor, daß ein Satz aus dem vorhergehenden regelrecht *hervorbricht,* in einer ganz anderen Stimmung. Beispielsweise in op. 109. Oder op. 101.

J. H.   Welche Préludes beginnen Sie normalerweise ohne vorhergehende Unterbrechung?

C. A.   Das in b-Moll (Nr. 16). Auch das in d-Moll (op. 24).

J. H.   Könnten wir noch einmal auf das erste Prélude zurückkommen und ein bißchen über einzelne Préludes sprechen?

C. A.   Das erste Prélude ist zweifellos eine Einleitung. Eine ausgesprochen dramatische Einleitung. Es ist nur ungefähr eine halbe Minute lang. Und es versetzt einen in eine angespannte Gefühlslage. Dieses Prélude hat etwas mit sexueller Energie zu tun. Es hat ganz entschieden etwas Orgasmisches.

J. H.   Die Musik drängt schweratmend, aber unaufhaltsam zum Höhepunkt.

C. A.   Das würde auch die drei Takte mit geändertem Rhythmus erklären.

In diesen drei Takten, unmittelbar vor dem Höhepunkt, atmet man nicht mehr. Das a-Moll-Prélude (Nr. 2) ist von phantastischer Trostlosigkeit. Aber das nächste, das in G-Dur (Nr. 3), erinnert an eine heitere Landschaft oder an den Frühling.

J. H. Sie legen großes Gewicht auf den Doppelschlag der rechten Hand (Takt 17) – mehr, glaube ich, als jeder andere Pianist, den ich gehört habe. Und Sie schaffen durch ein großes Rubato den nötigen Raum dafür.

C. A. Das ist eine Periode, in der Verzierungen Teil der Melodielinie werden. Solche Verzierungen sollten bei Chopin immer melodisch aufgefaßt werden... Das e-Moll-Prélude (Nr. 4) ist wieder melancholisch. Ich kenne kein anderes Musikstück, in dem die Melodie nur aus zwei Tönen besteht und alle emotionalen Ereignisse sich in den harmonischen Veränderungen abspielen, die die beiden Töne in verschiedenen Farben und Stimmungen schattieren. Die Espressivo-Phrasen machen dann – gerade wegen der Monotonie der beiden Töne – einen ungeheueren Eindruck.

J. H. Im h-Moll-Prélude (Nr. 6) heben Sie jeweils die klangliche Abstufung zwischen den beiden gleichen Noten der rechten Hand hervor, beinahe als Gegenthema zu der Melodie der linken. Chopin wird ja manchmal als «einhändiger» Komponist gebrandmarkt. Ich stelle dagegen bei einer Reihe von Préludes in Ihrer Interpretation ein ungewöhnliches Maß an Selbständigkeit der beiden Hände fest. Im gis-Moll-Prélude (Nr. 12) ist Ihre linke Hand so erstaunlich kraftvoll und ausgeprägt, daß das Prélude praktisch zu einem Wettkampf der beiden Hände wird.

C. A. Man könnte sagen, daß das g-Moll-Prélude (Nr. 22) ein Kampf zwischen den beiden Händen ist. Der Schluß ist phantastisch. Die linke Hand besteht hartnäckig auf derselben Sache, und die rechte weiß sich nicht anders zu helfen, als bis in den höchsten Diskant zu steigen.

J. H. Sie haben einmal das es-Moll-Prélude (Nr. 14) als das «rätselhafteste» Stück des Zyklus bezeichnet.

C. A. In der Oxford-Ausgabe lautet die Tempovorschrift largo anstelle von adagio. Das ist der Grund, weshalb ich es langsam spiele. Chopin schrieb die Vorschrift mit Bleistift oder so hinein. Wie Sie wissen, wird dieses Prélude manchmal impressionistisch aufgefaßt. Aber für mich ist es voller Qual – von tiefem Leid erfüllt.

J. H. Das es-Moll-Prélude wird oft mit dem Schlußsatz der b-Moll-Sonate verglichen.

C. A. Dieses Finale hängt natürlich eng mit dem vorausgehenden Trauermarsch-Satz zusammen. Man hört darin «das Sausen des Windes über den Gräbern». Das es-Moll-Prélude ist noch beklemmender, vor allem wenn man es langsamer spielt.

J. H. Ein anderes Prélude, das auf ähnliche Weise rätselhaft oder schwer deutbar ist – weil es ebenfalls keine nennenswerte Melodie besitzt – ist das in f-Moll (Nr. 18).

C. A. O ja. Das ist *ungeheuer*. Es besteht eine Beziehung zwischen diesem Prélude und dem zweiten Satz des Klavierkonzerts G-Dur von Beethoven. Auch hier gibt es zwei widerstreitende Elemente. Die Oberstimme ist ein *verzweifeltes* Flehen. Und die antwortenden Akkorde sind eine *zornige* Verneinung. Die Verneinung wird immer stärker. Ein furchtbarer Kampf entbrennt. Im Gegensatz zum G-Dur-Konzert kommt es hier aber nicht zu einer Versöhnung. Am Schluß bricht die flehende Stimme ab. Die letzten beiden Akkorde sind eine endgültige Zurückweisung.

J. H. Möchten Sie vielleicht etwas über die letzten Préludes als Gruppe sagen – darüber, wie Chopin zu einer abschließenden Aussage gelangt? Steht es denn von Anfang an fest, daß dem Zyklus ein so katastrophales Ende beschieden sein wird?

C. A. Nein. Erst nach dem b-Moll-Prélude (Nr. 16) spürt man meiner Meinung nach, daß seine grundlegende Einstellung zum Leben tragisch ist. Die friedvollen, positiven Préludes sind wie Erinnerungen an die Dinge, die das Leben erträglich machen. Kennen Sie Chopins Brief an seinen Freund Titus (15. Mai 1830) über den zweiten Satz des e-Moll-Klavierkonzerts? Über den

Frühling und den Mondschein? Das F–Dur-Prélude (Nr. 23) ist ganz ähnlich. Ein bißchen *Au bord d'une source.*

J. H. Fällt es Ihnen schwer, das F–Dur-Prélude zu integrieren? Haben Sie manchmal das Gefühl, daß es zwischen dem g-Moll-Prélude (Nr. 22) und dem in d-Moll (Nr. 24) untergeht?

C. A. Nein, nein. Es ist unbedingt notwendig – dieses Ausbalancieren, dieses ständige Hinweisen auf die andere Seite des Lebens. Ginge Chopin vom g-Moll- unmittelbar zum d-Moll-Prélude über, würden die beiden Stücke einander kaputtmachen.

J. H. Und das d-Moll-Prélude (Nr. 24)?

C. A. Davon gibt es eine berühmte Charakterisierung: «Blut, Wollust und Tod.» Damit ist alles gesagt.

J. H. Sie bringen die linke Hand sehr deutlich zur Geltung.

C. A. Ich habe unlängst eine Aufführung gehört, bei der die linke Hand völlig verschwommen war. Dabei ist das ein höchst dramatisches Element – wie eine stürmische See. Man könnte sagen, daß der *Absturz* am Schluß wie ein Ertrinken ist. Oder daß er den Lebensfaden abschneidet – wie die antiken Schicksalsgöttinnen.

J. H. Welchen Fingersatz verwenden Sie für die letzten drei tiefen d?

C. A. Drei-vier-fünf. (Arrau legt die letzten drei Finger der linken Hand zu einem festen Keil zusammen.) Das ist absolut sicher. Es ist dabei praktisch ausgeschlossen, daß man die falsche Taste erwischt. Und man kann durch den Körper die größtmögliche Kraft ausüben.

J. H. Warum ist Ihr Fingersatz besser als beispielsweise die Verwendung des Daumens, die Cortot empfiehlt?

C. A. Mit dem Daumen muß man die Taste entweder senkrecht oder flach anschlagen. Schlägt man sie senkrecht an, bekommt man unweigerlich einen harten, häßlichen Klang. Und in der flachen Lage kann man kaum die erforderliche Kraft ausüben.

J. H. Sind die Préludes das Dunkelste in Chopins Schaffen?

C. A. Wahrscheinlich ja. Der Schuß ist so *endgültig*. Ich meine, danach kann man nicht mehr viel Begeisterung fürs Leben aufbringen.[19]

J. H. Gibt es im Zyklus der Beethoven-Klaviersonaten stilistische Verschiebungen, die einen ganz anderen Ansatz verlangen, beispielsweise bei den letzten gegenüber den frühen und mittleren Sonaten?

C. A. Die späten Sonaten müssen mit einem stärkeren Element der Improvisation gespielt werden und mit mehr Rubato. Wir wissen, daß Beethoven selbst sehr frei spielte. Schindler beispielsweise spricht von seinen Tempoänderungen.

J. H. Können Sie den Punkt in dem Zyklus angeben, an dem diese größte Freiheit der Interpretation beginnt?

C. A. Op. 81a zählt eigentlich schon zu den Spätwerken, bietet aber wenig Gelegenheit, weil es so regelmäßig aufgebaut ist. Aber bei op. 90 ist der Punkt eindeutig erreicht.

J. H. Das wird in Ihren Aufnahmen deutlich – die Rubatos sind viel ausgeprägter als in den früheren Sonaten. Ich finde Ihre Einspielung von op. 111 besonders charakteristisch, nicht nur im Hinblick auf die Verwendung des Rubatos, sondern auch durch Ihre spezifische Auffassung der geistigen Reise, die Beethoven entwirft. Vielleicht können Sie etwas darüber sagen, was im zweiten Satz geschieht?

C. A. Zunächst einmal ist festzuhalten, daß das Thema bereits in der Koda des ersten Satzes angedeutet wird, wo all die dämonischen Kämpfe und Kollisionen, die stattgefunden haben, in der linken Hand zu finden sind, und die rechte leitet in den zweiten Satz über.

J. H. Meinen Sie damit, daß das Thema des zweiten Satzes vorweggenommen wird.?

C. A. Ja. Und es muß auch so gespielt werden. Die ersten drei entsprechen dem Ende der ersten Phrase der Arietta.

Und die nächsten beiden Takte, mit ihren größeren Intervallen, entsprechen dem Ende der zweiten Phrase der Arietta. Ein phantastischer Einfall ist hier, daß nach dem letzten Akkord keine Fermate kommt, und keine Pause. Das könnte natürlich auch ein Versehen sein. Meiner Meinung nach hat das jedoch etwas zu bedeuten – die Verbindung soll sehr bewußt ausgeführt werden: wie lange man den letzten Akkord aushält, wann man das Pedal losläßt, um – ganz kurz – vor der Arietta Atem zu holen.

J. H. Wenn da eine Fermate oder eine Pause wäre, würde man die Stille zwischen den beiden Sätzen nicht so deutlich wahrnehmen.

C. A. Genau. Es muß da so eine Art mystische Verbindung spürbar werden. Übrigens besteht auch eine sehr ungewöhnliche Verbindung zwischen dem ersten und dem zweiten Satz von op. 109.

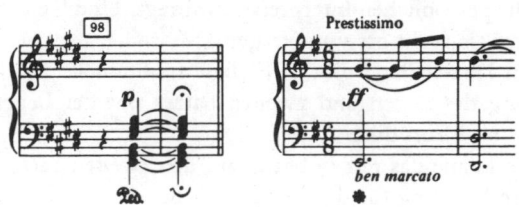

Man muß das Pedal loslassen, einen Sekundenbruchteil bevor man sich in das Prestissimo stürzt.

J. H.   Könnten wir auf den zweiten Satz von op. III zurückkommen?

C. A.   Nun, es findet da eine ungeheuere Entwicklung der Arietta von der ersten Variation zur zweiten und von der zweiten zur dritten statt. Vor allem von der zweiten zur dritten.

J. H.   Die dritte Variation ist ja durchaus stürmisch. Steht sie vielleicht den Kämpfen des ersten Satzes näher als der Verklärung des zweiten?

C. A.   Nein, nein, nein. Es ist eine ganz andere Art der Bejahung. Wie ein Zurückblicken auf das Leben, bevor man es lassen muß. Es ist eine freudige Bejahung des Lebens auf Erden. Ich finde es wundervoll, wie da die Verbundenheit mit dem Leben ein letztes Mal aufscheint. Schon der Beginn der nächsten Variation hat nichts mehr mit unserem persönlichen Dasein zu tun. Ich sehe darin immer das Atmen der Natur. Oder die Heimkehr zu den Müttern. Dann kommt dieser wunderbare Aufstieg zu einer mystischen Verzückung. Bei Goethe steht eine Wendung, die das treffend beschreibt – «der Fall nach oben»:

J. H.   Ein anderes Werk, über das ich gerne sprechen würde, ist das vierte Klavierkonzert, das Sie, wie ich meine, ebenfalls zu einer sehr persönlichen Interpretation anregt. Und Sie haben es in letzter Zeit ja recht oft vorgetragen.

C. A.   In Deutschland gibt es ja diese traditionelle Deutung der Stimmung des ersten und zweiten Satzes mit der Legende von Orpheus und Eurydike.

J. H.   Ich kenne das nur in bezug auf den zweiten Satz. Wie läßt sich diese Deutung für den ersten Satz begründen?

C. A. Der erste Satz wird immer zu schnell gespielt. Das «moderato» in «Allegro moderato» sollte rot unterstrichen werden. Außerdem wird er meistens zu verspielt vorgetragen, mit kurzen Staccatos. Ich kann es nicht beweisen, aber ich bin überzeugt, daß dies ein trauriger Satz ist. Womit er zur Orpheus-Legende passen würde – Orpheus nach dem Verlust Eurydikes. Im zweiten Satz steht dann Orpheus vor den Pforten der Hölle und bittet die Furien, ihm Eurydike wiederzugeben. Sehr wichtig ist, wie am Anfang dieses Thema gespielt wird:

Hier wird zum erstenmal eine Moll-Tonart eingeführt. Ich habe dieses Konzert mehrere hundertmal gespielt, und der einzige Dirigent, der es genau richtig auffaßte – mit wirklich tiefer Melancholie – war Eugen Jochum. Wir brauchten nicht einmal darüber zu sprechen.

J. H. Könnten wir uns ein wenig mit dem Beginn der Durchführung beschäftigen? Das ist ja eine ganz besondere Stelle. Was geschieht hier – in dem Drama, in der Geschichte dieses Satzes?

C. A. Das ist Orpheus' Flehen um Eurydike. Viermal bittet er. Und dann beginnt sein Kampf mit den Mächten der Unterwelt. Diese Arpeggio-Passagen in der Durchführung – man muß sie *sprechen* lassen. Hier zum Beispiel dürfen die Quintole der rechten und die Triole der linken Hand nicht zu ähnlich klingen:

J. H. Das ist ein wichtiger Punkt, weil er charakteristisch für Ihren Beethoven ist. Ähnliche Passagen finden sich in der *Appassio-*

nata, wo Sie rhythmische Unterschiede hervorheben, um die Läufe spezifischer, artikulierter werden zu lassen. Beispielsweise hier, auf dem Höhepunkt der Durchführung:

C. A.   Diese Läufe darf man nicht als Quintolen spielen. Auf der letzten Note, die kein Sechzehntel, sondern ein Achtel ist, sollte jeweils ein deutlicher Halt liegen. Je mehr, um so besser – um so mehr Dramatik, um so mehr Intensität.

J. H.   Es ist keine Reihe von Arpeggien in freiem Rhythmus.

C. A.   Auf keinen Fall. Vor allem beim mittleren Beethoven ist rhythmische Klarheit ungeheuer wichtig. Das wird nur allzu oft übersehen. Dies hier ist auch eine wundervolle Stelle, im ersten Satz der *Appassionata*:

Die Sechzehntel der rechten Hand werden im allgemeinen spät gespielt. Sie müssen aber Teil dieser Sechzehntelnoten-Bewegung des ganzen Satzes sein. Eins-zwei-drei-eins-*zwei-drei-eins*-zwei-drei-eins-*zwei-drei-eins*. Die Sechzehntel beider Hände müssen *genau* zusammenfallen.

J. H.   Um auf den ersten Satz des G-Dur-Konzerts zurückzukommen: Könnten wir uns einmal die Kadenz ansehen?

C. A.   Hier wird durch den Übergang von

zu

Orpheus' Flehen eindringlicher, verzweifelter. Dieser Einfall wiederholt sich dann in der Koda. Das Ende der Koda ist natürlich kraftvoll; das ist vielleicht Orpheus' Entschlossenheit – aber auf jeden Fall die Einstimmung auf den nächsten Satz.

J. H. Der erste Satz als Ganzes hätte also den vergeblichen Versuch zum Inhalt, die Rettung zu bewerkstelligen, die dann im zweiten Satz stattfindet.

C. A. Ja. Im zweiten Satz gibt es diesen Dialog zwischen dem Solisten und dem Orchester. Nach und nach beginnt der Solist sich durchzusetzen. Ich sage den Dirigenten immer, daß der Anfang furioso gespielt werden sollte. Und nicht zu schnell – er ist in Achteln, nicht in Vierteln. Die Solos sollten nicht zu leise sein. Sie sind natürlich una corda (mit Verschiebung) zu spielen, aber sie müssen wirklich zum *Sprechen* gebracht werden. Das erste ist molto cantabile, das zweite molto espressivo überschrieben, und espressivo ist *stärker*. Schließlich gibt das Orchester allmählich nach. Dieser letzte Akkord im Orchester vor der Kadenz, nachdem das Orchester drei Takte lang geschwiegen hat, ist erstaunlich – ein Zeichen dafür, daß die Musiker zugehört haben. Bei der Kadenz darf man nicht zu früh mit dem Crescendo beginnen. Ich spiele im allgemeinen den ersten Triller zunächst nicht zu schnell. Den zweiten beginne ich mit der gleichen Tonstärke, aber ein bißchen schneller. Der dritte ist noch schneller. Und *dann* beginnt das Crescendo, das so etwas wie wachsende Angst darstellt. Der Einsatz der linken Hand, fortissimo, muß in höchster *Verzweiflung* erfolgen.

J. H. Ich glaube, Sie nehmen sich für diese Kadenz mehr Zeit als jeder andere Pianist, den ich gehört habe. Vor allem nach den Trillern, wo sich die rechte Hand zur Kadenz herabwindet.

C. A. Obwohl sie als Triller notiert sind, spiele ich die Sechzehntelnoten vor der Kadenz. Die Achtel und Viertel sind dann natür-

lich langsamer. Die allerletzten Noten, für die «portato» vorgeschrieben ist, müssen eindeutig getrennt werden – so als bekäme
Orpheus fast keine Luft mehr. Ich meine, dieses Flehen ist ja eine
ungeheure Willensanstrengung – ein Mensch, der sich den Mächten des Hades stellt. Man muß den Eindruck erwecken, man sei
völlig erschöpft. Der Übergang zum Finale ist ungemein schwierig. Man muß warten, aber nicht zu lange. Der erste Vortrag des
Themas, durch das Orchester, muß zögernd wirken. Wenn das
Piano es aufnimmt, hat sich die Stimmung gewandelt, vollständig. Von der Tragik zur *Euphorie*. Es ist eine völlig neue Situation.

J. H. Wenn es um Beethoven geht, sprechen Sie immer von
Kampf und Transzendenz. Selbst dort, wo er vermeintlich heiter
und unbeschwert ist, warnen Sie vor «Verspieltheit» und «Eleganz». In einem Programmbeitrag über die Sonate op. 90 schrieben Sie einmal, der zweite Satz sei «zu sehr von Unruhe erfüllt,
um auch nur ein bißchen fröhlich zu werden, und endet abrupt in
Resignation». Dabei ist das für viele ein fröhlicher Satz.

C. A. Das ist mir unbegreiflich. Die Melodie ist lyrisch, aber
nicht heiter. Die Sonate als Ganzes hat einiges mit op. 111 gemeinsam. Im ersten Satz geht es um menschliches Streben. Und
im zweiten Satz klingt Abschiedsschmerz an.

J. H. Sie haben einmal gesagt, Ihrer Meinung nach sei bei Beethoven nirgendwo Humor zu finden. Wie verhält es sich aber mit
den Interjektionen im Scherzo der *Hammerklavier-Sonate* – dem
Prestissimo-Lauf und dem Tremolo? Hier würden wohl die meisten sagen, dies seien Beispiele für Beethovens Sinn für Humor.

C. A. Ich würde das nicht Humor nennen, sondern Aggressivi-
tät. Edwin Fischer bezeichnete in seinem Buch über die Beethoven-Sonaten das Finale von op. 10, Nr. 3 zu meiner größten
Verwunderung als einen humorvollen Satz. Ich würde meinen,
daß er ein klein wenig dem letzten Satz der B-Dur-Sonate von
Schubert ähnelt: ängstlich fragend, fragend,

und *fragend*.

Es ist doch ganz klar. Das Thema entstammt diesem ständigen Klagen im langsamen Satz:

Ich bin ja überhaupt der Meinung, daß Humor nichts mit Musik zu tun hat. Humor ist eine Sache der Gedanken und der Worte. Man kann nur in einem sehr artifizellen Sinne behaupten, Musik sei humorvoll.

J.H. Sie finden also Musik nie lustig?

C.A. Nein.

J.H. Aber es muß doch irgendein Musikstück geben, das Sie lustig finden. Wie steht es mit Mozarts *Ein musikalischer Spaß*?

C.A. Aber der Humor ist aufgesetzt. Er ist außermusikalisch.

J.H. Für das internationale Beethoven-Fest 1970 in Bonn, das im Rahmen der Feierlichkeiten zu Beethovens 200. Geburtstag stattfand, schrieben Sie: «Für mich war Beethoven immer der Inbegriff des siegreichen Menschen. Seine Botschaft vom immerwährenden Kampf, der sich im Sieg der Erneuerung und geistigen Wiedergeburt erfüllt, spricht zu uns und zu den jungen Menschen von heute mit einer Kraft, die für unsere Zeit besonders bedeutsam ist. In dem Sinne, daß sein Leben ein existenzieller Kampf ums Weiterleben war, ist Beethoven unser Zeitgenosse. In dem Sinne, daß er sowohl sein Leben als auch seine Kunst meisterte, um die äußersten Höhen der Schöpfung und Verklärung zu erreichen, wird er Bestand haben, solange der Lebenswille des Menschen auf Erden Bestand hat.» Mir drängte sich dabei die Frage auf, wie Sie zu dem Menschen Beethoven stehen. So viele Charakterzüge, die Sie in Beethoven sehen – Kampf, Einsamkeit, spirituelle Verzückung – entdecken Sie auch an sich selbst. Erkennen Sie sich in Beethoven wieder?

C. A. (Zögernd, dann in Lachen ausbrechend.) Ich sollte das vielleicht nicht sagen ... aber Beethoven ist mir als Mensch nicht sympathisch. Es gefällt mir nicht, wie er mit seinem Neffen umging. Und mir mißfällt sein Selbstmitleid im Heiligenstädter Testament.

J. H. Außerdem war er schlampig. Widerstrebt Ihnen das ebenfalls?

C. A. Ja, das auch.

J. H. Es gibt da eine berühmte Anekdote, wie Beethoven und Goethe dem Kaiser begegnen – Goethe soll beiseite getreten sein, während Beethoven sich nicht von der Stelle rührte.

C. A. In diesem Fall halte ich es mit Beethoven. Man könnte Goethes Verhalten als reif und Beethovens als kindisch bezeichnen. Aber ich bin da anderer Meinung. Ich würde mich für Beethovens Einstellung entscheiden.

J. H. Wie stehen Sie zu Goethe als Mensch?

C. A. Ich mag ihn auch nicht besonders, obwohl ich jedes Wort, das er schrieb, tief bewundere. Als Mensch war er schrecklich eingebildet. Außerdem – aber das sollte ich eigentlich nicht sagen, weil die Deutschen mir böse sein werden – war er ein bißchen provinziell.

J. H. Kennen Sie Thomas Manns Schilderung Goethes in *Lotte in Weimar*?

C. A. Ja, und da mag ich ihn auch nicht.

J. H. Sicherlich im Gegensatz zu Thomas Mann. Ich glaube, Mann entschuldigt Goethes Verhalten mit seiner Genialität. Würden Sie diese Entschuldigung gelten lassen? Oder würden Sie Beethoven sein Fehlverhalten ankreiden?

C. A. Ich kreide es ihm an. Sein Verhalten gegenüber seinem Neffen ist unverzeihlich.

J. H. Demnach müssen Sie Liszt in menschlicher Hinsicht mehr bewundern als Beethoven.

C. A. O ja, viel mehr.

J. H. Wie stehen Sie zu den anderen großen Komponisten? Beispielsweise Chopin, Schumann oder Brahms?

C. A. Chopins Verhalten gegenüber anderen entspricht nicht immer dem Eindruck, den man aus seiner Musik bekommt. Beispielsweise seine Einstellung zu Liszt, wo er doch wußte, daß Liszt seine Musik verehrte und sein Freund sein wollte. Er hatte eine neurotische Abneigung gegen Liszt... Aber ich rede Unsinn. Mein Urteil über die Persönlichkeit verschiedener Komponisten ist durch meine frühe Identifikation mit der Gestalt Liszts geprägt.

J. H. Sie mögen diejenigen, die nett zu Liszt waren, und haben eine Abneigung gegen diejenigen, die es nicht waren.

C. A. Ja. Beispielsweise habe ich eben deswegen schon immer etwas gegen Clara Schumann gehabt.

J. H. Und Robert Schumann?

C. A. Schumann bewundere ich sehr. Auch Brahms war ein sehr sympathischer Mensch. Brahms nehme ich nur eins übel, nämlich daß er einschlief, als Liszt ihm seine h-Moll-Sonate vorspielte. Vielleicht war er müde oder was weiß ich. Wahrscheinlich kann man von großen schöpferischen Persönlichkeiten nicht erwarten, andere große schöpferische Persönlichkeiten zu bewundern.

J. H. Ich denke mir manchmal, daß das auch auf Interpreten zutrifft. Mir fällt auf, wie entschieden Sie an Ihrer Meinung festhalten, wenn Sie über Musik sprechen, während Sie sich im Gespräch über andere Dinge sehr viel toleranter zeigen. Wenn Sie über das d-Moll-Konzert von Brahms sprechen, wirken Sie geradezu starrsinnig: Sie glauben, es gäbe nur ein richtiges Tempo für den ersten Satz. Das bringt mich auf den Gedanken, daß es wirklich ein notwendiger Bestandteil Ihrer psychologischen Ausrüstung als Interpret ist zu glauben, Sie spielten eine bestimmte Komposition auf die einzig mögliche Art.

C. A. Oder auf eine von zwei möglichen Arten.

J. H. Aber das sagen Sie nicht.

C. A. Ich weiß. Aber so wäre es nicht ganz so abstoßend.

J. H. In der Hitze des Gefechts behaupten Sie, Ihre Vortragsweise sei die einzig mögliche. Sie werden zum absoluten Dogmatiker.

C. A. Meine Güte, das wäre das letzte, was ich sein wollte!

J. H. Glauben Sie nicht, daß es für Sie wichtig ist, überzeugt zu sein, Ihre Art sei die einzig richtige?

C. A. Aber wenn Sie sich die Noten ansehen, da steht es doch drin – es sind sechs Viertel. Man kann nicht so spielen, als ob da sechs Sechzehntelnoten stünden.

J. H. Sehen Sie, genau das meine ich. Es ist dasselbe, was Sie eben über kreative Persönlichkeiten sagten – daß man nicht von Ihnen erwarten kann –

C. A. Ich sage *wahrscheinlich*. Wahrscheinlich ist das sehr schwierig. Und ich dachte an Komponisten.

J. H. Und ich bezog ganz bewußt die Interpreten mit ein. Braucht denn ein Interpret nicht die Gewißheit, daß seine Interpretation die richtige ist?

C. A. Es gibt immer verschiedene Möglichkeiten. Aber manche Dinge sind keine Frage der Interpretation. Wenn Beethoven «piano» schreibt, und man spielt forte, ist das *falsch*. Es ist einfach falsch.

Nach Schallplatten und Kritiken zu urteilen, hat sich Arraus Spiel seit seiner Berliner Zeit grundlegend verändert. Die späteren Aufführungen zeichnen sich mehr durch Tiefgründigkeit und Intensität aus, die früheren glitzern stärker.

Arrau selbst ist sich dieses Wandels nur vage bewußt. Er lehnt eine eingehende Beschäftigung mit seiner Vergangenheit ab. Er weigert sich sogar rundweg, seine frühen Einspielungen anzuhören. Er hört seine Plattenaufnahmen nur ein einziges Mal – als Probepressungen, wenn sie noch neu sind. Alles, was davor liegt, so argumentiert er, «bin nicht mehr ich». Er findet eine so intime Beschäftigung mit seinem früheren Selbst deprimierend. Während des Vortrags ist keine Distanz zwischen ihm und der Musik. Hört er sich jedoch dieselbe Aufführung hinterher an, fühlt er sich «bloßgestellt», «peinlich berührt».

Von dem Augenblick an, als ich dieses Buch in Angriff nahm, plante ich, Arrau mit seinem auf Schallplatten festgehaltenen früheren Ich zu konfrontieren. Dazu müßte ich ihn auf seinem Stuhl festbinden, erklärte er mir. Zum Glück stellte mir Peter Warwick, ein Schallplatten-Fan aus New Jersey, etwas zur Verfügung, was sich als der perfekte Köder erwies: eine vierspurige Bandaufnahme mit vier Arrau-Aufführungen des d-Moll-Klavierkonzerts von Brahms: eine Studioaufnahme aus dem Jahre 1947 mit Basil Cameron und dem Philharmonia Orchestra; ein am 16. Februar 1964 aufgenommener Mitschnitt der Rundfunk-Übertragung eines Konzerts mit Josef Krips und dem New York Philharmonic Orchestra; eine am 10. oder 11. Februar 1976 aufgezeichnete Rundfunk-Übertragung eines Konzerts mit Rafael Frühbeck de Burgos und dem Montreal Symphony Orchestra;

und ebenfalls eine Rundfunk-Übertragung, aufgezeichnet am 4. oder 5. Februar 1977, mit Michael Palmer und dem Atlanta Symphony Orchestra.

Die Aufführungen unter Cameron und Frühbeck waren einander gegenüber auf Seite eins des Bandes aufgezeichnet, was Vergleiche erleichterte. Krips und Palmer befanden sich einander gegenüber auf Seite zwei. Schon die unterschiedliche Aufführungsdauer war sehr aufschlußreich – Cameron: 47 Minuten; Krips: 47; Frühbeck: 50; Palmer: 52.

Arrau spielt das d-Moll-Konzert von Brahms seit mehr als einem halben Jahrhundert. Aber er hatte sich nie Bandaufnahmen seiner Konzertauftritte angehört und konnte sich nicht erinnern, die Cameron-Aufzeichnung gehört zu haben. Als ich ihm von Peter Warwicks Band erzählte, bat er mich, es für ihn auszuborgen, und versprach, es auch anzuhören. Monate später hatte er das Band immer noch nicht aus der Schachtel genommen. Er habe oft daran gedacht, es abzuspielen, gestand er mir, habe es sich dann aber doch immer wieder anders überlegt.

Zu Beginn eines unserer letzten Gespräche erklärte Arrau schließlich, er habe das Band abgespielt – oder es zumindest versucht. Er hatte sich den ganzen ersten Satz der Aufführung aus dem Jahre 1947 angehört. Ich fragte ihn, welchen Eindruck es auf ihn gemacht habe. «Es war *furchtbar*! Ich war immer versucht zu sagen ‹*Wer ist denn dieser Pianist?*› Die Wahrheit ist, daß ich es viel zu schnell fand.» Er hielt inne, verzog das Gesicht und ließ seine Blicke rasch im Zimmer umherschweifen. Dann fuhr er leise fort: «Ich fand es unmöglich. Viel zu schnell.» Ich fragte weiter:

J. H. Haben Sie sich in dieser Aufführung wiedererkannt?

C. A. Überhaupt nicht.

J. H. In keinem Detail?

C. A. Na ja, in manchen Details schon. In den beiden Solos. Vielleicht war es Cameron, der so auf Tempo drängte. Wenn ich das jetzt höre, so schnell und so direkt, ist mir das völlig unbegreiflich. Es verliert jeden Sinn.

J. H. Sie waren also wirklich schockiert?

C. A. Regelrecht schockiert. Ich meine, wo man zum Beispiel ein gewisses Verweilen erwartet, läuft alles metronomisch ab.

J. H. Wie ist es mit dem zweiten Satz? Wäre es Ihnen unerträglich, ihn anzuhören?

C. A. Nein, nein. Ich glaube, wir sollten schon ein bißchen hineinhören.

Ich stellte das Tonbandgerät an und ließ das Band bis zum Anfang des zweiten Satzes vorlaufen. Arrau hörte sich zwei oder drei Takte an und erklärte: «Das ist zu schnell. Er treibt schon wieder.» Er wand sich unbehaglich in seinem Sessel, beugte sich dann vor, das Kinn auf die rechte Hand gestützt, sah bekümmert drein und murmelte vor sich hin: «Oh! . . . Gar nicht gut! . . .» Nach zehn Takten bat er mich, das Band bis zur Kadenz des zweiten Satzes vorlaufen zu lassen. Ich tat es. Jetzt war Arraus Ausdruck streng und schmerzlich, und seine Augen gingen hin und her. Als die Kadenz zu Ende war, sagte er: «Die Triller werden zu früh zu laut. Aber es ist akzeptabel. Die Teile des langsamen Satzes, die wir gehört haben, sind akzeptabel.» Dann wollte er Teile des dritten Satzes hören. Kaum hatte die Musik eingesetzt, verdrehte er die Augen nach oben und rief aus: *«Viel zu schnell!!»* Das Tempo verminderte sich plötzlich, als (in Takt 66) das zweite Thema vom Klavier eingeführt wurde. Um das neue Tempo auf sich wirken zu lassen, schloß Arrau die Augen und begann schnell und schwer zu atmen. Mit Takt 70 kehrte das ursprüngliche Tempo wieder. Entsetzt schlug er die Augen auf, rief: *«Ach!»* und bat mich, das Gerät abzuschalten.

J. H. Ich habe das kommen sehen. Ich will damit sagen, als ich Sie immer wieder drängte, sich dieses Band anzuhören, geschah das nicht ohne Hintergedanken.

C. A. Soso?

J. H. Ja. Weil ich wußte, wie Sie reagieren würden.

C. A. Vielleicht erklärt dies hier, warum man mir früher immer nachsagte, ich spiele zu schnell. Aus welchem Jahr war das?

J. H. Neunzehnhundertsiebenundvierzig.

C. A. Ach so, dann nicht. Ich dachte an die Zeit davor, als ich in den Zwanzigern war. Damals hieß es immer, ich spielte zu schnell.

J. H. Vielleicht spielten Sie in Ihren Zwanzigern noch schneller.

Diese Tempi sind nämlich gar nicht außergewöhnlich schnell, gemessen an der Norm für dieses Konzert. Sie kommen Ihnen nur heute ungewöhnlich schnell vor. Ich muß sagen, mir persönlich gefallen Ihre neuen Aufnahmen besser als die älteren. Ich finde sogar Ihre Aufnahmen aus dem Jahre 1970 besser als die Einspielungen, die um 1960 entstanden.

C. A. Vielleicht sollte ich sie mir doch nicht anhören. Vielleicht hat mein Instinkt doch nicht getrogen.

J. H. Lassen Sie mich Ihnen noch ein paar Ausschnitte aus den anderen drei Aufführungen vorspielen. Ich glaube, sie werden Ihnen gut gefallen.

Ich schaltete auf die Montreal-Frühbeck-Spur um, und wir waren bei Takt 55 des zweiten Satzes – der perlenden Überleitung zum zweiten Thema. Arraus Züge hellten sich auf. Um das zweite Thema bei Takt 66 auf sich wirken zu lassen, schloß er wieder die Augen und begann mit bebenden Nasenflügeln heftig zu atmen. Während das Thema seinen mühevoll aufstrebenden Weg nahm, öffnete er die Augen und atmete langsam aus: «Ohhhhhhhhh.» Er hörte sich den Rest des Satzes mit offenkundigem Wohlgefallen an und bat dann um Ausschnitte aus den Aufführungen auf den anderen beiden Spuren.

Als Ganzes betrachtet, zeichnen sich die drei jüngeren Aufführungen dadurch aus, daß sie äußerste Spannung mit üppiger Breite verbinden, so daß der Kampf zum Sieg nobel und lang wirkt (und übrigens auch packender ist als in den Einspielungen mit Giulini und Haitink). Die Aufführung unter Krips ist die stürmischste; Orchester und Solist drängen sich gegenseitig zu immer heftigeren Ausbrüchen. Die Frühbeck- und Palmer-Aufführungen, die mehr als zehn Jahre später stattfanden, sind breiter und lastender. Vor allem in der Zusammenarbeit mit Palmer gelingt Arrau eine außerordentlich durchdachte Interpretation, die zugleich so von Leidenschaft durchdrungen ist, daß der Vorwärtsdrang unaufhaltsam ist. Vor allem in dieser Aufführung moduliert Arrau auch seine Beklemmung durch Andeutungen von heiterer Ruhe; ein auffälliges Beispiel dafür ist die Kadenz des zweiten Satzes, wo der lange Doppeltriller nicht mit einem Höhepunkt abschließt, sondern kurz vor seinem Ende überraschend besänftigt wird.

Beim Vergleich der Aufführungen von Montreal und Atlanta äußerte sich Arrau zufrieden über verschiedene Details in beiden. Besonders wichtig war ihm Palmers «herzzerreißende» Behandlung des zweiten Themas im ersten Satz (Takt 26), das seiner Meinung nach seinen Sinn verliert, wenn es zu schnell gespielt wird. Arraus eigener Vortrag dieses Themas, der mit Takt 123 beginnt, ist ein Beispiel für den unbewußten interpretatorischen Reifungsprozeß, den ich schon im Zusammenhang mit seinen Einspielungen der Préludes von Chopin erwähnt habe: zwar steht bei allen vier Aufnahmen die linke Hand ungewöhnlich klar im Vordergrund, doch sind es vor allem die aus den Jahren 1976 und 1977, in denen Arrau seine Linke zum Sprechen bringt. Ebenso hebt Arrau bei der Einführung der beiden Soli des Satzes (Takte 158 und 382) immer die Oberstimme der linken Hand hervor, tut dies jedoch unter Krips, Frühbeck und Palmer auf individuellere Weise als unter Cameron.

Beim Beginn des Finales der New Yorker Aufführung unter Krips gab mir Arrau zu verstehen, er habe genug gehört. Dann lachte er und meinte, Krips sei zwar ein anregender Musiker, jedoch unberechenbar und manchmal ein Freund zu rascher Tempi.

J. H.   Zweck dieser Übung war es natürlich, darüber zu diskutieren, wie sich Ihr Spiel gewandelt hat. Vor vier Monaten sagten Sie in Vermont, Sie stimmten nicht mit denen überein, die behaupten, Ihr Spiel sei «abgeklärter» geworden. Und dann fragte ich Sie, ob Sie bewußt langsamere Tempi wählten als früher. Und Sie vermuteten, daß Sie den zweiten Satz des d-Moll-Konzerts von Brahms heute langsamer spielten. Durch das Abhören der Bänder konnten Sie sich nun selbst überzeugen, daß sich ihre Tempi tatsächlich in allen drei Sätzen erheblich geändert haben.
C. A.   Ich hatte natürlich mit Veränderungen gerechnet.
J. H.   Wenn es sich hier um eine repräsentative Auswahl handelt, kann man nur sagen, daß offenbar eine ungeheuere Weiterentwicklung stattgefunden hat. In einem solchen Maße, daß es manchmal fast unmöglich ist, Sie in der Cameron-Aufführung wiederzuerkennen. Oder würden Sie sagen, daß diese Aufführung nur ein Ausrutscher war?

C. A. Aber sie ist doch auch irgendwie interessant, nein? In gewisser Weise. Auf eine oberflächliche Art. Aber die inneren Werte des d-Moll-Konzerts sind fast unkenntlich ... Es könnte sein, daß es mein Fehler war. Ich habe relativ spät angefangen, die beiden Brahms-Konzerte zu spielen. Als Kind habe ich sie nie gespielt. Martin Krause war dagegen. Ich glaube, ich habe erst in meinen Zwanzigern begonnen, mich mit ihnen zu beschäftigen.

J. H. Aber Sie waren schon vierundzwanzig, als Sie die Aufnahme mit Cameron machten.

C. A. Vielleicht war ich ein Spätentwickler. Ich habe mir schon oft gedacht, daß ich ein Spätentwickler war.

J. H. Ist es Ihnen unangenehm, die Cameron-Einspielung zu hören?

C. A. Immer wenn ich eine Aufnahme von mir höre, bin ich ... nicht verwirrt, aber ...

J. H. Verlegen?

C. A. Nein. Manches gefällt mir ja ...

J. H. Möchten Sie lieber nicht über diese Aufnahmen sprechen?

C. A. Nein, ich glaube nicht.

Die Herausgabe der Beethoven-Sonaten

GESPRÄCH MIT PHILIP LORENZ

Zu Philip Lorenz hat Arrau eine einzigartige Beziehung, anders als zu den übrigen seiner ehemaligen Schüler. Die beiden verstehen sich so gut, daß Lorenz einer der wenigen Menschen ist, mit denen Arrau sich, wie er meint, «ganz zwanglos unterhalten» kann. Im Laufe der Jahre haben Arrau und Lorenz oft gemeinsam Reisen unternommen oder gesellschaftliche Veranstaltungen besucht. Als Arrau von C. F. Peters gebeten wurde, die Beethoven-Sonaten herauszugeben, bat er seinerseits Lorenz, ihm zu assistieren. Die Arbeit an der Ausgabe zog sich von 1969 bis 1978 hin.

Der erste Band von Arraus Beethoven-Edition (Sonaten 1 bis 15) wurde 1973 von C. F. Peters veröffentlicht. Der zweite erschien 1978. Im Gegensatz zu anderen Ausgaben der Beethoven-Sonaten von Pianisten wie Hans von Bülow und Eugène d'Albert bringt Arraus Ausgabe den Urtext. Außerdem hat Arrau Interpretationsvorschläge eingefügt, die er durch Klammern oder gepunktete Bindebögen gegen Beethovens eigene Anweisungen absetzte. Weitere Merkmale der Arrau-Ausgabe sind empfohlene Fingersätze und Metronomangaben. Wie unten besprochen, hat Arrau darüber hinaus eine eigentümliche Methode angewandt, auf Beethovens Subito-Angaben hinzuweisen – also die in seiner Musik so häufig vorkommenden Vorschriften für abruptes Lauter- oder Leiserwerden.

Philip Lorenz wurde 1935 in Bremen geboren und übersiedelte 1959 in die Vereinigten Staaten. Er wurde 1951 Arrau vorgestellt und nahm bei ihm bis 1969 Unterricht. Zeitweise studierte er während dieser Jahre auch bei Rafael de Silva, der lange Zeit Arraus Assistent war. Im Jahre 1969 wurde Lorenz Mitglied des Lehrkörpers der California State University in Fresno, wo er seit

1974 Professor für Musik ist. Er ist außerdem häufig Gastdozent an der Universidad Veracruzana in Mexico, wo er eine Meisterklasse in Arraus Klaviermethode unterrichtet.

Als Interpret hat er allein oder als Duo für zwei Klaviere zusammen mit seiner früheren Frau Ena Bronstein, ebenfalls eine ehemalige Schülerin von Arrau und de Silva, Konzertreisen unternommen.

Ich traf mich mit Lorenz im Juli 1981 in Kalifornien. Seine flüssigen Schilderungen von Arraus Klaviertechnik waren gleichermaßen geprägt von der Kompetenz eines erfahrenen Pädagogen und dem Eifer eines dankbaren Schülers.

J.H. Wie gingen Sie und Arrau an die Aufgabe heran, die Beethoven-Sonaten für die Edition Peters herauszugeben?
P.L. Wir richteten es uns so ein, daß wir die Noten vor uns auf einem kleinen Tisch hatten, außerdem vier, fünf oder sechs Editionen zum Nachschlagen sowie das von Peters zur Verfügung gestellte Manuskript mit einigen musikalischen Korrekturen aus jüngerer Zeit. Die Leute bei Peters hatten die alte Köhler-Ruthardt-Ausgabe genommen und alles weiß übermalt, was nicht im Urtext steht. Es handelte sich praktisch um eine neutrale, unverbindliche Edition. Soweit vorhanden, zogen wir auch Faksimile-Ausgaben zu Rate. Es war erstaunlich, wie mühelos Claudio diese entziffern konnte – es fiel ihm einfach so zu. Das erste Problem war, überhaupt einmal anzufangen. Es galt, ein gewisses Widerstreben, eine Scheu zu überwinden; Claudio wußte einfach nicht, wo er anfangen sollte. Das war also zunächst meine Hauptaufgabe – als eine Art Katalysator zu wirken, um ihm den Start zu erleichtern. Ich fing einfach an, Fragen zu stellen: «Wie ist denn das mit der Stelle hier? Ist das der Fingersatz, den du verwendest?» – «Um Gottes willen, nein! Unmöglich!» Ich ließ nicht locker, schlug dieses und jenes vor, und schließlich erwachte sein Interesse. Takt für Takt gingen wir dann alle zweiunddreißig Sonaten durch, wofür wir fast zehn Jahre brauchten.
J.H. Was hat die meiste Arbeit gemacht? Die Fingersätze?
P.L. Diese Vermutung liegt nahe, weil auf den ersten Blick die Fingersätze die auffälligsten editorischen Ergänzungen sind. Aber wir haben auch Vorschläge für Tempi, Phrasierungen, Dynamik

EDITION PETERS

Nr. 8100 a/b

LUDWIG VAN BEETHOVEN

SONATEN

FÜR KLAVIER ZU ZWEI HÄNDEN

NACH DEN QUELLEN NEU HERAUSGEGEBEN VON

CLAUDIO ARRAU

C. F. PETERS · FRANKFURT

NEW YORK · LONDON

und Zäsuren eingefügt. Sehr oft verwendeten wir dynamische Angaben und Akzente, um die Stimmführung zu verdeutlichen. Und wir fügten ein kleines *s* in Kursivschrift ein, um Stellen mit Subito-Dynamik zu kennzeichnen.

J. H.   Dieses kleine *s* ist sicherlich eine einmalige Besonderheit der Arrau-Ausgabe. Warum haben Sie beschlossen, eigens auf jede Stelle mit Subito-Dynamik hinzuweisen?

P. L.   Weil Claudio meint, daß diese abrupten Dynamik-Änderungen sehr wichtig für Beethovens Sprache sind. Er wollte sichergehen, daß diese Stellen ohne die üblichen allmählichen Übergänge vorgetragen werden. Es gibt natürlich auch Stellen, wo die Dynamik-Änderung allmählicher verläuft. Diese sind durch ein Diminuendo oder Crescendo in Klammern bezeichnet. Das sind Dinge, auf die er sehr großen Nachdruck gelegt hat. Er merkte auch an, wo una corda zu spielen ist und wie weit ein vorgeschriebenes Crescendo oder Diminuendo reicht. Die Ausgabe enthält also auch eine Menge dynamischer Vorschriften, die auf den ersten Blick nicht so auffallen.

J. H.   Ich würde gerne mit Ihnen etwas eingehender über eine bestimmte Sonate oder vielleicht nur einen Satz einer Sonate sprechen – um Fingersätze, Phrasierungen und andere technische und interpretatorische Details zu diskutieren, die typisch sind für die Arrau-Ausgabe und für Arraus Vortragsstil.

P. L.   Ich würde die *Appassionata* vorschlagen, weil diese Sonate sehr bekannt ist und ich sie bei Arrau studiert und auch recht oft selbst vorgetragen habe. Wir könnten uns auf den ersten Satz beschränken und uns mehrere Passagen sehr genau ansehen.

J. H.   Möchten Sie etwas über die ersten Takte sagen?

P. L.   Also, bevor ich zu Arrau kam, begann ich mit dem dritten Finger der rechten Hand, um den f-Moll-Akkord unter der Hand zu halten. Aber ich habe das alles geändert, weil letztlich seine Fingersätze einem eine ungeheure Sicherheit geben, weil die Hand dabei geschlossen und völlig entspannt bleibt. Die Finger sind so natürlich aufgereiht wie bei einem Ungeborenen.

Die rechte Hand beschreibt einen kleinen Kreis zum Daumen hinunter; bei der linken ist es umgekehrt, hier beginnt man mit einem tiefen Daumen und kreist zum fünften Finger hinauf. So braucht man nicht mit gespreizten Händen zu spielen, wobei im-

mer die Gefahr besteht, daß man sich verkrampft oder nervöses
Zittern bekommt, vor allem am Anfang.
J. H. Sein Fingersatz für die Staccato-Baßnoten in Takt 10 ist
charakteristisch.

P. L. Er findet, daß man mit dem fünften Finger den Ton besser
kontrollieren kann als mit dem vierten. Einmal deswegen, weil
der vierte Finger keine eigene Sehne in der Hand hat – man kann
den vierten nicht für sich allein bewegen. Vom dritten zum fünften hat man auch eine größere seitliche Reichweite als vom vierten
zum fünften – man hat die Möglichkeit zu rotieren. In der ganzen
Ausgabe können Sie immer wieder feststellen, daß Arrau vom
dritten zum fünften Finger geht und den vierten ausläßt. Er schal-
tet den vierten ganz rigoros aus, weil er zu schwach und zu wenig
beweglich ist.
J. H. Haben Sie mir nicht einmal gesagt, die Bevorzugung des
fünften Fingers sei zum Teil auf die Konstitution von Arraus
Hand zurückzuführen?
P. L. Die obersten Glieder seiner beiden fünften Finger sind leicht
nach innen gebogen. Er meint, das komme daher, daß er in seinen
frühen Jahren zuviel gespielt habe. Der kleine Finger der rechten
Hand wirkt sogar ein bißchen mißgestaltet. Aber dafür, wie er ihn
einsetzt, ist er hervorragend geeignet. Vor allem auf den schwarzen Tasten spielt er mit der Außenseite der Hand anstatt mit der

Spitze des fünften Fingers oder mit flacher Fingerhaltung. Eine andere für ihn typische Art, den fünften Finger einzusetzen, ist seine Methode, schnelle, absteigende Baßläufe zu spielen. Er hält den Zeigefinger der linken Hand parallel zum Daumen nach unten, so daß Zeigefinger und Daumen eine Art Gabel oder Klammer bilden. Dadurch steht der kleine Finger nach der Seite ab. So wird es möglich, den kleinen Finger in seiner ganzen Länge auf den schwarzen Tasten zu verwenden, indem man die Hand nach links dreht und mit dem Finger nach unten schlägt. Außerdem verstärkt die Hand mit ihrem ganzen Gewicht den fünften Finger. J. H. Zurück zur *Appassionata*: Arrau legt Wert darauf, den großen arpeggierten Lauf in Takt 14 zu artikulieren.

P. L. Er faßt ihn nicht als virtuosen Schnörkel, sondern als etwas völlig Rhythmisches auf. Was seine Technik anbetrifft, so arbeitet er mit seitlicher Bewegung und mit Fingertechnik, um die nötige Kraft zu erzielen. Das schwere Armgewicht wirkt auf die Tasten. Dann verlagert man das Gewicht von links nach rechts, links nach rechts. Es ist ein Rotieren des ganzen Arms, das die Finger auf die Tasten schlagen läßt, wobei sich das Gewicht fortwährend verlagert. Sobald man mit der Rotation aufhört, bleibt man stecken. Wenn man merkt, daß man nervös wird oder sich verkrampft, ist es besser, die Bewegung zu übertreiben, als zu versuchen, sie zu dämpfen. Steifheit hilft einem überhaupt nichts. Mit diesem Problem mußte ich mich immer herumschlagen, beispielsweise in der g-Moll-Sonate von Schumann. Ich hielt kaum bis zum Ende durch, weil ich so steif und verkrampft war, wegen des hohen Tempos – Sie wissen ja, Schumann schreibt «so rasch wie möglich» vor und dann «noch schneller». Das war, bevor ich zu Arrau kam. Seither kenne ich solche Probleme nicht mehr. Wissen Sie, wenn man beim Spielen einer Passage technisch ein gutes Gefühl hat, stehen einem alle Türen offen – man kann sich ganz auf den Klang und seine eigenen Reaktionen darauf konzentrieren. Es ist eine reine Freude, so zu spielen.

Takt 28 ist eine der Stellen, wo wir mit «sopra» und «sotto» angeben, ob die rechte Hand über oder unter der linken sein sollte. Claudio weiß in diesen Dingen ungeheuer gut Bescheid. Ich spielte zehn Jahre lang Brahms' *Paganini-Variationen,* ohne jemals die Passage mit den Doppelgriffen in der Koda zum zweiten Heft richtig hinzukriegen. [Der fragliche Doppelgriff ist dis und a in Takt 18 der 14. Variation.] Ich gab mir die größte Mühe, aber es klang nie sauber. Als ich mich einmal mit Gina Bachauer darüber unterhielt, sagte sie: «Das kann man unmöglich so spielen, wie es notiert ist. Lassen Sie mich Ihnen zeigen, wie Rachmaninow das spielte, welche Fingersätze er anwandte.» Es stellte sich heraus, daß das überhaupt keine Fingersätze waren; es handelte sich um bloße Arrangements, um das Weglassen von Noten. Um trickreiche Manipulation. Und dann kam ich per Zufall darauf, daß Claudio dort, wo ich immer mit der rechten Hand unten spielte, die linke unten hat. Und damit war das Problem gelöst. Anfangs kam mir das schwerer vor – mit der rechten Hand oben zu spielen. Aber inzwischen habe ich mich daran gewöhnt. Soviel zu sopra und sotto.

Für den wirkungsvollen Vortrag der Pianissimo-Passage in Takt 47 schlägt er vor, das Armgewicht zurückzuhalten.

Mit anderen Worten, man soll den Oberarm anheben, so daß die Hand zwangsläufig leicht wird. Man hebt den Arm einfach an, aber nie von der Hand aus, so daß die Finger ungemein leicht über die Tasten laufen.

J. H.   Eine ähnliche Passage findet sich im Finale. Arraus Fingersatz ist hier einfach eins-zwei-eins-zwei.

P.L. Ganz recht. Auch hier hält man das Armgewicht zurück und läuft über die Tasten. Es sieht ein bißchen seltsam aus, aber es ist tatsächlich sehr angenehm, weil man die beiden sichersten Finger einsetzt und einfach mit hochgehobenem Arm vom einen zum anderen rotiert.

J.H. Um wieder auf den ersten Satz zurückzukommen – Arrau erzielt in der mit Takt 51 beginnenden Passage einen ungemein vollen Klang. Es ist artikuliert – man hört jede einzelne Note – und doch sehr klangvoll. Es gibt keine störenden Anschlaggeräusche, keine mangelhaft integrierten Akzente.

P.L. Das ist auch wieder so eine Stelle, wo die Finger beider Hände Halbkugeln bilden, die in entgegengesetzten Richtungen rotieren.

J.H. Es gibt eine ähnliche Passage unmittelbar vor der Prestissimo-Koda in der *Waldstein-Sonate*, wo ich Arraus majestätische Klangfülle noch beeindruckender finde.

P.L. Das ist eine Passage, die von den meisten Interpreten kaum bewältigt wird, weil sie so leicht zu Steifheit führt. Entscheidend ist hier Claudios Einsatz des Daumens bei den Sforzandi, der auf den ersten Blick beinahe bizarr anmutet.

Das geht nur, wenn man ein ungeheuer bewegliches Handgelenk hat. Dadurch, daß man den ganzen Arm einsetzt und das

volle Gewicht auf den Daumen wirken läßt, erreicht man, daß jeder einzelne Ton zu hören ist und der Klang trotzdem sehr voll ist. Man muß dabei darauf achten, daß stets das ganze Armgewicht in den Tasten liegt. Man wühlt sich gewissermaßen in die Tastatur. Die Finger müssen natürlich kräftig genug sein, um das Gewicht der Arme auszuhalten. Mit butterweichen Fingern kann man so etwas nicht machen.

J. H. Hatten Sie und Arrau manchmal Bedenken, Fingersätze zu empfehlen, die ohne die Beweglichkeit und das natürliche Gewicht, über die wir eben gesprochen haben, nicht praktikabel sind?

P. L. Es kam oft vor, daß er ausrief: «Wie soll ein Mensch verstehen, wie das auszuführen ist? Das muß ja völlig verrückt wirken!» Deshalb haben wir Arraus eigene Fingersätze oft als zusätzlichen Vorschlag in Klammern gesetzt und im übrigen einen «normalen» Fingersatz angegeben.

J. H. Könnten wir noch ein wenig über Ihre persönliche Beziehung zu Arrau sprechen, abgesehen vom Musikalischen? Sie haben ja praktisch zehn Sommer bei ihm in Vermont gelebt. Was haben Sie beide neben der Arbeit an den Beethoven-Sonaten sonst noch gemeinsam unternommen?

P. L. Na ja, vor allem Unkraut gejätet. Und Antiquitätengeschäfte besucht. Und natürlich Restaurants. Außerdem diente ich immer als Versuchskaninchen, wenn er Kompositionen probte, die er eine Zeitlang nicht mehr gespielt hatte.

J. H. Was für Stücke spielte er Ihnen da vor?

P. L. Die zweite und dritte Sonate von Brahms. Oh, das war herrlich, wenn seine Frau und ich ihm nach dem Abendessen zuhörten. Wenn er ins Zimmer kam, hätte man genausogut meinen können, er befände sich in der Berliner Philharmonie. Er hätte statt für Ruth und mich genausogut vor dreitausend Menschen spielen können – sein Auftreten, seine Gesten und die Atmosphäre waren dieselben. Und wenn er eine kleine Erinnerungslücke hatte oder eine bestimmte Passage ihm nicht so geriet, wie er sie eingeübt hatte, war das jedesmal ein Unglück. Er hätte natürlich nachsehen oder die Passage wiederholen können, aber darum ging es nicht.

J. H. Möchten Sie etwas über das Jäten oder die Gartenarbeit überhaupt sagen?

P. L. Das Unkrautjäten entwickelte sich zu einer ernsten Konkurrenz für die Arbeit an der Beethoven-Edition. Ich glaube fast, wenn man ihn gewähren ließe, würde er eines Tages von der Bildfläche verschwinden, so vollständig kann das Jäten, das Säubern seines Grundes von Unkraut, ihn in Anspruch nehmen.

J. H. Und wie war es mit dem Essen?

P. L. Er weiß erlesenes Essen in den exklusivsten Restaurants der Welt zu schätzen, aber er hat auch eine Vorliebe für einfachste Motel-Restaurants auf dem Lande.

J. H. Im Jahre 1970 assistierten Sie Arrau in einer Reihe von Meisterkursen über Beethoven-Interpretation, die im Rahmen der Zweihundertjahrfeiern in Bonn stattfanden.

P. L. Soviel ich weiß, hatte er noch nie etwas Ähnliches unternommen. Ich half ihm bei den Vorbereitungen und wich von früh bis spät nicht von seiner Seite. Das war für mich ein einmaliges Erlebnis. Außerdem war er mir ein guter Freund – meine Ehe ging zu der Zeit in die Brüche, und er hätte gar nicht verständnisvoller sein können. Die Meisterkurse waren ein großer Erfolg. Es waren Studenten aus Europa, Japan, Amerika da – Leute, deren Namen man heute hin und wieder sieht. Manche der Lektionen waren wie Konzerte. Ich erinnere mich insbesondere an ein Mädchen, das Beethovens op. 111 spielte – wie er ihr bestimmte Dinge nahebrachte, und die Art, wie er über die Sonate sprach. Selbst im Unterricht kamen seine Persönlichkeit und seine Gefühlswelt so deutlich zur Geltung. Er vermittelte eine genaue Vorstellung von seinem Verhältnis zur Musik, ohne einen einzigen Ton zu spielen.

J. H. Wie begann Ihre Bekanntschaft mit Arrau?

P. L. Ich hatte nach dem Krieg in Bremerhaven eine Lehrerin, über deren Namen er heute noch lachen muß, als hörte er ihn zum ersten Mal. Sie hieß Elisabeth Stunkel. Also, sie hatte jedenfalls am Sternschen Konservatorium studiert, und als sie ausgebombt wurde, wollte sie vor allem ihren Flügel und ein Porträt von Arrau retten. Ihr Lehrer hatte sie einmal zu einem Konzert des kleinen Claudio Arrau mitgenommen. Sie erzählte mir, er habe Liszts Musik einfach phänomenal gespielt. Das war jedenfalls das erste Mal, daß ich seinen Namen hörte. Und nachdem ich nach Washington übersiedelt war, gewann ich einen Wettbewerb – ich weiß selbst nicht, wie. Daraufhin wurde ich Arrau vorgestellt. Ich spielte ihm in seinem Haus vor, und er nahm mich an und ließ mich von seinem Assistenten Rafael de Silva unterrichten. Ich arbeitete eine Zeitlang mit de Silva und spielte dann Arrau wieder vor. Er war außerordentlich freundlich zu mir und sagte, er werde mich fortan selbst unterrichten. Nicht lange danach hörte ich ihn zum ersten Mal spielen – bei einem Beethoven-Abend in der New Yorker Town Hall. Das war für mich ein erschütterndes Erlebnis. Es war, als würde mir Beethoven von den frühesten Sonaten bis zur letzten offenbart, und ich war einfach fassungslos. Er begann mit op. 2, Nr. 3 und endete mit op. 111. Es war nobel, erhaben, brillant. Mir erschien es als die Ideal-Interpretation – nicht als persönlicher Erfolg eines Mannes, sondern als eine heilige Handlung im Dienste der Musik. Ich war überwältigt. Ich ging hinter die Bühne und sagte etwas, das heute noch ebenso gilt wie damals – ich sagte, das sei der glücklichste Tag meines Lebens. Und dann seine Reaktion – ich sehe sein Gesicht noch vor mir; es strahlte vor Güte und Freude, so als sei er überrascht, etwas so Aufrichtiges zu hören. Er lächelte auf eine Weise, die mir Zeit ließ, in Worte zu fassen, was mich bewegte. Es war einfach wundervoll. Damals hätte ich mir nicht träumen lassen, daß ich eines Tages mit ihm zusammen an dieser Beethoven-Ausgabe arbeiten würde. Und nie, nicht ein einziges Mal, wurde ich in all diesen Jahren enttäuscht. Ich habe mich immer wieder an seinem Vorbild orientiert, an den unumstößlich hohen Zielen seines Lebens für die Musik.

Der Solist und sein Dirigent

GESPRÄCH MIT DANIEL BARENBOIM

Es ist wahrscheinlich nur wenigen bekannt, daß Daniel Barenboim die ersten neun Jahre seines Lebens in Südamerika verbrachte – er wurde 1942 in Buenos Aires geboren. Sein Vater, der sein erster Klavierlehrer war und Arrau kennt, arrangierte es, daß Barenboim im Alter von neun Jahren Arrau vorspielen konnte. Arrau war beeindruckt, und ist es immer noch. Seit Barenboim auch dirigiert, hat Arrau unter seiner Stabführung Konzerte von Beethoven und Brahms gespielt.

Barenboim erwidert Arraus Bewunderung. In einer Würdigung zu seinem fünfundsiebzigsten Geburtstat schrieb er am 4. Februar 1978 in der Münchener *Abendzeitung* unter anderem:

«Was ich an Claudio Arrau am meisten bewundere, ist die Verbindung von 19. und 20. Jahrhundert. Er ist ja eines der ganz wenigen verbliebenen Bindeglieder zur Musiktradition des Dix-Neuvième. Die Ahnentafel seiner Lehrer reicht zurück bis zu Franz Liszt. Da ist also das Erbe des großen, subjektiven, virtuosen Interpreten noch lebendig. Auf der anderen Seite hat Arrau auch die besten Seiten des modernen Klavierstils übernommen: das absolut texttreue Spiel, das sich nie über den Komponisten hinwegsetzt . . . Das eben kombiniert Arrau wie kein anderer, indem er die besten Aspekte dieser beiden Welten vereint. Ich wäre froh, ich könnte dieses Ideal von Arrau lernen.»

Zu Barenboims musikalischen Helden zählen auch Edwin Fischer, dessen Meisterklassen er als Klavier-Wunderkind im Jahre 1952 verfolgte, und Wilhelm Furtwängler, den er wie Arrau tiefer als jeden anderen Dirigenten verehrt. Als Dirigent wie auch als Pianist ist Barenboim bestrebt, die warme Sonorität und die ausgedehnten, doch bewußt eingesetzten Rubatos wiedererstehen zu lassen, die er mit Fischer, Furtwängler und Arrau in Verbindung bringt.

Ein weiteres Interpretationsprinzip, zu dem sich Barenboim in dem folgenden Gespräch bekennt, ist der Einsatz anhaltender harmonischer Spannung als übergreifendes Gestaltungsmittel. Auch darin greift er auf Furtwängler sowie auf den gefeierten Musiktheoretiker Heinrich Schenker zurück, mit dem Furtwängler häufigen Gedankenaustausch pflegte. Schenker versucht in seinen Analysen nachzuweisen, daß ganze Sätze von Sonaten und Symphonien Ausarbeitungen linearer und harmonischer Progressionen sind.

Ich traf mit Barenboim im März 1981 zu einem einstündigen Gespräch in einem New Yorker Hotel zusammen. Er hatte offenkundig einen sehr gedrängten Terminplan. Tags zuvor hatte er einen Klavierabend mit Werken von Beethoven gegeben. An diesem Tag stand ein Liszt-Abend auf dem Programm. Die Partitur einer Bruckner-Symphonie lag aufgeschlagen auf einem Tisch. Er sprach rasch und intensiv. Da er in seinem jüngsten Konzert mit Arrau in Paris das d-Moll-Konzert von Brahms dirigiert hatte, bat ich ihn, zunächst ein paar Worte über Arraus Interpretation dieses Werkes zu sagen.

D. B. Arrau versteht es wie kaum ein zweiter, das Gewicht des d-Moll-Konzerts von Brahms spürbar zu machen. Und trotz all der Temposchwankungen wirkt der erste Satz bei ihm sehr geschlossen. Das ist sehr wichtig; meist wird er nämlich in Stücke gehackt.

J. H. Sein emotionales Durchhaltevermögen bei solchen Werken ist bemerkenswert.

D. B. Das ist eine seiner wichtigsten Eigenschaften – daß bei ihm der Vortrag eines Musikstücks offenkundig das Ergebnis langen Nachdenkens und gründlicher Analyse sowie aller möglichen Vorarbeiten ist; aber genauso typisch für ihn ist es, daß er in jedem Augenblick vollständig in der Musik aufgeht. Psychisch wie physisch geht ihm die Musik regelrecht in die Knochen und ins Blut. Ich glaube, das ist eine seiner liebenswertesten Eigenschaften.

J. H. Wer von den Musikern, mit denen Sie schon zusammengearbeitet haben, besitzt ebenfalls diese Fähigkeit zur tiefen, anhaltenden Versenkung?

D. B. Fischer-Dieskau ist wohl das naheliegendste Beispiel. Im allgemeinen ändert sich die Intensität der Beziehung zwischen dem Interpreten und der Musik von einer Aufführung zur nächsten ganz erheblich. Nur sehr wenige Musiker besitzen diese Fähigkeit in einem so hohen Maße wie Arrau und Fischer-Dieskau. Man mag mit dem, was sie machen, einverstanden sein oder nicht, man spürt auf alle Fälle, welcher Ernst, welcher Glauben dahintersteht – die Aufführung dieses bestimmten Stückes wird in diesem Moment zur wichtigsten Sache in ihrem Leben. Ich bin sicher, daß für Arrau in den Minuten, in denen er das d-Moll-Konzert von Brahms spielt, dies wirklich das Allerwichtigste ist – wichtiger als sein persönliches oder physisches Wohlergehen, wichtiger als die Öffentlichkeit, wichtiger als alles andere. Und dieses Verhältnis zur Musik überträgt sich aufs Publikum.

J. H. Wie ist Arrau als Solist, wenn Sie dirigieren?

D. B. Phantastisch. Weil er ein Allround-Musiker ist, und weil er den Orchesterpart so gut kennt. Er spielt den Klavierpart in einem Konzert nicht als etwas, das außerhalb des Orchesters steht, sondern wirklich als Teil davon. Deshalb ist es wirklich sehr leicht, mit ihm zu spielen. Daß es leicht ist, sage ich zum Teil auch deshalb, weil eine der stärksten Antriebskräfte seiner Vortragsweise die harmonische Spannung ist. Mehr noch als die melodische Schönheit einer Phrase, mehr noch sogar als der rhythmische Impuls. Und das Tempo der harmonischen Bewegung sowie das Ausmaß der harmonischen Spannung sind es, die ihn veranlassen, bestimmte Werke viel langsamer zu spielen, als man sie von anderen zu hören gewohnt ist. Und ich glaube, völlig zu Recht. Wenn nämlich jemand seine Tempi spielen wollte, ohne diese Intensität der harmonischen Beziehungen zu haben, wäre das Ergebnis katastrophal. Leute, die diese Fähigkeit nicht besitzen, sind gut beraten, wenn sie ein bißchen schneller spielen. Wenn man nämlich sehr langsam spielt, muß man jede Note, jeden Raum füllen, und man muß die Spannung der Harmonien wahrnehmen. Ich meine, manchmal ändert sich die Harmonie vier Takte lang nicht, und dann bekommt ein einzelner Harmoniewechsel ein ungeheueres Gewicht. Und um sich Zeit lassen zu können, diesen Harmoniewechsel auszudrücken, muß man in der Lage sein, ihm große Intensität zu verleihen.

J. H. Erinnern Sie diese Beobachtungen an Furtwängler und Schenker?

D. B. Ja. Die haben weitgehend ähnliche Auffassungen vertreten.

J. H. Wie steht es mit der Klaviertechnik? Arrau ist natürlich ein entschiedener Verfechter des Einsatzes von Arm- und Schultergewicht. Ist das, neben seinen interpretatorischen Gaben, ebenfalls wichtig für Sie?

D. B. Nein, das kann ich eigentlich nicht sagen. Ich meine, ich bewundere sehr seine pianistischen Fähigkeiten und den Klang, den er aus dem Klavier herausholt – die wahrhaft orchestrale Sonorität, die er erzielt. Das ist zum Beispiel ganz deutlich, wenn er Liszt spielt. Aber seine Spieltechnik, das ist nichts, was man halbherzig übernehmen könnte – entweder man übernimmt es ganz, oder man verzichtet überhaupt darauf. Man kann nicht zwanzig Prozent davon übernehmen und den Rest weglassen.

J. H. Sie sprachen von seinem Klang.

D. B. Das wichtigste an seinem Klang ist meiner Meinung nach die Fülle. Wenn er Akkorde spielt, klingen sie immer so voll, weil jeder Akkord in sich ausbalanciert ist, so daß man nicht nur die oberen Töne und die Baßtöne und in der Mitte nichts hört. Etwas anderes, was für ihn typisch ist und meiner Ansicht nach mit seiner Armtechnik zusammenhängt, ist ein körperloser Klang, besonders wenn er ein Stück wie *Jeux d'eaux à la Villa d'Este* spielt. Diese Tonkaskaden, die so typisch für Liszts Schaffen sind – die harfenartigen Klänge, die bei vielen sogenannten Liszt-Spezialisten einfach fehlen; jedenfalls höre ich sie nicht. Ich glaube, daß Liszts zwanghafte Vorliebe für harfenartige Klänge, bei Arpeggien und Ähnlichem, wirklich nur selten so gut zur Geltung gebracht wurde wie von Arrau. Und er nutzt *jedes pianistische Mittel* für den musikalischen Ausdruck. Wenn er gebrochene Akkorde spielt, vor allem bei Liszt, haben niemals zwei die gleiche Geschwindigkeit. Mit anderen Worten, er variiert bewußt die Geschwindigkeit der Arpeggien zugunsten des musikalischen Ausdrucks an der betreffenden Stelle der Phrase. Daß da ein Arpeggio-Zeichen steht, bedeutet ja nicht, daß man automatisch rmmmmmmmm spielen müßte! Manchmal kann es wirkungsvoll sein, ein Arpeggio so rasch hingeworfen zu spielen; in anderen Fällen, vor allem bei harmonischer Intensität, kann es erforderlich sein, bewußter zu spielen.

J. H. Sie haben zwei verschiedene Arten des Klangs beschrieben – der eine voll und orchestral, der andere körperlos.

D. B. Ein ätherischer Klang.

J. H. Zwei sehr verschiedene Arten des Klangs.

D. B. Die einander jedoch ergänzen. Wollte man ständig mit vollem, dichtem Klang spielen, wäre das unerträglich.

J. H. Mir scheint, diese zwei Klangarten hängen mit Arraus voller Intonation zusammen, mit der Glätte seines Tons, der ja nie splittert. Beide Arten sind homogen – die Struktur ist relativ gleichförmig, also nicht rauh oder zerrissen.

D. B. Ja, sicher.

J. H. Ich habe gehört, daß Sie einmal ein Gespräch über die *Appassionata* mit Arrau hatten.

D. B. Er kam einmal in New York in ein Konzert, in dem ich die *Appassionata* spielte, und fand es gar nicht gut. Aber er war furchtbar nett und freundlich. Hinterher war ich noch bei ihm zu Hause, und er sagte nicht einfach: «Das war schrecklich!», und damit basta. Er erklärte mir wirklich, warum er dieses oder jenes nicht gut fand, hauptsächlich das Tempo im ersten Satz, die natürliche Neigung, zu schnell zu spielen, sobald es laut wird. Ich nehme ihm seinen Dogmatismus nicht übel, wissen Sie. Weil er nicht aufgesetzt ist. Ich meine, so ist er nun mal. Das Äußerste, was man ihm vielleicht vorwerfen könnte, wäre, daß er ein ganz klein wenig pedantisch ist. Aber es steht eine solche Überzeugung dahinter, daß man auch dann, wenn er etwas sagt, das dogmatisch oder pedantisch klingt, immer Stoff zum Nachdenken bekommt.

J. H. Wann haben Sie Arrau kennengelernt?

D. B. Ich begegnete ihm zum erstenmal, als ich neun Jahre alt war. Ich spielte ihm vor. Er war schrecklich nett und voll des Lobes. Während meiner Kindheit und Jugend war er mir immer eine Quelle der Kraft, weil er immer an mich geglaubt hat. Es gab auch Zeiten, in denen meine Karriere nicht so gut lief, und da hat er mir immer das sichere Gefühl vermittelt, daß er zu mir hielt. Wie gesagt, er war mir immer eine Quelle der Kraft und Zufriedenheit.

J. H.   Möchten Sie noch etwas über Arrau als Mensch sagen – wie er im Vergleich zu anderen bedeutenden Musikern abschneidet?

D. B.   Nun, sein herausragender Charakterzug ist, glaube ich, die große Spannweite seiner Interessen. Er kann wirklich stundenlang über andere Dinge als Musik sprechen. Leider ist das eher die Ausnahme als die Regel. Ich bin überzeugt, daß dies der Grund ist, weshalb sein Spiel so abwechslungsreich und charaktervoll ist, daß er sich für so viele andere Dinge interessiert – Oper und Theater und Philosophie und Literatur, etruskische Kunst, alt-amerikanische Kunst und vieles andere – einfach alles, was schöpferisch ist oder war. Davon zehrt er, genau wie er davon zehrt, die Noten immer und immer wieder zu lesen. Ich bewundere das sehr.

J. H.   Worüber haben Sie beide sich unterhalten – bei Ihren stundenlangen Gesprächen?

D. B.   Über Politik – die relativen Vorteile und die Notwendigkeit der Demokratie. Über Geschichte und Mystik. Ich weiß noch, in Israel, es ist schon etliche Jahre her, hatten wir mal ein langes Gespräch über jüdische Mystik im Mittelalter. Arrau besitzt für mich eine ganz besondere Faszination: einerseits ist er äußerst rational, andererseits ist er, wenn alles rational bewiesen ist, regelrecht darauf versessen, als letzten Beweis auch den mystischen Urgrund der Dinge zu finden. Oh, er ist ein faszinierender Mensch.

Der Lehrer und sein Schüler

GESPRÄCH MIT GARRICK OHLSSON

Anders als Daniel Barenboim, der als Kind in London, Paris, Salzburg, Tel Aviv und Wien studiert hat oder aufgetreten ist, und zu dessen Idolen Edwin Fischer und Wilhelm Furtwängler gehörten, wuchs der 1948 in White Plains, New York, geborene Garrick Ohlsson im Nachkriegs-Amerika auf, in dem Fischer unbekannt und Furtwängler als vermeintlicher Kriegsverbrecher geächtet war. Jascha Heifetz, Wladimir Horowitz und Arthur Rubinstein waren die führenden Instrumentalisten. Ein vierter Musiker, Arturo Toscanini, wurde im Radio und auf Platten als der größte Dirigent aller Zeiten gefeiert.

Horowitz' Einfluß auf die Nachkriegsgeneration amerikanischer Pianisten war in etwa der zentralen Rolle vergleichbar, die Franz Liszt einst in Europa spielte. Trotz einzelner Beispiele für erstaunliche Früherfolge schlugen seine Adepten etwa ab 1970 andere Wege ein, und dies nicht bloß deswegen, weil die Meinungen sich geändert hatten. Der hohe Verschleiß, der aus dem Bemühen resultierte, der Horowitzschen Tonstärke und Turbulenz nachzueifern, führte in manchen Fällen zu vorzeitigen Ausfallserscheinungen. Von den herausragenden amerikanischen Pianisten-Karrieren der fünfziger und sechziger Jahre scheiterte eine bedenklich große Zahl daran, daß die Finger schwach wurden oder ihren Dienst ganz aufgaben.

Ohlsson hatte nach seinen eigenen Worten ebenfalls den Ehrgeiz, ein zweiter Horowitz zu werden. Aber er war jung genug, dieser Versuchung dann doch nicht zu erliegen. Als Svjatoslav Richter sein sensationelles Debüt in Amerika gab, war Ohlsson erst zwölf und noch für neue Eindrücke empfänglich. Schließlich kam er unter die Fittiche von Olga Barabini (gest. 1980), deren

Abgott Arrau war. Ohlsson ging zwar weiter auf die Juilliard School, die berühmte New Yorker Musikakademie, an der er von 1961 bis 1971 studierte, aber Olga Barabini war von 1966 bis 1972 seine eigentliche Lehrerin. In den Jahren 1973 und 1974 nahm er jeweils im Sommer insgesamt etwa ein Dutzend Stunden bei Arrau.

Wie er selbst und auch Arrau bestätigen, ist Ohlsson kein Arrau-Produkt. Dem Temperament nach sind sie meilenweit voneinander entfernt. Arrau ist fest verankert, Ohlsson ungeduldig und flink. Dennoch war Ohlssons behende Anpassung an Arrau von entscheidender Bedeutung für ihn. Obwohl er sich keineswegs mehr strikt an die von Olga Barabini und Arrau vertretenen Prinzipien hält, ist er mit seinem technischen Apparat doch noch überwiegend Arraus Philosophie vom «natürlichen Gewicht» verpflichtet. Seine exzellente Begabung, donnernde Fortissimi zu produzieren, ohne den Klang aufsplittern zu lassen – was bei den von ihm bevorzugten weichen Bösendorfer-Flügeln besonders schwierig ist –, beruht darauf, daß er nicht nur mit den Fingern spielt, sondern das Körpergewicht einsetzt.

Ich unterhielt mich mit Ohlsson im März 1981 in seiner New Yorker Wohnung. Auf seine sympathische Art redete er so viel und so schnell, daß er sich manchmal verhaspelte. Wenn er etwas Musikalisches erläutern wollte – etwa als er von der Unterrichtsstunde über das Brahms-Konzert in B-Dur erzählte –, rannte er jedesmal zum Klavier. Er begann damit, daß er mir beschrieb, wie es dazu gekommen war, daß er Olga Barabini um Hilfe bat.

G. O. Ich hatte schon eine Zeitlang bei Sascha Gorodnitzki an der Juilliard School studiert und dabei wohl das in mich aufgenommen, was man den altrussischen Konservatoriums-Stil des Klavierspiels nennen könnte. Ich war ein kleines Energiebündel und überwiegend ein Wladimir-Horowitz-Imitator, wie es so viele Pianisten sind, vor allem die auf Wettbewerbe getrimmten Juilliard-Studenten. Und ich konnte das sogar ziemlich gut. Natürlich hatte ich damals keine rechte Vorstellung davon, was Horowitz zu dem Pianisten machte, der er war – daß er neben der pianistischen Bravour, die er etwa in seine donnernden Baßklänge investierte, dem Klavier auch sehr subtile Wirkungen entlockte.

Das wußte ich nicht, niemand um mich herum wußte das, und so drosch ich eben drauflos. Eines Tages war ich in einer Meisterklasse von Gorodnitzki und spielte wahrscheinlich auf Teufel komm raus Skrjabin und Liszt, als ich plötzlich furchtbare Schmerzen im ganzen linken Unterarm bekam. Heute wüßte ich, was ich dagegen tun oder wie ich mich dagegen schützen kann, aber damals spielte ich mit Willenskraft. Ich muß da ungefähr siebzehn gewesen sein. Gorodnitzki war ratlos; er wußte nicht, was er mir empfehlen sollte. Man brachte mich in die Ambulanz eines Krankenhauses, wo mir irgendein Mittel zur Entspannung der Muskeln in den Arm gespritzt wurde. Das war natürlich ganz schön beunruhigend. Und Olga Barabini – sie war wie so ein Quacksalber oder Akupunktur-Spezialist, der behauptet, einem helfen zu können, wenn alle anderen sich keinen Rat mehr wissen. Sie sagte zu mir: «Du brauchst nicht so teuer dafür zu bezahlen, weißt du. Du könntest auch mit weniger Kraftaufwand zum gleichen Ergebnis kommen. Außerdem wäre das auch musikalisch viel befriedigender.» Ich konnte mir gar nicht denken, was sie meinte, und glaubte ihr natürlich kein Wort. So etwas hatte ich nämlich noch von keinem Pianisten oder Klavierlehrer gehört. Die spinnt doch total, dachte ich mir; die gehört in die Klapsmühle. Daran, wie zum Beispiel Arrau spielte, den ich schon öfter erlebt hatte, dachte ich überhaupt nicht. Ich wußte nicht, wo der Unterschied lag. Mir war nur die ungeheure Leichtigkeit und Natürlichkeit seines technischen Apparats aufgefallen. Ich wußte damals nicht, wie man durch Zuschauen von einem Pianisten lernen konnte; das hatte mir niemand beigebracht.

So ging ich dann eben doch zu Olga Barabini. Allerdings erst ein Jahr später, wenn ich mich recht erinnere. Ich mußte ein bißchen an meinem französischen Repertoire arbeiten. Ich übte gerade *Scarbo* aus *Gaspard de la nuit* ein, und die Barabini sagte: «Ah, du studierst *Scarbo*. Ich weiß da ein paar sehr gute Fingersätze. Vielleicht lösen die ein paar Knoten. Du hast ja sicher gemerkt, was das für ein schwieriges Stück ist?» Und ich erwiderte: «Ja, ich hab gemerkt, was das für ein schwieriges Stück ist.» Ich ging zu ihr nach Hause und war nicht darauf gefaßt, eine dreistündige Lektion über *Scarbo* zu kriegen, aber genau die kriegte ich. Ich hatte mir vorgestellt, sie würde mir ein paar phantastische Tips für die

Interpretation geben und mir ein paar Fingersätze zeigen, und damit basta. Aber sie setzte bei den Grundlagen meiner Technik an, weil das ihre Art zu unterrichten war, und das entspricht ziemlich genau Arraus Unterricht. Er sagt nicht: «Wir werden jetzt eine halbe Stunde über Technik reden und uns dann über die Interpretation unterhalten.» Das geht alles in einem. Ich war fassungslos. Sie zeigte mir mehrere Möglichkeiten, entspannter zu spielen. Sie machte nicht alles auf einmal.

Ich nahm dann weiter Unterricht bei ihr. Wir nahmen uns ein paar Sachen von Chopin vor, und es war dasselbe – ständig hatte sie etwas gegen meine Technik einzuwenden. Sie zeigte mir immer wieder, wie man das Handgelenk, die Arme entlastet, wie man das Gewicht einsetzt, wie man sich wirkungsvoller bewegt. Und ich glaube, irgendwann fragte ich sie einmal: «Woher wissen Sie das denn alles?» Da zog sie nur ganz hochmütig die Luft durch die Nase ein und sagte: «Sie wissen doch, ich habe bei Claudio studiert.» Als ob das alles erklärt hätte. Dann erzählte sie mir, welchen Wert er auf Yoga-Übungen, moderne Tanzformen und so weiter legte. Sie begann, mich zu indoktrinieren, Schritt für Schritt. Und ich spitzte die Ohren, denn das waren die Lösungen für viele meiner Probleme. Da ich ohnehin von Natur aus ein sportlich begabter Pianist war, fand ich es sehr erfreulich, daß man nicht die Zähne zusammenzubeißen und sich fast zu Tode schinden mußte, um bestimmte Tonstärken zu erreichen oder sehr zarte Passagen richtig zu spielen. Bis dahin hatte ich das immer nur auf eine Art erreicht – durch schiere Willenskraft; Sie wissen schon, wenn man sich groß fühlt, macht man großen Lärm, und wenn man sich klein vorkommt, spielt man auch kleinlaut. Es war für mich eine Angelegenheit der Herrschaft des Geistes über die Materie. Wenn man achtzehn ist, kann man sich so was leisten. Kein Problem, wenn man achtzehn ist. Aber je älter man wird, um so schwieriger wird es.

Ich würde sagen, ich habe zwei Jahre gebraucht, um das einzusehen. Rund zwei Jahre Studium bei der Barabini. Und ich profitierte auch von ihrem breiten musikalischen Wissen. Sie war eine Frau von Kultur. Sie sprach viele Sprachen. Es konnte jederzeit vorkommen, daß sie sich eine Stelle aus dem *Faust* vornahm und eine halbe Stunde lang darüber sprach, anstatt mit dem nächsten

Beethoven-Stück zu beginnen. Es war so eine altmodische Beziehung, die wir hatten, und für mich war das unheimlich schön und aufregend.

Während dieser Zeit nahm Arrau in meiner Vorstellung göttliche Züge an. Ich fing an, in seine Konzerte zu gehen. Ich kaufte mir seine Platten, die gerade zu der Zeit in größerer Zahl auf dem amerikanischen Markt erschienen. Und das war meine erste Bekanntschaft mit ihm, nachdem ich in Ansätzen erfahren hatte, was es mit ihm auf sich hatte. Ich entdeckte, daß er in vielem von der damals üblichen Art des Musizierens abwich. Das zeigte natürlich nur, was für eine unvollkommene Vorstellung ich vom «Üblichen» hatte. Es war eine Frage der persönlichen Erfahrung.

J. H. Sie waren eben nur den Göttern des amerikanischen Musiklebens ausgesetzt gewesen. Wer waren denn vor Arrau Ihre Idole?

G. O. Das erste war Rubinstein. Er war der erste Konzertpianist, in den ich mich verliebte. Als ich zehn war. Ich kannte natürlich Horowitz von Platten – in der Öffentlichkeit spielte er ja nicht. Ich wußte, daß ich mich mit Serkin auseinandersetzen mußte, interessierte mich aber nie besonders für ihn; er spielte all diese ungeheuer ernste Musik, und mir war glitzernde Musik lieber. Und dann kam Richter mit einem Beethoven-Abend in der Carnegie Hall. Das war für mich im Alter von zwölf Jahren ein Wendepunkt. Ich hatte noch nie Freude an einem langsamen Satz gehabt. Ich wartete immer mit Ungeduld auf die schnellen Sätze. Aber ich weiß noch, daß ich vom langsamen Satz von op. 2, Nr. 3 wie hypnotisiert war, als Richter ihn spielte.

J. H. Wann spielten Sie Arrau zum erstenmal vor?

G. O. Das war im Jahre 1967. Ich spielte die *Eroica-Variationen*. Er schmeichelte mir, war sehr nett. Das Problem war, daß Olga Barabini nicht wollte, daß ich bei Arrau studierte. Sie wußte, daß sich ihr Einfluß auf mich verringern würde, wenn ich zu Arrau ging. Aber um es kurz zu machen: Als ich fünfundzwanzig war, hatte ich immer wieder einmal gehört, daß verschiedene Leute, die ich kannte, Arrau vorspielen durften. Und ich dachte mir, wenn die ihm vorspielen können, dann kann ich ihm verdammt noch mal auch vorspielen. Also rief ich ihn eines Tages einfach an und fragte ihn. «Ist Olga denn einverstanden?» fragte er mich. Sie war beleidigt, aber sie willigte ein. So kam es, daß ich bei ihm studierte, und das hat mir sehr geholfen.

J. H. Was haben Sie bei ihm studiert?

G. O. Das erste Werk war das B-Dur-Konzert von Brahms. Das war ungeheuer wertvoll. Ich meine, es war auf allen Ebenen eine ungeheuer wertvolle Erfahrung für mich. Während nämlich Olga in theoretischer, philosophischer Hinsicht sehr gut war, hatte sie natürlich längst nicht soviel praktische Erfahrungen wie Arrau. Und ich konnte nur immer wieder staunen, wie eingehend er sich mit praktischen Details befaßte. Was ihn einfach umwarf, war die Tatsache, daß ich im Hinblick auf die Fingersätze sozusagen ein kleiner Arrau war – das hatte ich natürlich von Olga. Ich verwendete Fingersätze, die noch extremer waren als seine eigenen. An einer Stelle in der einleitenden Kadenz des Brahms-Konzerts meinte er: «Glänzende Fingertechnik. Aber vergessen Sie nicht, Sie sind eben erst aufs Podium gekommen. Sie müssen sich erst noch an den Klang des Flügels, an die Akustik gewöhnen. Ich würde einen solchen Fingersatz an dieser Stelle noch nicht riskieren. Wir wär's denn mit diesem hier?» Und ich dachte mir, hoppla, mein Idol ist ja auch nur ein Mensch. Er sorgt sich um die gleichen Dinge wie ich. Für Olga war er nämlich ein höheres Wesen, kein Mensch von Fleisch und Blut. Ich weiß noch, wie erleichtert ich war, als mir das aufging. Und ich erinnere mich auch, wie beeindruckt ich von seiner Persönlichkeit war. Und welche Ausdrucksvielfalt er mir entlockte. Und seine unglaublich konzentrierte Aufmerksamkeit. Ich meine, ihm entging *nichts*. Absolut *gar nichts*. Er war unerbittlich als Lehrer, und das war phantastisch. Ich wußte nämlich, daß die größten Lehrer so sein müssen. Und ich hatte noch nie einen so unerbittlichen, so überzeugenden Lehrer gehabt. Dabei forderte er mich aber immer wieder auf, es zu sagen, falls ich anderer Meinung sei. Aber ich war ein bißchen gehemmt, was mit dem Bild zusammenhing, das ich mir besonders damals von meiner eigenen Persönlichkeit machte. Außerdem kann ich mich ganz gut in andere hineindenken, wenn sie ihren Standpunkt überzeugend darlegen. Für einen Musiker bin ich in dieser Hinsicht ziemlich tolerant. Viele meiner Kollegen – wenn man denen etwas vorschlagen will, sagen sie immer gleich: «Nein, das kommt für mich nicht in Frage.» Ich ließ mich dagegen immer erst einmal schnell überzeugen. Ich meine, ich bin ein beeinflußbarer Mensch. Und deshalb bekam ich doch allmählich Angst. Arrau hat in mancher Hinsicht so unverrückbar feststehende Ansichten – es gab keine andere Möglichkeit, dieses Bild aufzuhängen; wenn man einmal die richtige Art gefunden hatte, war der Fall erledigt. Das konnte ich damals Arrau nicht sagen, weil ich zuviel Angst vor ihm hatte. Obwohl ich einerseits alles verehrte, was er machte, war ich andererseits auch ambivalent und hatte Konflikte.

J. H. Hatten Sie auch Konflikte in technischer Hinsicht?

G. O. Nicht, solange ich bei ihm Unterricht nahm. Aber einmal machte ich auf einer Tournee in Vancouver die Bekanntschaft eines ziemlich exzentrischen Russen namens Jan Tscherniawsky. Er war ein komischer alter Kauz, der jeden Pianisten, der in die Stadt kam, mit seinen persönlichen Ansichten über das Musizieren belämmerte. Und ich war fasziniert. Er meinte, ich müßte technisch einiges unbedingt anders machen, und ich war zwar nicht überzeugt, aber bereit, es zu versuchen. In dieser Zeit hörte mich Arrau einmal, und er war entsetzt, was ich ihm gar nicht verdenken kann. Ich war damals wirklich ziemlich verwirrt. Und dann mußte er sich wieder wundern, als ich ihm im selben Sommer vorspielte. Weil ich wußte, daß es keinen Zweck gehabt hätte, Arrau vorzuspielen und dabei das System eines anderen anzuwenden, gab ich mir Mühe, wieder nach seinem System zu spielen, und er konnte sich nicht fassen vor Verwunderung darüber, daß ich ein solches Chamäleon sein konnte. Er sagte: «Wissen Sie, Sie brauchen nicht mit meiner Technik zu spielen, wenn Sie nicht wirklich von ihr überzeugt sind.»

J. H. Welche Kompositionen studierten Sie bei ihm nach dem Brahms-Konzert?

G. O. Das erste Klavierkonzert von Beethoven, das c-Moll-Konzert von Mozart, die Sonate fis-Moll von Schumann. Das war alles. Aber dafür war ich ungefähr zwölfmal bei ihm.

J. H. Erinnern Sie sich noch an irgendwelche interpretatorischen Einsichten, die Sie dabei bekamen?

G. O. Unzählige. Beispielsweise hier, im zweiten Satz des Brahms-Konzerts:

Arrau sprach sehr viel darüber, daß man an dieser Stelle die linke Hand ganz auf die rechte Seite drehen muß, damit der Daumen fast senkrecht von oben kommt, wodurch sich die Melodietöne besser herausarbeiten lassen. Und etwas Ähnliches muß man an der entsprechenden Stelle zwei Oktaven höher mit der rechten Hand machen, wo der Mittelfinger dieselbe Linie spielt wie der Daumen bei der linken Hand. Er sagte, man müßte die mittleren Finger der rechten Hand fast senkrecht stellen, wie Stacheln, und den Daumen und den fünften Finger entlasten, damit sie nicht die in dieser Akkord-Passage enthaltene melodische Linie übertönen. Das war für mich ein sehr wichtiger technischer Hinweis. Das sind die Dinge, über die er sich Gedanken macht. Und das ist die Art von Meisterschaft, die er selbst ständig demonstriert. Natürlich rannte ich heim und hörte mir seine Aufnahme mit Giulini an. Und natürlich spielte er die Stelle genauso, wie er es mir im Unterricht erklärt hatte.

Ein andermal nahmen wir die fis-Moll-Sonate von Schumann durch. Ich weiß noch, daß er mich dazu bringen wollte, eine für ihn typische Art von Rubato zu verwenden, im zweiten Thema des Hauptteils des ersten Satzes. Wie immer argumentierte er von innen her. Er sagte nicht einfach, werden Sie hier schneller und hier wieder langsamer, er wollte, daß man bestimmte Antriebe und bestimmte Widerstände in der melodischen Linie erkannte. Und ich glaube, ich hab's wirklich hingekriegt. Arrau lehnte sich nämlich zurück und sagte: «Wissen Sie was, wenn Sie das so spielen, habe ich fast einen *Orgasmus*!» Das war sagenhaft. Ich meine, es ist ihm so verdammt ernst, wenn er so was sagt, daß man einfach platt ist.

J. H.   Was würden Sie sagen, hat sich Ihre künstlerische Persönlichkeit bloß aufgrund der technischen Änderungen gewandelt? Hat Ihre aufpolierte Technik den Klang, den Sie erzeugten, und Ihre Interpretationsweise beeinflußt?

G. O.   Ich glaube, man könnte sagen, daß ich mich aus einem vorwiegend angriffsorientierten Pianisten in einen verwandelte, der vor allem auf den Fluß achtete – das ist für mich der wertvollste Teil von seinem Klavierspiel, sein ungeheueres Gespür für die fließende Bewegung. Sein Spiel hat etwas Organisches, etwas Lebendiges, das unmittelbar aus den Kräften der Natur gespeist zu werden scheint. Als ich zum erstenmal Aufnahmen von Furtwängler hörte, hatte ich ein ähnliches Gefühl – daß alles, wovon diese Musik zehrt, ganz aus der Tiefe kommt. So etwas kann ein erschütterndes emotionales Erlebnis sein.

J. H.   Gibt es bestimmte Aufführungen oder Interpretationen von Arrau, die Sie besonders bewundern?

G. O.   Ich muß immer an seine Aufnahme von Liszts *Bénédiction de Dieu dans la solitude* denken. Die finde ich kolossal. Daß jemand einen so fließenden, nicht perkussiven Klang aus einem modernen Steinway herausholen kann, in einem Aufnahmestudio, mit den Mikrophonen praktisch zwischen den Saiten drin, daß er Klangkaskaden zaubern kann, bei denen man trotzdem die einzelnen Töne unterscheiden kann – es ist nicht nur Farbe, es hat Struktur und Gestalt. Ganz zu schweigen davon, wie er die großen Höhepunkte dieser Komposition in der unglaublichsten Weise aufbaut. Obwohl ich mir vorstellen kann, daß er es im Konzert noch großartiger spielen könnte. Auch die alten Debussy-Aufnahmen von Columbia finde ich herrlich. Das ist prachtvolles Klavierspiel, sinnlich im höchsten Grade. Das war übrigens auch etwas Neues für mich, als ich Arrau zum erstenmal hörte – die sinnliche Komponente. Die er meiner Meinung nach heute nicht mehr so sehr herausstellt – die üppige, sagen wir lateinische Seite seiner Natur. Ich erinnere mich auch an diese unglaubliche erste Liszt-Aufnahme, die er für Philips machte, mit den beiden *Petrarca-Sonetten* und den *Jeux d'eaux à la Villa d'Este,* unter anderem. Diese Platte bekam ich 1970. Ich erinnere mich noch ganz genau – man könnte sagen, ich habe ein halbes Jahr lang mit dieser Platte gelebt. Sie ist von so strahlender Schönheit. Es ist eigenartig: Als die «historischen Aufnahmen» von Arrau auf Desmar herauskamen, gefielen manchen meiner Kollegen die alten *Jeux d'eaux* besser. Von mir kann ich das nicht behaupten. Die spätere Aufnahme hat mehr Tiefe und Weiträumigkeit, und die Farben sind genauer. Ich meine, wenn man den Plattenkritiker spielen will: es ist fast

so, als könnte man in seinen Arpeggien jeden einzelnen Wasser-
strahl und jeden Brunnen sehen. Ich weiß nicht, ob das wirklich
seine Absicht war. Aber wie ich ihn kenne, würde ich es für
wahrscheinlich halten.

J. H. Hat er Ihren Liszt beeinflußt?

G. O. Ja, ziemlich stark. Wahrscheinlich sogar mehr als alles andere. Meine allgemeine Auffassung von Liszt war stark von seiner
Weiträumigkeit beeinflußt, und von seiner *extremen*, ungehemm-
ten Leidenschaft. Das habe ich an seiner Musik sehr geliebt. Aber
ich bringe es nicht immer so rüber, wie ich gerne möchte.

J. H. Ich erinnere mich, daß Ihre Aufnahme der *Funérailles* ungewöhnlich weiträumig war.

G. O. In meiner stilistischen Entwicklung müßte man das die
«Hoch-Arrau»-Periode nennen. Definitiv. Ich hatte das Stück nie
von ihm gehört. Aber ich stand definitiv unter dem Eindruck, daß
er es mit demselben Wechsel zwischen Verhalten und Drängen,
denselben Qualen gespielt hätte. Und Ekstasen, hoffe ich.

Der Hüter einer großen Tradition

Im Gegensatz zu seiner temperamentvollen Art zu dirigieren ist Sir Colin Davis im Gespräch sehr nachdenklich und zurückhaltend. Er gestikuliert nicht. Seine forschenden grünen Augen säumen sich nur selten mit Lachfältchen. Seine Stimme ist überraschend sanft und leise; um ein Wort hervorzuheben, spricht er es noch leiser aus. Seine Gegenwart nimmt einen ganz in Anspruch, und er spricht mit ungewöhnlicher Intensität.

Unsere Begegnung fand einige Wochen nach meinem Gespräch mit Daniel Barenboim und unter ganz ähnlichen Umständen in einem New Yorker Hotel statt. Davis hatte am Abend zuvor das Boston Symphony Orchestra in der Carnegie Hall dirigiert und sollte das Konzert an diesem Abend wiederholen. Die Partitur der *Meistersinger*, die er zum erstenmal einstudierte, lag einladend aufgeschlagen auf einem Tisch. Aber obwohl seine Zeit bemessen war, widmete er sich unserem Thema mit so ungeteilter Konzentration, daß kein Gefühl von Zeitdruck aufkam. Er bat mich, zu beginnen. Meine erste Frage löste statt einer einfachen Antwort gleich eine konzentrierte Lobrede mit fünf oder sechs wichtigen Punkten aus, von denen wir die meisten im weiteren Verlauf des Gesprächs noch einmal aufnahmen.

J. H. Wann haben Sie zum erstenmal mit Arrau zusammengearbeitet?

C. D. Das liegt viele Jahre zurück. Verglichen mit ihm war ich ein blutiger Anfänger. Aber er war immer sehr nett zu mir. Heute tut es mir leid, daß ich damals nicht die Erfahrung hatte, die ich heute habe. Weil ich ihm heute auf eine Weise dienen kann, wie es mir früher nicht möglich war.

Er vertritt einen anderen Typus von Musiker als die meisten, die wir heute haben. Er und Serkin und Clifford Curzon. Und Kempff. (Mit Kempff habe ich nur ein einziges Mal gespielt, und er meinte hinterher, er werde nie wieder mit mir spielen, weil ich beim Dirigieren singe. Und dabei war er eines meiner Idole gewesen.) Diese Männer haben eine Verbindung zu Busoni und zum Berlin der zwanziger Jahre. Und das verbindet sie mit der ganzen Tradition des 19. Jahrhunderts. Wenn man sich überlegt, daß Arrau das Grieg-Konzert bei Griegs Frau studiert hat – das ist etwas, was wir heute nicht mehr haben.

Arrau hat vor allen Dingen einen absolut unverkennbaren eigenen Klang, der fast an eine Orgel denken läßt, gleichzeitig aber von erstaunlicher Klarheit ist. Er *umwirbt* das Instrument, anstatt es sich gefügig zu machen. Das ergibt diesen einmaligen Klang. Außerdem hat er auch ein opernhaftes Cantabile – die Nachahmung der menschlichen Stimme, die hinter aller Musik steht. Er kann das. Er hat auch ein unübertreffliches Gefühl für Rubato.

Seine Verehrung für Liszt ist außerordentlich. Die meisten halten Liszt nicht für einen der bedeutendsten Komponisten. Er tut es, und er adelt diese Musik, wie es niemand sonst vermöchte.

Ich glaube, das erste Mal, daß ich das Gefühl hatte, ihm all das geben zu können, was ich ausdrücken wollte, war ein Konzert im Jahre 1975 in Amsterdam, in dem er das fünfte Klavierkonzert von Beethoven spielen sollte. Wie immer fragte ich ihn, ob er vorher mit mir sprechen wolle. Aber dann sagte er kaum etwas. (Er hat nie sehr viel mit mir gesprochen. Und ich hatte immer große Scheu vor ihm; er ist alles andere als redselig.) Und dann im Konzert spielte er . . . Ich werde dieses Konzert nie wieder so erklingen hören. *Technisch* war es absolut perfekt. Er spielte das Konzert wie eine kammermusikalische Komposition. Er nahm auf, was wir machten, und anstatt es zu korrigieren, wie es viele Pianisten tun, gab er ihm Sinn und Logik. Es war ein Erlebnis gemeinsamen Musizierens, das ich nie vergessen werde. Und ich glaube, daß damit etwas bewiesen war, jedenfalls soweit es mich betraf. Daß ich fähig war, einen Rahmen, ein Gefüge herzustellen, in dem er sich entfalten konnte.

Dann kam der Vorschlag, daß er noch ein paar Konzerte auf Platte einspielen sollte; und man fragte mich, ob ich dirigieren wollte. Ich sagte, ich würde es gern machen, falls Arrau einwilligte. Wir begannen in Boston mit dem b-Moll-Konzert von Tschaikowsky. Ich suchte ihn in seinem Hotel auf. Er hatte zahllose Ausgaben des Konzerts, und er sagte: «Ich habe dieses Konzert seit zwanzig Jahren nicht mehr gespielt», und so weiter. Er begann mit mir zu sprechen, wie er es noch nie getan hatte. Ich verbrachte eine anregende Stunde mit ihm; er spielte nichts, wir unterhielten uns nur. Und ich glaube, es gefiel ihm.

Dann nahmen wir das Schumann-Konzert auf. Hinterher, als das Orchester schon weg war, spielte Arrau die Kadenz ein, und ich tat etwas für ihn, was ich noch für niemanden getan hatte. Er konzentriert sich bei Aufnahmen so sehr auf seine Arbeit, daß er eigentlich nicht rangehen will, wenn das Telefon klingelt, obwohl er weiß, daß er einfach rangehen muß, weil man ihn nur anruft, wenn irgend etwas nicht stimmt. Da fragte ich ihn: «Möchten Sie, daß ich mich während der Kadenz neben Sie setze und das Telefon bediene, damit Sie sich nicht darum zu kümmern brauchen?» Er war einverstanden, und wir machten es so.

Hinterher sagte er dann: «Ich glaube, ich habe vielleicht einen Freund gefunden.» Sie können sich vorstellen, was mir das bedeutete.

J. H. Sie erwähnten, daß Arrau ja in den zwanziger Jahren in Berlin beispielsweise Busoni noch persönlich erlebt hat. Läßt sich etwas darüber sagen, was er – oder Serkin oder Curzon oder Kempff – in diesem geistigen Umfeld aufgenommen hat?

C. D. Ich will es versuchen, obwohl ich natürlich nicht dabei war. Aber Clifford Curzon kannte Busoni. Und wenn Clifford – der menschlich ein ganz anderer Typ ist als Arrau, mit einem boshaften Zwinkern in den Augen – das KV 537 spielt, hebt er während der Durchführung des ersten Satzes den Kopf und sagt: «Busoni nannte das *piano tempestuoso*.» Da bekommt man eine Vorstellung davon, welche *Muße* diese Leute beim Einstudieren hatten. Sicher, Claudio Arrau war von frühester Kindheit an ein fabelhafter Musiker. Er hatte eigentlich keinerlei technische Probleme; er meistert das Klavier wie kein zweiter. Aber darüber hinaus, glaube ich, hatten er und andere in Berlin die Muße, sich auf eine Weise mit der Musik auseinanderzusetzen, wie es heute wohl keiner mehr tun kann. Man war von so vielen interessanten, schöpferisch tätigen Menschen umgeben, von denen man lernen und mit denen man sich austauschen konnte. Man war nicht ständig unterwegs. Diese Musiker blieben, wo sie waren. Heutzutage ist man nie länger als zwei Tage in derselben Stadt. Und vor allem gibt es heute keine Stadt mehr, in der die bedeutendsten Musiker alle versammelt sind, so daß man untereinander seine Gedanken austauschen und bis spät in die Nacht über Musik diskutieren könnte.

J. H.   Arrau hat ja bei Martin Krause studiert, der seinerseits Liszt-Schüler war. Vielleicht könnten wir ein bißchen über Liszt sprechen.

C. D.   Ich habe etwa ein dutzendmal in meinem Leben etwas von Liszt dirigiert. Ich habe die *Faust-Symphonie* aufgeführt – das ist ein Werk von großer Ausdruckskraft; der Gretchen-Satz gehört zum Schönsten, was das 19. Jahrhundert an Musik hervorgebracht hat. Aber Liszt ist ein rätselhafter Komponist. Eigentlich kommt sein ganzer Erfindungsreichtum nur in seiner Klaviermusik voll zur Geltung. Die Strukturen sind außerordentlich – wenn sie mit der Art Mozartscher Klarheit gespielt werden, die Arrau in diese Musik einbringt.

J. H.   Sie haben beide Liszt-Konzerte mit Arrau auf Platte eingespielt. Haben Sie sie auch im Konzert mit ihm aufgeführt?

C. D.   Nur das A-Dur-Konzert. Das haben wir aufgenommen und auch im Konzert gespielt, ebenso wie das Schumann-Konzert in Boston. Das war ein faszinierendes Erlebnis. Das Es-Dur-Konzert haben wir nur aufgenommen.

J. H.   Haben Sie dabei eine neue Auffassung von diesen Kompositionen gewonnen?

C. D.   Und ob! Diese Konzerte können ja absolut grotesk klingen, als Aneinanderreihung von Geschmacklosigkeiten. Man hat oft den Eindruck, daß sie lediglich als Bravourstücke für den Pianisten taugen und musikalisch wertlos sind. Die größte Schwierigkeit liegt darin, sie so vorzutragen, daß eine organische Entwicklung erkennbar wird, daß die ihnen innewohnende Einheit auf höchst ungewöhnliche und originelle Weise zum Vorschein kommt. Und das gelingt eben Arrau.

J. H.   Sie erwähnten die Aufführung des fünften Klavierkonzerts von Beethoven in Amsterdam als eine Art Wendepunkt in Ihrer

Beziehung zu Arrau. Könnten Sie noch etwas genauer schildern, was diese Aufführung für Sie so denkwürdig machte?

C.D. Das ganze Problem bei der Aufführung eines Klavierkonzerts liegt doch darin, daß Pianist und Dirigent mehr daraus machen müssen als einen Kampf – Orchesterpart und Soli müssen organisch miteinander verwoben werden. Das ist das Ideal, das mir vorschwebt. Es gibt da zum Beispiel eine Stelle im Kopfsatz, wo der Pianist eine lyrische Passage hat, die in einen Marsch für das Orchester überleitet (Takt 166), und da kann es leicht so klingen, als ob das ganze Konzert von vorne beginnt. Alles hängt hier nur davon ab, wie der Solist in diesen lyrischen Traum hineingeht und wie er einen wieder herausbringt. Und Arrau macht das einfach phantastisch.

J.H. Ich finde, seine Hervorhebung der Bedeutung jeder einzelnen Note – sogar in Arpeggio-Figuren – hilft ihm, solche Überleitungen zu meistern, weil dadurch, gleichgültig, was er gerade spielt, stets eine kontinuierliche melodische Linie vorhanden ist. Als er in dieser Saison in New York das fünfte Klavierkonzert spielte, hatte ich den Eindruck, im Klavierpart zwei- bis dreimal so viel Töne zu hören wie in anderen Aufführungen.

C.D. Das meine ich. Selbst bei Läufen jeglicher Art sind die einzelnen Töne alle präsent.

J.H. Der Einsatz der Doppeloktaven in der Durchführung des Kopfsatzes wird bei ihm zum Ereignis.

C.D. Bam-Baraaaaam! Das ist eine seiner Spezialitäten. Diese Klangfülle macht ihm keiner nach. Es ist, als ob der ganze Konzertsaal daran teilnähme. Wenn man seine Hände ansieht, die wirken wie große Tatzen. Sie sind nicht aus Stahl. Er wirft seine Hände buchstäblich in die Tasten, und was herauskommt, ist diese sonore Klangfülle. Das hängt natürlich alles mit seiner Theorie zusammen, daß man mit dem ganzen Körper Klavier spielt.

J.H. Ich habe noch nie erlebt, daß ein anderer Pianist die kleine Kadenz im ersten Satz so ereignisreich gestaltet hätte wie er. Was wiederum damit zusammenhängt, daß jede Note zu ihrem Recht kommt. Denn zum Teil besteht die Kadenz ja nur aus Läufen.

C.D. Man hört einfach *alles*. Und trotzdem ist es nie Technik als Selbstzweck. Seine technische Meisterschaft ist im höchsten

Grade erstaunlich. *Jeder Ton* ist sozusagen ein Regentropfen, der bei aufgehender Sonne an einem Zweig hängt.

J.H. Wird es dadurch besonders leicht, ihn zu begleiten?

C.D. Ja, sicher. Weil er nichts unter den Tisch fallen läßt. Er ist nie abwesend. Und es entgeht ihm auch nie etwas von dem, was das Orchester macht. Und was ich so sehr an ihm liebe – wenn uns einmal etwas ganz besonders gut gelingt, strahlt er vor Freude über den *gemeinsamen* Erfolg. Ich erinnere mich da an einen reizenden Augenblick in einem der Liszt-Konzerte, als es mir gelang, das Orchester zur Erwiderung eines bestimmten Rubatos zu bewegen. Er blickte auf und meinte mit einem Augenzwinkern: «Wer sagt denn, Orchester könnten keine Rubatos spielen?» Viel Spaß hatten wir auch mit dem langsamen Satz des Schumann-Konzerts. «Wer von uns beiden ist Robert und wer Clara?» Es ist ein sehr häusliches kleines Stück, nicht wahr? Ich glaube, ich habe an diesem Satz soviel Freude gehabt wie nur je an irgendeinem Musikstück. Weil wir nie dasselbe zweimal machten. Beispielsweise das Verhalten vor einem Pizzicato. Ein Pizzicato ist eine ungeheuer knifflige Angelegenheit. Man muß Atem holen und dann dem Orchester den Einsatz geben. Man muß gewissermaßen das Rubato des Pianisten vorausahnen. Aber mit ihm . . .

J.H. Sie wissen immer, wohin er geht.

C.D. Ja, natürlich. Weil er nie, niemals, auch nicht für einen einzigen Moment in Routine verfällt. Kann man noch mehr sagen?

J.H. Als ich gestern mit Ihnen telefonierte, sagten Sie: «Ich würde alles für diesen Mann tun.» Gibt es über das hinaus, was Sie bereits sagten, noch etwas, was Sie zu solcher Loyalität ihm gegenüber bewegt?

C.D. Sehr viel sogar. Ich lese gerade diese Beethoven-Biographie von Maynard Solomon. Ich lerne ungeheuer viel daraus, über Beethoven und über mich selbst. Nicht daß ich mich in irgendeiner Weise mit ihm vergleichen wollte; ich bin es nicht wert, ihm die Schnürsenkel zu lösen. Ich wurde nicht wie Beethoven in eine Familie von Berufsmusikern hineingeboren. Ich war kein Wunderkind wie Beethoven; ich habe erst mit zwölf begonnen, ein Instrument zu lernen. Mir fehlt dieser musikalische Hintergrund. Und deshalb verehre ich diejenigen, die ihn haben. Außerdem empfinde ich – und das ist etwas, was ich heute bei anderen kaum noch feststelle – eine natürliche Achtung vor älteren Menschen. Wenn ich deshalb einen Mann von Arraus Hintergrund und Arraus Integrität kennenlerne, und wenn dieser Mann mir dann auch noch unendlich sympathisch ist . . . was meinen Sie wohl, was dann geschieht? Und daß er mich als Musiker akzeptiert, gibt mir genau das, was mir als Kind gefehlt hat. Verstehen Sie? Ich verehre ihn.

Anhang

Arrau auf Schallplatten

Arrau ist sehr gut auf Schallplatten repräsentiert. Mit über zweihundert Einträgen, von Albéniz bis Weber, ist seine Diskographie außergewöhnlich umfangreich. Die frühesten Einträge sind zwei 1922 in London entstandene Aufzeichnungen für das mechanische Rollenklavier, ein Impromptu von Schubert und ein Walzer, den Sophie Menter für ihn komponierte. Nach seinem Sieg in dem Genfer Klavierwettbewerb im Jahre 1927 wurde er von der deutschen Polydor zu seinen ersten Aufnahmen auf 78er Platten eingeladen. In der Folgezeit machte er viele Einspielungen für verschiedene deutsche und britische Plattenfirmen, bevor er in die Vereinigten Staaten übersiedelte und 1941 zu RCA Victor ging. Fünf Jahre später wechselte er auf Betreiben von Goddard Lieberson zu Columbia, 1952 dann zur amerikanischen Decca. Im Jahre 1955 gewann ihn Walter Legge für EMI, wo er sehr produktiv war. (Die britische Columbia, die Aufnahmen von Arrau herausbrachte, als er bei EMI unter Vertrag stand, war eine Schwestergesellschaft von EMI. Manche dieser Aufnahmen wurden in USA unter den EMI-Labels Angel und Seraphim veröffentlicht.) Sein derzeitiger Vertrag mit Philips besteht seit 1964; unter diesem Label hat er noch mehr Aufnahmen eingespielt und unter anderem seinen Wunschtraum verwirklicht, alle Beethoven-Sonaten aufzunehmen.

In gewisser Hinsicht ist Arraus umfangreiche Diskographie ein zweischneidiges Schwert. Eine Plattenaufnahme fixiert nicht nur einen trügerisch permanenten Eindruck von einer bestimmten Interpretation, sondern führt auch zur Verfestigung eines Eindrucks, der von demjenigen, den man im Konzert erhält, etwas abweicht. Das liegt daran, daß der immer aufwendigere technische Apparat der Aufnahmestudios zu einer immer größer werdenden Kluft zwischen «live» und «aufgenommen» geführt hat. Wir haben es heute mit zwei verschiedenen Qualitätsmaßstäben zu tun: im Konzertsaal rechnet man mit falschen oder unsauberen Tönen, auf der Schallplatte sind Präzision und Klarheit die Regel. Im allgemeinen wird der Studio-Standard nicht vom Künstler, sondern von Produzenten und Toningenieuren durchgesetzt. Mikrophone werden so aufgestellt, daß optimale Schärfe der Wiedergabe gewährleistet ist, die Bänder werden auf maximale Genauigkeit geschnitten. Die Spontaneität und Intensität einer Konzertaufführung wiederzugeben, gelingt jedoch allzuoft nicht sehr gut.

Mit wenigen Ausnahmen sind Arraus Philips-Aufnahmen notenrein. Seine EMI-Einspielungen sind oft notenrein. Seine Aufnahmen auf 78er Platten, die überwiegend vor der Einführung des Magnet-Tonbands entstanden, das geschnitten werden kann, enthalten mehr unrein angeschlagene Töne als die nachher entstandenen EMI-Aufnahmen. Diese Entwicklung sagt weniger über Arraus Treffsicherheit aus als über die zunehmende Einmischung der Chirurgen aus dem Regieraum.

Arrau selbst vertritt die Auffassung, daß eine Schallplattenaufnahme, die ja für wiederholtes Abhören in der häuslichen Umgebung gedacht ist, einem Zweck dient, der nichts mit einer Konzertsituation zu tun hat. Das Ansinnen, falsche Töne zu konservieren, weist er als Affront gegen den Text, dem er sich verpflichtet fühlt, zurück. Überhaupt ist er zu perfektionistisch, um sich Gelegenheiten für «Verbesserungen» entgehen zu lassen.

Natürlich kann man nichts tun, um private Bandaufnahmen von Arrau-Konzerten mit versteckten Geräten oder Mitschnitte von Rundfunkübertragungen zu verhindern. Die größten Privatsammlungen nichtkommerzieller Arrau-Bänder sind weitaus umfangreicher als die Liste seiner kommerziellen Einspielungen. In vielen Fällen übertreffen unmanipulierte Mitschnitte die sorgsam geschönten Studioprodukte. Mit Sicherheit dokumentiert keine der veröffentlichten Aufnahmen Arraus angemessen die Hingabe, mit der er die Liszt-Sonate oder den *Mephisto-Walzer* spielt. Zeitgenössischen Berichten zufolge spielte auch Liszt manchmal falsche Noten, was ihn jedoch nicht im geringsten kümmerte. Werke wie die Sonate in h-Moll wurden nicht dafür geschaffen, mit elektronischen Geräten auf falsche Töne hin überprüft zu werden.

Konzerte sind besonders anfällig für die Tücken des Studios. Wenn man es mit hundert Musikern, darunter zwei Hauptinterpreten, zu tun hat, müssen individuelle Charaktere koordiniert und zusätzliche Fehler korrigiert werden. Arraus Aufnahmen von Klavierkonzerten sind oft enttäuschend. Im fünften Klavierkonzert von Beethoven unter Bernard Haitink klingen die Eröffnungs-Kadenz und das Eröffnungs-Tutti, als seien sie zwei verschiedenen Aufnahmen entnommen. In den Beethoven-Aufnahmen unter Alceo Galliera sind Arraus Kadenzen besser integriert, aber das Klavier klingt lauter, wenn es alleine spielt – wahrscheinlich eine Folge nachträglicher technischer Manipulation.

Weitere Kompromisse gehen aufs Konto der nahe am Instrument aufgestellten Mikrophone. Arraus Klang ist aus größerem Abstand, wie im Konzertsaal, leuchtender und fließender. Die Stereo-Aufnahmetechnik führt zu einer Ausdehnung des Resonanzraums, der die aufgenommenen Klaviertöne umgibt. Aber durch die insektengleich fast bis in die Eingeweide des Instruments ausschwärmenden Mikrophone haben sich auch die einzelnen Töne ausgedehnt. Wenn dadurch einerseits ihr Gewicht und ihre Brillanz erhöht werden, ändert sich andererseits ihre kollektive Wirkung in einer Weise, die zumindest fragwürdig ist. Klavierklangfarben schließen sich in größerem Abstand vom Instrument besser zusammen, wie ein Vergleich von Arraus Debussy-Einspielungen auf Columbia und Philips deutlich macht. Das ständige Spiel von Licht und Schatten, das in einem Werk wie Beethovens viertem Klavierkonzert zu fordern ist, wird auf ähnliche Weise aufs Spiel gesetzt, wenn jede Klavierstruktur ein Dickicht von Vordergrunddetails umfassen muß, wie es bei Arraus Aufnahme unter Haitink der Fall ist; die weniger detaillierte, weniger brillante Aufnahme mit Galliera gibt Arraus schwebende Pianissimi glaubhafter wieder, und seine Fortissimi haben mehr Substanz.

Zum Glück sind bei vielen Aufnahmen Arraus diese Risiken auf ein Minimum reduziert. Zwar sollte man daran denken, daß sein Vortrag im Konzert manchmal kühner und entflammter ist, doch erlaubt es ihm seine technische Meisterschaft im allgemeinen, bei

Plattenaufnahmen die richtigen Töne zu spielen, ohne das Feuer zu dämpfen. Während die Mängel seiner Konzert-Aufnahmen nicht zu übersehen sind, profitieren seine Solo-Aufnahmen von seiner – bei Proben ganz offensichtlichen – Fähigkeit, sich tief zu versenken, sobald die Strömung der Musik ihn erfaßt. Und wenn auch sein Ton auf Schallplatten übertrieben zugespitzt klingen kann, behält er andererseits seine charakteristische Eigenart, die der Studiotechnik angemessener ist als die der meisten anderen Pianisten: Arrau nimmt sich wie die Mikrophone jedes einzelnen Tons an.

Der letzte Prüfstein für die Verläßlichkeit seines Vermächtnisses auf Schallplatten liegt in dessen Einheitlichkeit. Insoweit als der junge Arrau dem heutigen Philips-Interpreten ähnelt, dokumentieren die Aufnahmen einen Kern fundamentaler Charakterzüge. Insoweit als dies nicht der Fall ist, dokumentieren sie kohärente Muster des Wandels.

1954 schrieb der englische Musikkritiker Neville Cardus über eine Aufführung von Chopins f-Moll-Konzert durch Arrau: «Jeder seiner Töne war eine in Klang und Ausführung vollkommene Perle; man hätte jeden davon auf ein Samttablett legen und jedem anderen zeitgenössischen Pianisten als Geschenk überreichen können. Jede absteigende Verzierungsphrase hätte man auffangen können, um daraus eine Perlenkette für den Hals der Frau jedes anderen zeitgenössischen Pianisten anzufertigen.»

Präzise Artikulation selbst dort, wo die Dynamik gedämpft oder der Ton verschleiert ist, Gleichmäßigkeit und Klarheit selbst bei schwindelerregendem Tempo – nach seinen Schallplatten zu urteilen waren das immer Kennzeichen von Arraus Vortragstechnik. Wenn man den deutschen 78er Platten trauen kann, hatte sein Ton nicht immer die gleichmäßige Tiefe, die er später gewann; in bewegten Passagen glaubt man gewisse Anzeichen von Sprödigkeit wahrzunehmen. Aber in keiner seiner Aufnahmen gleitet Arrau nur obenhin über die Tasten oder spielt Phantomtöne wie Gieseking in seinen Debussy- und Ravel-Aufnahmen. Die linke Hand wird nie vernachlässigt, ebensowenig wie die Mitteltöne von Akkorden oder die spezifischen harmonischen oder melodischen Elemente von Seitenfiguren. Die polyphone Dimension ist konstant.

Diese Aspekte seines Klangs verweisen auf Arraus Verwurzelung im *Wohltemperierten Klavier*. Zwar kam keine seiner Bach-Interpretationen jemals als Schallplattenaufnahme auf den Markt, doch hat er die *Goldberg-Variationen*, die *Chromatische Fantasie und Fuge* sowie einige der *Inventionen* 1942 und 1946 für RCA eingespielt, und Überspielungen davon zirkulieren in Privatkreisen. Hier offenbart sich Arraus polyphone Begabung in reinster Form: die Fähigkeit, verschiedenen Stimmen zu «folgen» sowie obskure Einsätze und Seitenstränge hervorzuheben, ohne die Ausgewogenheit des Ganzen aufs Spiel zu setzen. Eine gewisse Vorstellung von diesen Errungenschaften können sich diejenigen, denen die Aufnahme von 1952 zur Verfügung steht, anhand seiner faszinierenden Interpretation der Fughetta (Variation Nr. 24) von Beethovens *Diabelli-Variationen* verschaffen, in der er ein so nahtloses Legato und einen so samtenen Ton vorführt, daß die kontrapunktische Transparenz sich beinahe als Paradox einstellt.

Man könnte sogar sagen, daß dieser *Diabelli* zusammen mit Arraus anderen Decca/Brunswick-Aufnahmen aus derselben Periode (den *Eroica-Variationen* und einem Chopin-Doppelalbum) die Schönheit von Arraus Klavierspiel verführerischer wiedergibt als irgendwelche seiner Schallplatten aus jüngerer Zeit. Ob nun bei einem Chopin-Impromptu oder der abschließenden Fuge der *Diabelli-Variationen*, stets ist die Kombination von Kraft und Glanz, die von den Toningenieuren der Decca eingefangen wurde, denkwürdig. Arraus Philips-Einspielungen sind demgegenüber massiver, detaillierter und brillanter. In den frühesten dieser Aufnahmen – einschließlich der Beethoven- und Schumann-Platten – erzeugt die extreme Nähe zum Klavier eine relativ harte, beinahe beängstigende Akustik. Bei den späteren Aufnahmen gelang es den Ingenieuren von Philips, Nähe mit Wärme zu verbinden und damit eine Akustik zu schaffen, die man zwar nie in einem Konzertsaal erleben würde, die aber trotzdem zu sehr schönen Ergebnissen führt. Die Töne sind im ganzen Umfang der Tastatur sowie bei jedem Tempo und jeder Dynamik voll und brillant. Das ist authentischer Arrau-Klang.

Viele von Arraus frühesten Aufnahmen – beispielsweise die Tarantella von Chopin (um 1930) – machen kein Geheimnis aus der

Geschwindigkeit und Präzision seiner Fingertechnik. Dennoch sind sie frei von jeder Effekthascherei. Auch seine klangliche Handschrift ist nicht bloß eine periphere Glanzleistung, sondern eine integrierte Grundlage für die Interpretation. Seine Konzentration auf die unmittelbare Struktur – die Noten, die wie Bausteine in soliden vertikalen und horizontalen Formationen geschichtet sind – lenkt die Aufmerksamkeit auf die größeren architektonischen Zusammenhänge. Der statueske Glanz der Formen verleiht der Musik eine inhärente Würde.

Aus diesem Gefüge von Klang und Struktur wächst eine bestimmte Interpretation auf die gleiche Weise, wie Wein altert. «Solche Dinge sollten einfach reifen», sagt Arrau. Wenn der Plan einmal feststeht, ändert er sich weniger im Detail, als vielmehr in der Tiefe. Arrau hat die Chopin-Ballade in As-Dur dreimal eingespielt – in den Jahren 1939, 1953 und 1977. Bei den wesentlichen Phrasierungen und Rubati sind kaum Abweichungen festzustellen. Wohl aber ändern sich Gewicht und Tiefgang der Aufführungen. Der gleichbleibende interpretatorische Grundplan an der Oberfläche dient als Rahmen für ein immer turbulenteres inneres Geschehen.

Ich habe in einem unserer Gespräche bereits zwei aufgezeichnete Arrau-Aufführungen der Préludes von Chopin erwähnt – Interpretationen, die im Umriß ähnlich, in der Wirkung unterschiedlich sind. Eine eingehende Prüfung dieser Ähnlichkeiten und Unterschiede gibt Aufschluß darüber, wie sich Arraus Kunst entwickelt hat.

Das erste Prélude, in C-Dur, enthält bereits alle wesentlichen Elemente des Wandels. In der Einspielung von 1973 auf Philips setzt der interpretatorische Plan einen weiteren Rahmen als in der Columbia-Aufnahme (1950–51). Während die Hervorhebungen gleich plaziert und in beiden Fällen jeweils durch ein Zögern angekündigt werden, gebietet die gesteigerte harmonische Spannung der Aufnahme von 1973 weiter ausgreifende Pulsschläge.

Das seufzende Steigen und Fallen der Melodie des Préludes e-Moll (Nr. 4) betont Arrau in beiden Einspielungen. Im Prélude h-Moll (Nr. 6) werden die seufzenden Paare von Achtelnoten in der rechten Hand ebenfalls in beiden Versionen hervorgehoben. In der Philips-Aufnahme verstärkt sich jedoch der elastische Widerstand beträchtlich, wodurch Arraus Ausatmungen beklommener werden. Im e-Moll-Prélude wird die Beklommenheit zudem dadurch unterstrichen, daß den absteigenden Akkorden der linken Hand mehr Gewicht zukommt. Der gleiche Eindruck mühsamen Fortschreitens wird en miniature in Arraus zweiter Version der Préludes Nr. 8 in fis-Moll vermittelt. Hier hebt er wichtige schwache Taktteile dadurch hervor, daß er die Oktavensprünge der rechten Hand, deren jeder nur einen Sekundenbruchteil dauert, fast unmerklich verzögert.

Solches Klavierspiel füllt jeden Winkel mit Ausdruck. Die schiere emotionale Dichte ist atemberaubend. Ihre Quelle ist neben Arraus innerer Bewegtheit wiederum sein Klang, zumal wenn er so plastisch reproduziert wird wie in den Philips-Aufnahmen. Arrau verdeutlicht auf fast unnachahmliche Weise die gewundenen, aufschiebenden Läufe des Préludes b-Moll (Nr. 16) – ohne die Skalen zusammenzudrängen oder die linke Hand zu benachteiligen. Im d-Moll-Prélude (Nr. 24) sind seine Fortissimo-Triller aufs gewissenhafteste ausgesponnen. Derlei konsequent ausgeführte lineare Details entwickeln eine eigene Intensität. Das gleiche gilt für die Akkorde: Jeden Akkordton so sauber anzuschlagen, die Stimmen so gleichmäßig auszubalancieren, wie Arrau es tut, bedeutet Energiefelder aufzubauen, in denen jedes Molekül seine eigene Bahn wählen kann. Selbst im Prélude gis-Moll (Nr. 12) klingen die Oktaven und Dreiklänge, die von der springenden linken Hand in halsbrecherischem Tempo gegriffen und angeschlagen werden müssen, bei Arrau durchgehend rein und voll: als harmonische Stützpfeiler wie auch als spritziger Kontrapunkt zur Rhetorik der rechten Hand sind sie mit Energie vollgepackt.

Arraus Diskographie verrät insgesamt eine Neigung zu der beunruhigenden Intensität der Chopin-Préludes von 1973. Seine frühesten Aufnahmen, die bis in die vierziger Jahre zurückreichen, sind seine quecksilbrigsten, durchzogen von dem glitzernden klanglichen Raffinement, das in seinen frühen New Yorker Kritiken gerühmt wird. Seine Einspielungen der folgenden rund zehn Jahre haben eine majestätischere Gangart; wenn er Spielraum hat, läßt er sich lieber Zeit, als draufloszustürmen. Ebenso hervorragend gelingen ihm Passagen von strahlender Klangfülle oder faszinierender Ruhe; seine Reinheit kann jedoch auch den Eindruck von Unnahbarkeit hervorrufen. Um 1960 dokumentieren die Platten dann einen Wandel anderer Art. Eine aufkommende Unterströmung elementaren Gefühls fordert nicht nur noch langsamere Tempi und grandiosere Rubati, sondern läßt in Arraus erhabene Klanggefüge auch eine beständige Mahnung an die Schwachheit des Menschen einfließen. Es ist, als wäre eine Flamme, die in seinen frühesten Aufnahmen stets von neuem aufzüngelt, in glühendes Gestein eingeschlossen worden. Oder, um seine Einspielungen aus den fünfziger Jahren als Maßstab zu nehmen, als hätte Blut unter Marmor zu strömen begonnen.

Wie kam es zu diesem Wandel? Arrau spricht davon, daß man die Angst «nutzbar machen» müsse, anstatt zu versuchen, sie auszutreiben oder zu unterdrücken, daß man seine Nervenkraft dem «schöpferischen Strom» widmen müsse, um eine umfassendere, lebendigere Sensibilität zu entwickeln. Selbst auf die Gefahr hin, psychologische Zusammenhänge zu simplifizieren, bin ich versucht, auch das Ereignis anzuführen, an das sich Arrau als «den größten Schock in meinem Leben» erinnert: den Tod seiner Mutter im Jahre 1959. Vielleicht erschloß die Trauer neue Möglichkeiten des emotionalen Ausdrucks. Vielleicht wurde er durch das Verschwinden einer stets gegenwärtigen Autoritätsperson dazu befreit oder ermutigt, verletzlichere Aussagen in seiner Kunst zu machen.

Von Arraus Schallplatten aus der Zeit vor dem Aufkommen der Langspielplatte gehören meiner Meinung nach mindestens zwei zu den besten Aufnahmen von ihm – Schumanns *Carnaval* (1939) und Webers C-Dur-Sonate (1941).

Um den *Carnaval* zu beschreiben, ist es sicher nicht verfehlt, daran zu erinnern, was die New Yorker Musikkritiker schrieben, als Arrau das Werk am 19. Februar 1941 in der Carnegie Hall spielte – und damit seinen Erfolg in Amerika begründete. Die Geschlossenheit und Aufrichtigkeit, die sie bemerkten, die «Ausbrüche von Launenhaftigkeit, Trotz und Mutwillen», dies alles ist auch in der brillanten Plattenaufnahme vorhanden.

Arraus Gestaltung der C-Dur-Sonate von Weber brachte ihm 1941 in New York ebenfalls gute Kritiken. In einem Bericht über den Klavierabend vom 14. November in der Carnegie Hall rühmte Olin Downes in der *New York Times* «die Noblesse, den Esprit, das Funkeln und die galante Anmut» von Arraus Weber. Die Aufnahme dokumentiert Klavierkunst von unprätentiöser Brillanz. Der als «Perpetuum Mobile» bekannte Schlußsatz, presto und leggiermente überschrieben, ist eine Glanzleistung. (Eine zweite Weber-Einspielung auf 78er Platte, das 1946 aufgenommene Konzertstück, ist eine feurige Interpretation mit träger Begleitung.)

Die zugänglichsten von Arraus Aufnahmen auf 78er Platten sind, auf Langspielplatten übertragen, in dem Doppelalbum *Claudio Arrau: The Historic Recordings* auf Desmar zu finden. Am interessantesten sind zehn ausgewählte Kompositionen von Liszt: zwei Liedtranskriptionen, vier der *Paganini-Etüden,* die Konzertetüde f-Moll *(La leggierezza),* die *Spanische Rhapsodie, Au bord d'une source* und *Les Jeux d'eaux à la Villa d'Este.* Der Vortrag, oft in haarsträubenden Tempi, ist wundervoll athletisch und – wenn man das Wort auf das deutsche Konservatorium und nicht auf den französischen Salon bezieht – elegant. Wie immer wird Arraus Virtuosität durch die Bestimmtheit und Ehrlichkeit seiner Deklamation geadelt. Verglichen mit dem etwas später aufgenommenen *Carnaval* wirkt sein Vortrag jedoch manchmal etwas brüsk. Und verglichen mit seinem späteren Liszt, einschließlich der Zweitaufnahmen von *La leggierezza* und *Les Jeux d'eaux à la Villa d'Este,* sind Höhen und Tiefen des Lisztschen Kosmos reduziert.

Als Vergleichsmaßstab für den «mittleren Arrau» bietet sich seine Einspielung der As-Dur-Ballade von Chopin aus dem Jahre 1953 an, weil es sich dabei um die zweite von insgesamt drei Aufnahmen handelt. Die Auffassung ist breiter und überlegter als 1939 und weniger bewegt als 1977. Die kontrastierenden Episoden der Ballade sind präzise charakterisiert, werden aber dennoch durch eine ununterbrochene Linie zusammengehalten, die zu den leidenschaftlichen letzten Seiten aufsteigt. Die ersten beiden Fortissimo-Höhepunkte weisen auf den dritten hin, bei dem Arrau charakteristischerweise mit Klangtiefe und kühnen Rubati arbeitet, um der Passage das gebührende Gewicht zu geben, ohne die Architektur mit explosiven Attacken zu zerstören. In der Aufnahme von 1977 sind diese Höhepunkte vergleichsweise verhalten, aber die Linie windet sich gleich von Anfang an und verlangt so nach einem fieberhafteren emotionalen Engagement. Das erbitterte Drängen zur abschließenden Stretta hin wird in der Aufnahme von 1977 als Nahkampf dargestellt; in der Einspielung von 1953 wird die Auseinandersetzung von höherer Warte aus befehligt.

Decca hatte Arraus Chopin-Album als erste Rate einer umfassenden Chopin-Serie geplant, aber die Reaktion der Kritik war in Amerika so lau, daß das Projekt aufgegeben wurde. Man erkennt, warum die Kritiker sich zurückhielten: Arraus Chopin fehlte sowohl die Herzhaftigkeit eines Rubinstein als auch die komplexe Darstellungsweise eines Horowitz. Man konnte sich ausrechnen, daß – besonders aufmerksame Hörer ausgenommen – nicht nur Arraus Interpretationen nicht als Vorzug angesehen werden, sondern auch seine – von Horowitz' so sehr verschiedene – Artikulation wahrscheinlich unbeachtet bleiben würde.

Ein Beispiel ist der Più-lento-Abschnitt des Scherzos cis-Moll, den Arrau mit mysteriöser Spannung auflädt. Seine Methode selbst ist mysteriös. Anstatt die Modulation nach Moll mit pathetischen Tonabwandlungen und verschwommener Pedalführung zu dramatisieren und damit die Schwermut des Filigrans wiederzugeben, holt er den tieferen Sinn der Passage ans Licht. Die gedämpften Akkorde werden beschwert, damit sie ihren majestätischen Klang behalten. Das Filigran wird gemildert, ohne daß seine Ausgewogenheit beeinträchtigt würde. Das Smorzando (Takt 533) wird durch ein unbeirrbar gleichmäßiges Ritardando unterstrichen. Der Effekt ist der, daß sich Tragödie unmittelbar vor der versöhnlichen Koda in eine tastende Ruhe auflöst, wie sie bei Chopin selten zu finden ist und ganz gewiß normalerweise nicht mit dem cis-Moll-Scherzo in Verbindung gebracht wird.

Die größte Leistung der Chopin-Einspielungen bei Decca ist wahrscheinlich die Ballade f-Moll, bei der durch ähnliche Innerlichkeit und Einfachheit eine Interpretation von seltener Geschlossenheit und Ausdehnung entsteht. Die seufzenden Phrasen der ersten Seiten sind gedämpft, wenn auch nicht so stark wie in Arraus Aufnahme aus dem Jahre 1977. Selbst das erste große Accelerando ist verhalten, wodurch der Übergang zu der lieblichen

Melodie in B-Dur (Takt 84) hinreißend sanft gerät. Während die Notendichte zunimmt, legte Arrau geduldig die inneren Teile frei, die dann, solcherart geklärt, eigenes Gewicht bekommen. Nach der fanfarenartigen Kadenz in Takt 134 enden die einander überschneidenden Melodielinien der Takte 135–151 nicht, nachdem die bekannte Melodie in Takt 137 enthüllt wurde, sondern werden durch Betonungen der inneren Stimmen der rechten Hand weiter zu einem polyphonen Geflecht verwoben.

Auch die gequälte Reprise in Takt 152 setzt dem stetigen Wachstum kein Ende. Wenn Arrau dann endlich doch schneller wird, dem a tempo in Takt 169 folgend, wird die ganze Struktur übertragen. Die Coda vervollständigt ausnahmsweise einmal den Aufbau, anstatt einen weiteren Höhepunkt zu bringen.

Arraus Konzert-Einspielungen aus den fünfziger und sechziger Jahren sind im großen und ganzen seine besten. Carlo Maria Giulini und Alceo Galliera unterstützen ihn ebenso entschieden wie einfallsreich. Das Philharmonia Orchestra spielt ausgezeichnet, mit besonders hörenswerten Beiträgen der Holzbläser. Unter Giulini gelingen Arrau warme, poetische Aufführungen der zwei Brahms-Konzerte, die beide in strahlendem Sonnenschein gipfeln. Galliera und das Philharmonia Orchestra begleiten Arrau meisterlich beim Grieg-Konzert, einer Aufführung, die dämonische Kraft mit herrlicher Ruhe in den lyrischen Passagen verbindet. Das Schumann-Konzert, auf der B-Seite des Grieg-Konzerts, erfährt eine glanzvolle, gelassene Darstellung. Kurz vor dem Schluß hebt Arrau, wie Joachim Kaiser in seinem Buch *Große Pianisten in unserer Zeit* bemerkt, ein reizendes, walzerhaftes Melodiefragment der linken Hand hervor.

«Und er tut dies nicht», erläutert Kaiser, «in der koketten Art
mancher Chopin-Spieler, die aus tonreichen Passagen durch will-
kürliches Akzentuieren irgendwelcher Noten plötzlich ganz neue
Melodien herausbuchstabieren, weil da, wo hundert Noten sind,
sich natürlich auch ‹Hänschen klein› oder eine Nationalhymne
herausklauben läßt. Arraus Fund ist nicht das Ergebnis ange-
strengter Originalitätssucht, sondern eher die Folge von Neugier,
von Abwechslungslust und einer inneren Ausgeglichenheit, die es
ihm erlaubt, sich aufs Besondere zu konzentrieren, weil er des
Selbstverständlichen ohnehin sicher sein darf.»[20]

Bezeichnenderweise entstand Arraus aufregendste Klavierkon-
zert-Einspielung dieser Periode im Konzertsaal: das e-Moll-Konzert von Chopin unter Otto Klemperer (1954). Die Aufführung,
bei der es sich Arrau zufolge, wie schon erwähnt, um Klemperers
ersten Chopin handelt, leidet unter einer gelegentlichen Verhär-
tung von Sentiment und Ton im Eifer des Gefechts; man hat
nicht, wie Neville Cardus von Arraus Interpretation des f-Moll-
Konzerts beim Edinburgh Festival desselben Jahres sagt, den Eindruck, daß «jeder Ton eine vollkommene Perle» sei. Aber es finden sich genug Perlen, daß es sich lohnt, darüber zu reden. Und
Arraus Vortrag ist so draufgängerisch und sogar verspielt, wie es
kaum vorkommt, wenn er ins Studio eingesperrt ist. Die Virilität
seiner Passagen, seine mühelose Klangfülle, seine schiere Ausdauer und Sicherheit, unterstrichen durch eine Grundhaltung, die
drängender und weniger tiefgründig ist als in seiner Aufnahme
mit Eliahu Inbal aus dem Jahre 1970 – dies alles ist einfach hinreißend.

In den späten fünfziger und frühen bis mittleren sechziger Jahren,
also zu der Zeit, in der Arrau sich auf dem Konzertpodium am
stärksten mit Beethoven identifizierte, stand dieser Komponist

auch im Mittelpunkt seiner Studio-Aktivitäten bei EMI und Philips. Wichtigstes Projekt war sein aus 13 Platten bestehender Sonatenzyklus auf Philips, der in den Jahren 1962 bis 1966 aufgezeichnet wurde.

Berichte über Beethovens eigenen Vortrag betonen seine Brillanz und seinen Ausdrucksernst; andere Pianisten waren ordentlicher und klarer. In unserem Jahrhundert mußten sich einige der leidenschaftlichsten Beethoven-Spieler durch Teile der Sonaten op. 101, 106 oder 111 mühsam hindurchkämpfen. Arrau ist hingegen der Pianist, der die gefürchteten Stellen mit dichter Struktur oder verwickelter Polyphonie am überzeugendsten meistert. Wie er das vertrackte Scherzo von op. 101 oder die Stimmführung im Fugato des Finales bewältigt, das macht ihm so schnell keiner nach. Auch in seinen Passagen verbindet er Kraftentfaltung mit extremer Luzidität; es scheint, als artikuliere er mehr Töne als jeder andere. Die transparente Polyphonie verstärkt die harmonische Tendenz. Die lineare Artikulation kommt der lyrischen Kontinuität zugute. Ein Ergebnis, vielleicht das charakeristischste Merkmal von Arraus Beethoven, ist eine Synthese von Intensität und leuchtender Weiträumigkeit. So schafft Arrau in der *Waldstein-Sonate* gewaltige, kompakte Höhepunkte aus den wirbelnden Skalen und Arpeggien, durchmißt aber dennoch das Ganze mit so perlender Geläufigkeit und dunkler, majestätischer Klangschönheit, daß die Perspektive ebenso episch wie dramatisch ist.

Auf einer anderen Ebene des Zuhörens wäre anzumerken, daß Arraus sondierende linke Hand mit ihrer erzählerischen Leichtigkeit und deklamatorischen Wucht im ganzen Zyklus ungewöhnlich informativ ist. Ein sehr gutes Beispiel enthält die große Sonate op. 7, in der die Großartigkeit von Arraus Interpretation ebenso auf der virilen, beidhändigen Akkordierung wie auf dem großzügigen Grundplan beruht. In der Koda zu dem höhlenhaft-düsteren langsamen Satz, sechs Takte vor dem Schluß, singt Arrau die aufsteigende Tenorlinie mit einer kämpferischen Eloquenz, die an Florestans Kerker-Arie erinnert.

Wollte ein anderer Pianist versuchen, dieses Dunkel auf die gleiche Weise zu durchdringen, wäre der Effekt der eines auf einzelne Töne gerichteten Spotlights. Unter Arraus linker Hand wird der Gesang des Tenors, wie das Walzerthema in Schumanns Konzert,

ungekünsteltes Ergebnis fortgesetzter polyphoner Erkundung.

Was die Vordergrund-Details anbetrifft, so spürt Arrau ausführlich den verschiedenen Bedeutungen von Beethovens Subito-Angaben sowie seiner Verzierungen nach. Insbesondere verfügt er über ein außergewöhnliches Spektrum von Trillern – glitzernd, aus Stahl gesponnen, schmeichelnd. In der Koda zum Finale der *Mondschein-Sonate*, wo ein lange ausgehaltener Triller den dynamischen Gipfelpunkt ziert, interpoliert er nicht das übliche (wenngleich nicht vorgeschriebene) Diminuendo, sondern intensiviert den Triller auf bewegende Weise, indem er die Lautstärke beibehält und den Pulsschlag verlangsamt – so wie ein Busch oder ein Szigeti einen Höhepunkt durch ein verbreitertes Vibrato steigern könnten.

Im komplexen Diskurs der späten Sonaten zwingt sich Arrau durch seine intensive Beschäftigung mit Polyphonie, linearer Artikulation und Verzierungen zu zermürbenden Rubati; selbst in der monströsen Fuge der *Hammerklavier-Sonate* macht er es sich nirgends leicht. Hier wie im ersten Satz von op. 111 spiegelt sich im Zusammenwirken von emotionalem Engagement und luzider Textdarstellung eine, wie Richard Osborne es ausdrückte, «Qualität der Disziplin und selbstlosen Hingabe, . . . die in ihrer Intensität an Dostojewski erinnert».[21] Solche Interpretationen kann man immer wieder hören, und sie bleiben trotzdem eine Herausforderung an den Hörer.

Nachdem all dies gesagt ist, muß ich jedoch feststellen, daß der Philips-Zyklus Arraus Rang als Beethoven-Interpret meiner Meinung nach nicht voll zur Geltung bringt. Das Problem, und eine Herausforderung besonderer Art für den Zuhörer, liegt in der

Wiedergabe, die, wie ich bereits erwähnte, klaustrophobisch ist. Das Klavier wirkt überlebensgroß und von toter Luft umgeben. Die Dynamik ist komprimiert und verhärtet, wodurch Schwankungen im mittleren Bereich überbetont und Pianissimo-Stellen und verhüllte Töne unterdrückt werden. Im zweiten Satz von op. III wird das große Triller-Crescendo (Takte 114–116), eine Arrau-Spezialität, auf Mini-Dimensionen reduziert, und die schimmernden Akzente, die er durch seine vollkommene Pedalführung setzt, klingen wie mit Stacheldraht geritzt.

Philips hat vor einiger Zeit drei Aufnahmen von Beethoven-Sonaten – *Les Adieux, Waldstein* und *Der Sturm* – in «Festivo»-Pressungen neu herausgebracht. Die «Festivo»-Version der *Waldstein-Sonate* bringt Arraus Jupiter-Donner besser zur Geltung als die ältere Pressung von Philips.[22] Noch getreuer gibt jedoch die ältere EMI-Aufnahme der *Waldstein-Sonate* mit ihrem dünnen, doch angenehmen Ton das Halbdunkel wieder, das Arrau in die Sempre-pianissimo-Episode (Takte 251–284) legt, in der die gebrochenen Akkordfiguren vor der Koda von einer Klangpracht sind, wie ich sie von keiner andern Interpretation der Sonate her kenne. Arraus op. III auf EMI, königlich vorgetragen und zum Ende hin ruhig, ist ebenso hervorragend.

Von Arraus zwei Gesamtaufnahmen der Klavierkonzerte Beethovens stellen die Interpretationen auf EMI mit Galliera die auf Philips unter Haitink in den Schatten. Insbesondere beim vierten Konzert ist Arrau und Galliera eine herausragende Interpretation gelungen, hinter der die Aufführungen mit Haitink und Bernstein (auf DGG) zurückbleiben. Galliera teilt Arraus melancholische Auffassung vom Eröffnungs-Tutti. Arraus Vortrag des aus vier Tönen bestehenden Klopfmotivs, das er mit dem trauernden Orpheus assoziiert, wirft einen Schleier über den ganzen Satz, so daß sich in den letzten Takten schon die bevorstehenden Klagen ahnen lassen.

Nachdem die Gesamtaufnahmen der Beethovenschen Sonaten und Klavierkonzerte im Jahre 1966 vollendet worden waren, spielte Arrau eine Zeitlang vorwiegend Schumann bei Philips ein. Bis zu einem gewissen Grad leidet die Wiedergabe auch hier wieder unter einem Mangel an Licht und Luft. Von den großen Zyklen bewundere ich am meisten die *Humoreske*. Der Klang ist in technischer Hinsicht bei diesem Stück weniger kompakt, und Arrau ist besonders ungestüm aufgelegt. Seine Interpretation verbindet aufrichtige Gefühlsvielfalt – Schumanns inneres und äußeres Ich kommen gleichermaßen zu ihrem Recht – mit einer selten klaren Darstellung der Gesamtstruktur. Insbesondere ist die «mit einigem Pomp» überschriebene Episode der sonore Schlußstein, der mittels eines fein dosierten Übergangs zu einem «Beschluß» von Mahlerscher Größe führt. Die Atmosphäre der Interpretation beruht auch weitgehend auf pianistischen Details. Schumanns Titel weist ja nicht nur auf Komödie, sondern mehr noch auf rasch wechselnde Stimmungen hin. Um dies herauszuarbeiten, dramatisiert Arrau verschobene Akzente, ineinander verschränkte Innenteile und Unterschiede in der Artikulation der rechten und der linken Hand. Die zweite Seite («sehr rasch und leicht») ist schon charakteristisch: indem er sich die inneren Arpeggien vornimmt, die Schumann gegenläufig zur Oberstimme angelegt hat, erzielt Arrau eine enervierend aktive Textur, die nach seinen eigenen Worten «groteske Freude ausdrückt und wirklich an (E. T. A.) Hoffmann denken läßt».

Das ist typisch für Arraus Schumann-Methode und die dahinter stehende Auffassung. Die rastlose Polyphonie wird unfehlbar hervorgeholt, so daß die rastlose Unausgeglichenheit des Menschen Schumann zum Ausdruck kommt. «Schumanns Musik», sagt Arrau, «ist nie ruhig. Stets ist da, selbst in den lyrischen Abschnitten, eine turbulente Unterströmung. Es ist falsch, sie in feurige und sentimentale Passagen einzuteilen. Wer das tut, vergißt, daß Florestan und Eusebius Teile ein und derselben Persönlichkeit waren.» In den letzten Stücken mit ihrer obsessiven Schematisierung und ihrer komprimierten Registrierung schrumpft Schumanns Welt auf eine schattige Kammer zusammen. In Arraus Einspielung der *Fantasiestücke* op. 111, entstanden vier Jahre vor Schumanns Einweisung in eine Nervenheilanstalt, beschwören die schwärmenden Arpeggien und zerrissenen Melodiefragmente von Nr. 1 eine beklemmende Umnachtung der Seele herauf.

Die technisch beste unter Arraus Aufnahmen von Schumanns Kompositionen für Klavier allein ist die jüngste (1976), die die *Kinderszenen*, die *Papillons*, die Romanzen op. 28 und das *Blumen-*

stück umfaßt. Philips' Akustik ist wärmer als bei den älteren Aufnahmen. Auch der Vortrag ist etwas anders: sanfter, abgeklärter. Das ist zum Teil auf das ruhigere Repertoire zurückzuführen – zumal die *Kinderszenen,* Schumanns Zuflucht vor dem Aufruhr der Erwachsenenwelt. Aber auch Arrau könnte sich gewandelt haben. Ich empfinde überhaupt seine Aufnahmen aus dieser Periode als seine inspiriertesten und vielgestaltigsten. Die wichtigsten Komponisten sind Liszt, Chopin und Brahms.

«Liszts Musik hat die Eigenschaft, den Charakter des Interpreten in fataler Weise zu spiegeln», schreibt Alfred Brendel. «Wenn Werke Liszts den Eindruck der Hohlheit und Oberflächlichkeit machen, der Vorspiegelung falscher Tatsachen, dann sind diese falschen Tatsachen gewöhnlich dem Interpreten zur Last zu legen, zuweilen dem (voreingenommenen) Hörer und am seltensten Liszt selbst.»[23]

Arraus Liszt-Aufführungen zeichnen sich durch die Absage an jede Unehrlichkeit sowie durch die hohe Achtung aus, die er vor diesem Komponisten empfindet. Nur wenige Liszt-Interpreten, und das gilt auch für die großen unter ihnen, lassen eineAuffassung von diesem Komponisten erkennen, die so frei ist von jeglicher Herablassung. Arthur Rubinstein sagte einmal von Busoni, er habe Liszts Kompositionen «noch bedeutender erscheinen lassen, als sie tatsächlich sind». Arrau, so könnte man diese Äußerung abwandeln, läßt Liszt noch nobler erscheinen, als er war.

Arraus 1969 entstandene Liszt-Aufnahmen auf Philips – seine erste klaviersolistische Liszt-Einspielung seit siebzehn Jahren – umfassen die Ballade h-Moll, die *Valse oubliée* Nr. 1, und aus den *Années de pèlerinage* das *Vallée d'Obermann,* die *Petrarca-Sonette* Nr. 104 und 123 und *Les Jeux d'eau à la Villa d'Este.* An jeder Stelle dieser Interpretation spürt man seinen unerschütterlichen Glauben an den Komponisten.

In Vladimir Horowitz' Aufnahme von 1966 sind am *Vallée d'Obermann* zwei Episoden fiebriger Extraversion bemerkenswert: das Rezitativ und die Steigerung auf den letzten Seiten. In Arraus Interpretation sind Rezitativ und Steigerung in eine strebende Erzählung eingebunden, die als Ganzes seine Aufmerksamkeit fesselt. Nach den ersten sechsundzwanzig Takten, wo die brütenden

Achtel des Hauptthemas seufzenden Phrasen in Halb- und Vierteltönen weichen, wird Horowitz schneller. Arrau hält sich an Liszts più lento und breitet ein Bild von Felsspitzen, Schluchten und ozeanischer Ruhe vor uns aus; die Rhetorik von Etienne Pivert de Sénancours *Obermann* («Unermeßliches Bewußtsein einer Natur, die überall überwältigend und undurchdringlich ist...») wird davor bewahrt, ins Klischee abzugleiten. Wenn das Hauptthema, das den Charakter eines Selbstgesprächs hat, wieder aufgenommen wird, ist Arraus Vortrag eingeschrumpft und benommen. Später, in der dolcissimo überschriebenen C-Dur-Episode inspiriert die gewaltige Landschaft zu versöhnlicher Ekstase. Die qualvollen Windungen des Rezitativs und die zunehmende Erregung des Höhepunkts bringen das Argument weiter und vollenden es. Der sieghafte Epilog bittet um Ruhe, nicht um Applaus.

Selbst in pianistischer Hinsicht ist Arraus Aufführung ein Akt des Glaubens. Wo Horowitz Passagen umgestaltet und Sforzandi einfügt, vertraut Arrau Liszt. Er nähert sich dem Text mit dem gleichen Respekt, den er einer Mozart-Sonate widmen würde, und erzielt eine Darstellung von Mozartscher Klarheit. Als – wenn auch völlig undemonstrative – technische Glanzleistung ist die Interpretation erstaunlich. Selbst die in rascher Folge wiederholten Akkorde der letzten Seiten, denen manchmal Sprünge von einer Oktave oder mehr vorausgehen, sind nie verschwommen, vereinfacht, perkussiv oder kraftlos. Wäre Liszt solcher Präzision unwürdig, dann wäre Arraus Sorgfalt genauso pervers wie die Interpolationen eines anderen Pianisten (womit nicht Horowitz gemeint ist). Aber der Aufbau, die Nuancen und die reichen Farben, die er mit seiner Sorgfalt erzielt, sind alles andere als pervers. Mehr noch: Indem er so getreulich dem Text folgt, unterstreicht er die emotionale Integrität seiner Lesart.

Es liegt eine Gefahr darin, Liszts musikalische Schilderungen zu wörtlich zu nehmen; Liszt selbst hat davor gewarnt. Aber Arraus Interpretation der h-Moll-Ballade (auf der B-Seite seines *Vallée d'Obermann*) mit ihrem zarten Innenleben läßt kaum Zweifel daran, daß der Mythos von Hero und Leander, den er in das Stück hineindeutet, in Liszts Vorstellung präsent war:

Geschichte, Notentext und Aufführung entsprechen einander Punkt für Punkt. Das leidenschaftliche Erklingen des Liebesmotivs unmittelbar nach Leanders Tod beispielsweise ist in Trauer gehüllt.

Die zwölf *Transzendentalen Etüden* und die drei *Etudes de concert*, die als Doppelalbum vorliegen, sind ebenfalls bester Arrau. Wo Liszt draufgängerisch ist, wie in *Mazeppa* oder *Wilde Jagd,* ist Arrau episch. In *Chasse-neige,* wo Liszt visionär ist, ist Arraus Verbindung von Leidenschaft und pianistischer Integrität – die Tremoli sind außerordentlich ereignisreich – überwältigend. Seine Rhythmisierung ist so großzügig und seine innere Anteilnahme so extrem, daß ein einziger Bruch im Gefüge verhängnisvoll wäre. Normalerweise müssen sogar die ernsthaftesten Interpreten sich davor hüten, zu einem emotionalen Autopiloten Zuflucht zu nehmen. Arrau gerät an keinem Punkt in diese Gefahr.

Arraus neue Einspielungen der beiden Liszt-Konzerte unter Sir Colin Davis gehören zu seinen besten Aufführungen mit Orchester; zumal das Es-Dur-Konzert dürfte die beste Konzert-Aufnahme sein, die er je gemacht hat. Die komplexe strukturelle Verflechtung von Klavier und Orchester – ein faszinierendes Merkmal beider Werke – wird nicht nur von den Interpreten, sondern auch von den Toningenieuren gewürdigt, die Klavier und Orchester in ein und demselben akustischen Raum ansiedeln. In der Aufnahme des Es-Dur-Konzerts aus dem Jahre 1956 wird Arraus phänomenales Klavierspiel durch eine blecherne Begleitung sabotiert. Hier dagegen ist Davis' Gestaltung des Eröffnungs-Motivs in seinen verschiedenen Erscheinungsformen stets aufrichtig. Vor allem die als Angelpunkt dienende Wiederholung des Hauptmotivs zu Beginn des letzten Viertels des zweiten Satzes habe ich nie triumphaler gehört. Die Arrau-Davis-Interpretation des A-Dur-Konzerts liegt auf ebenso hohem Niveau. Aber die so wichtigen Cello-Soli werden uninspiriert vorgetragen, und ein hörbarer Schnitt einige Minuten vor dem Schluß (Takt 456) unterbricht den Fluß; von dieser Stelle an gewinnt die Aufführung ihre volle elektrische Spannung nicht mehr zurück.

Der Höhepunkt von Liszts Klavierschaffen, und von Arraus Liszt, ist die h-Moll-Sonate. Hier hat Arrau sein proteisches Bild des Komponisten verewigt, eine Verkettung von Kampf, Weichheit und Negation, die als Ganzes Trost in Gott findet. Seine Einspielung, die entstand, kurz nachdem er die Sonate wieder in sein Repertoire aufgenommen hatte, gibt nur eine unvollkommene Vorstellung davon, welch beängstigendes Ereignis er im Konzert daraus macht. Trotzdem demonstriert sie die Wahrhaftigkeit von Arraus Interpretation. Seine Integrität dient nicht als Vorwand für die Modernisierung flammender romantischer Wahrheiten. Und er versucht auch nicht, das Satanische und Makabre durch dick aufgetragenes Make-up plausibel zu machen. Seine Methode ist die des großen Schauspielers, der seiner Meinung nach jeder große Interpret zu sein hat: die Selbstverwandlung. Auf den ersten Seiten verkörpert er Mephistopheles, dann Gretchen. Faust bewohnt eine Klangwelt harter Staccati und Fortissimi. Gretchen, ganz Unschuld und Zärtlichkeit, nimmt man wie durch einen Schleier wahr. Der dem langsamen Satz vorausgehende Wechsel von flehentlicher Bitte und Zurückweisung ist ein vergleichbares Glanzstück ineinander verschränkter Antinomien. Die Größe von Arraus Interpretation rührt nicht daher, daß er persönliche Gefühle einbringt und sie sozusagen streckt, um sie der Extravaganz der Dialektik anzupassen, sondern darin, daß er sich, organisch, streckt, um Gefühle freizulegen, die bereits groß genug sind.

Vor einer Sentimentalisierung Chopins zu warnen, mag überflüssig erscheinen, doch in den ersten Jahren dieses Jahrhunderts, als Arrau in Berlin studierte, war es weitaus normaler als heute, Chopin als Salonlöwen oder Komplizen pianistischer Selbstdarstellung zu schildern. Tatsächlich ertrug Chopin es nicht, wenn andere Pianisten seine Werke dilettantisch vortrugen oder auf andere Weise herabwürdigten. Er war ein äußerst genauer, selbstkritischer Arbeiter, darauf bedacht, seine fiebrige Muse zu verfeinern.

Arraus Weigerung, Chopins Musik als Salon- oder Zirkus-Unterhaltung zu betrachten, könnte nicht entschiedener sein. Über Charme und oberflächliche Effekte hinaus entdeckt er, wie bei Liszt, Ausgewogenheit und ernstes Bemühen. Neville Cardus nannte Arraus Chopin einmal «Chopin plus». Der Pianist Chopin produzierte einen relativ schwachen Klang und war kein

Freund anstrengender Rubati. Arrau erweist dem tatkräftigen Heroismus des Komponisten Chopin Ehre, von dem wiederholt gesagt wurde, sein Geist habe offenbar sein Fleisch verzehrt.

Große Spannweite und Idealismus sind beständige Merkmale der Chopin-Platten, die Arrau zwischen 1950 und 1960 aufgenommen hat. Außer den Préludes auf Columbia und dem Doppelalbum von Decca, die ich bereits besprochen habe, gehören dazu, auf EMI, technisch nicht sehr gute, trotzdem aber ungewöhnlich transparente Interpretationen der gesamten Etudes sowie eine Aufnahme der h-Moll-Sonate, die sich durch einen hypnotischen langsamen Satz und ein granitenes Finale auszeichnet. Um so gewichtiger sind Arraus Chopin-Einspielungen auf Philips. Die 24 Préludes, zum zweitenmal aufgenommen, erweisen sich als ideales Demonstrationsobjekt. Wie ich beim Vergleich der beiden Versionen des Zyklus schon ausführte, gibt die gesteigerte Dichte emotionaler Details Arrau bei der Einspielung von 1973 die Möglichkeit, auch noch den kleinsten Winkel mit einer Welt von Gefühl auszufüllen. Ebenso bewegend ist seine Aufnahme der f-Moll-Fantasie aus dem Jahre 1977.

Je weiter sich Chopin von der Kraft und Dichte der Préludes, der Fantasie und der Balladen entfernt, um so stärker weichen Arraus Philips-Aufnahmen von den herkömmlichen Chopin-Deutungen ab. Aus den Nocturnes macht er keine melancholischen Nachtgesänge, sondern eine Serie spannungsgeladener Monologe. Das zwölfte Nocturne in G-Dur (op. 37, Nr. 2) beschwört normalerweise sanftes Wellengeplätscher herauf; das zweite Thema ist praktisch eine Barcarole. In Arraus Interpretation ist das zweite Thema eine Klage. Und doch entfaltet Arrau Chopins Kantilenen so geschickt, daß jede interpretatorische Volute erklärt wird. Die Verzierungen werden wie bei Mozart oder im langsamen Satz der *Hammerklavier-Sonate* mit der melodischen Linie verschmolzen. (Chopin selbst rühmt in einem seiner Briefe die Sopranistin Constantia Gladkowska dafür, daß sie die ornamentalen Sechzehntel nicht als «schnelle *gruppetti*» wiedergibt, sondern jeden Ton «voll singt».) Mehr als einmal erinnern Tiefe und Dunkelheit der Gesangslinie an die Callas, eine Sängerin, die Arrau verehrt.

Eine weitere unkonventionelle Chopin-Interpretation ist die

des f-Moll-Konzerts. Unter Eliahu Inbal gestaltet Arrau eine reife, geduldige Interpretation des langsamen Satzes und führt die Fioriture mit so viel zärtlicher Weisheit aus, daß es unangebracht wäre, diese Musik «bezaubernd» oder «verträumt» zu nennen. So wird offenbar, daß der Mondschein-Träumerei des neunzehnjährigen Chopin eine erhabene Gelassenheit eignet.

In der Musik von Brahms beruht die strukturelle Dichte nicht auf einer Auspolsterung mit Füllmaterial, sondern auf Zusammenballungen motivischer Fasern. Der Interpret ist gehalten, die angemessene Wärme, ja Kompaktheit zu produzieren, ohne die allgegenwärtigen kontrapunktischen und rhythmischen Details zu vernachlässigen. Dies ist bereits eine wesentliche Leistung von Arraus Klang. Nur wenige Pianisten bringen die Innenteile von Brahms' massiven Akkordstrukturen – die gehaltvollen, aber schwierigen Terzen und Sexten – so majestätisch zum Klingen wie Arrau. Mit gleicher Gründlichkeit holt er die Hemiolen und andere rhythmische Unregelmäßigkeiten ans Tageslicht. Es gibt nichts Verschwommenes, keinen grauen Dunst.

Arraus Aufnahme der *Händel-Variationen* – des Solowerks von Brahms, das er häufiger als jedes andere aufgeführt hat – ist ein gutes Beispiel. Polyphonie und Sonorität werden so hervorragend gepflegt, daß selbst in der 25. Variation, wo beide Hände in sechzehn aufeinanderfolgenden Takten zu fernen Fortissimo-Akkorden geschleudert werden, der Text nie verschmiert, die Sonorität nie beschnitten wird. (Arrau sagt seinen Schülern, die Hände müßten wie «Wolle» werden, um sich nachgiebig Brahms' undankbaren Figurationen anschmiegen zu können.) Weiter vorne bieten die Legato-Oktaven der sechsten Variation ein ausgezeichnetes Beispiel für die inhärente Kreativität einer flüssigen Technik: die gleitende Glätte von Arraus Oktaven suggeriert Spannung. Im übrigen erleichtert seine pianistische Meisterschaft ihm den souveränen Überblick über das Ganze: geduldig vorbereitet, treiben die letzten Variationen mit unwiderstehlicher kumulativer Vehemenz auf die Fuge zu.

Aufschlußreich ist die Tatsache, daß Arrau Brahms' späte Klavierwerke mit ihrem herbstlichen Geraschel meidet. Statt dessen fühlt er sich zur heißblütigen Rauschhaftigkeit der frühen Sonaten in fis-Moll und f-Moll hingezogen. Seine Einspielungen beider Werke sind auf prachtvolle Weise repräsentativ – die Deklamation ist erregt, aber nie bombastisch. Seine Aufnahmen der *Paganini-Variationen* und der Balladen op. 10 sind enthüllend. Die *Paganini-Variationen* sind ein notorischer Prüfstein für Virtuosen. Daß Arrau auf Selbstdarstellung verzichtet, ist selbstverständlich. Das keineswegs selbstverständliche Ergebnis ist eine Interpretation, deren Kontinuität, Bündigkeit und eindrucksvoller Wechsel zwischen Licht und Schatten nichts so heraufbeschwört wie die Chopinschen *Préludes*, wie Arrau sie auffaßt. Indem er von Brahms' dunkler Tongebung und desorientierenden Lücken in den Akkorden und weiträumigen Arpeggien Gebrauch macht, evoziert er schwermütige nächtliche Landschaften, um dann wieder das Paganini-Thema erstrahlen zu lassen. Noch nie sind die vierte und zwölfte Variation von Heft 2 mit solch segnender Gebärde vorgetragen worden.

Auch Arraus herausragende Einspielung der Balladen op. 10 ist überraschend. In Wilhelm Kempffs inspirierender Aufnahme (DG 2530321) werden die Balladen am häuslichen Herd gesungen; der begabte, aber ungeübte Sänger hat eine schöne Stimme. Arrau entfaltet dagegen eine ungeheure Klangfülle, die an die Stimmgewalt eines Kipnis oder eines Hotter in vollem Konzert-Ornat erinnert. Wo Kempffs Lieder ihre dunklen Geschichten erzählen, beschwören die Arraus eigene Erlebnisse herauf. In der zweiten Ballade, die Arrau an den langsamen Satz der f-Moll-Sonate erinnert, schwillt das Liebesmotiv zu mythischer Größe an. In der vierten Ballade, wo Kempff eine Schumannsche Träumerei spinnt, gräbt Arrau in den dichten, bebenden Più-lento-Abschnitten, um einen einzelnen inneren Ton anzuschlagen. Der langsamer werdende Schluß ist nicht die übliche Aufforderung zu Rückzug und Auflösung, sondern verkündet eine ekstatische Apotheose, die den Atem anhält und mit strahlendem Licht übergossen ist.

Dies ist nicht die einzige Komposition, in der Kempff und Arrau sich als Antipoden erweisen. Ähnliche Beispiele finden sich auch bei Liszt (die *Petrarca-Sonette*) und in vielen Werken von Schumann und Beethoven. Schillers berühmte Unterscheidung zwischen dem Naiven und dem Sentimentalischen ist nicht irrelevant. Genausooft, wie Kempffs ungezwungene Kunstfertigkeit sich verbirgt, findet man Arrau gerüstet und kämpfend, geschlagen oder triumphierend.

«Schubert ist das äußerste Problem der Interpretation», meint Arrau. «Es besteht darin, an einen Punkt der Reife und Tiefgründigkeit zu gelangen, an dem man die verschiedenen Elemente seiner Musik zusammenbringen kann. Das ist zunächst einmal seine dramatische Kraft – Beethoven war sein Idol. Sodann seine volksnahe Schlichtheit. Weiter seine Herkunft aus Wien. Und schließlich seine Todesnähe, vor allem in den letzten Sonaten. Dies alles zur Synthese zu bringen, ist sehr schwierig, vor allem für einen jungen Menschen. Bei Schubert kann man meiner Ansicht nach von Eitelkeit oder Egozentrik nicht einmal reden – das wäre völlig deplaziert.»

Unter den Meistern der Klassik ist Schubert der mehrdeutigste. Er ist unschuldig und erfahren, ausgeglichen und in sich zerrissen. Er gelangt mit wenigen Schritten aus dem Elysium in die Kneipe an der Ecke. Vor allem in seinen Klaviersonaten, in denen die ausladenden Grundpläne und quasi-orchestralen Strukturen noch zusätzlich kontrovers sind, hat seine Wandelbarkeit seine Anerkennung verzögert. Selbst Meisterwerke wie die postumen Sonaten in c-Moll (D. 958) und A-Dur (D. 959) haben noch keine Aufführungsgeschichte, die zu interpretatorischen Normen geführt hätte. Halbwegs zwischen klassischer Ordnung und romantischem Glanz pulsiert ihre Sprache von Mehrdeutigkeiten.

Künstlern, die diese epischen Abschnitte ohne unziemliche Eile entfalten können und seine häufige Vernachlässigung von Oberflächen-Effekten akzeptieren, kann Schuberts Klaviermusik mit mannigfaltigeren Gefühlen gesättigt erscheinen als die irgendeines anderen Komponisten. Mehr als Beethoven, der sich stets von seinem Ich leiten läßt, erschließt sich Schubert mit seiner Ambiguität dem tastenden, selbstlosen Interpreten. Das wird einem klar, wenn man Schnabels Schubert-Aufnahmen oder Kempffs richtungweisende Schubert-Sonaten hört – oder auch die Schubert-Aufnahmen, die Arrau in späten Jahren eingespielt hat, beginnend im Jahre 1978 mit der c-Moll-Sonate.

Abgesehen von einer frühen Klavierrolle des ersten f-Moll-Impromptus aus D. 935 (op. 142), hat Arrau seine ersten Schubert-

Stücke in den fünfziger Jahren für EMI eingespielt. Seine *Moments musicaux* sind formell, ehrlich, ruhig. Seine *Wanderer-Fantasie* ist sonor und ausgewogen. Aber in seiner Aufnahme der Drei Klavierstücke (D. 946) aus dem Jahre 1956 deutet sich schon eine außerordentlich prägnante Schubert-Auffassung an. Schon die Musik selbst, in Schuberts schrecklichem letzten Lebensjahr komponiert, bietet mehr als die *Wanderer-Fantasie* oder die *Moments musicaux*. Manche Kritiker tun die Drei Klavierstücke als langatmigen Pastiche ab. Aber ihre eigentümliche Vielfalt des Stils und des Klangs widersetzt sich jeder wohlfeilen Klassifizierung. Arrau gebraucht in einem Programmheft aus den fünfziger Jahren Wörter wie «jenseits», «zart» und «tiefgründig», um sie zu charakterisieren, und seine auf Platten aufgenommenen Interpretationen sind all dies. Zumal seine Einspielung des zweiten Stücks in Es-Dur ist eine der besten, die er für EMI gemacht hat. Arrau wählt ein eher langsames Tempo (die Vorschrift lautet Allegretto) und führt jede Wiederholung aus (die Aufführungsdauer beträgt 15 : 40, bei Alfred Brendel auf Philips 6500928 dagegen 9 : 33), und dadurch gelingt es ihm, die kontrastierenden Episoden in einem Strom tranceähnlicher Konzentration zu vereinen. Dergestalt destilliert, zeugen die bedrohlichen Doppeltriller und behenden chromatischen Läufe der c-Moll-Episode nicht von einer vorübergehenden Störung, sondern beschwören die gemäßigten oberen Regionen eines Infernos herauf.

Arraus Schubert-Aufnahmen für Philips bewahren die Spannweite und Mehrwertigkeit der Drei Klavierstücke in der EMI-Aufnahme, aber die Strukturen sind detaillierter und die Kontraste extremer. Eine solche Intensivierung würde eine engere, persönlichere Konzeption in Gefahr bringen. Aber Arraus Intensivierung führt nicht zu oberflächlichen Explosionen oder anderen Entflammtheiten des Willens, sondern ist in charakteristischer Weise nach innen gerichtet.

Objektiv betrachtet, resultiert der Eindruck einer spannungsgeladenen Unterströmung zum Teil aus der Behandlung der Arpeggien und Hilfsfiguren. Arrau repräsentiert das Gegenteil der Interpretationsschule, die Schubert auf Melodie plus Begleitung reduzieren möchte. Ein anschauliches Beispiel ist das Impromptu c-Moll aus D. 899 (op. 90), das er als eine Winterreise präsentiert, deren Ereignisreichtum durch die Fülle und Mannigfaltigkeit des Klaviergewebes unterstrichen wird. Schon in den ersten Takten ist der Wechsel zwischen den einsamen Tönen des Wanderers und dem vielgestaltigen antwortenden Chor dramatisch. Später werden die Triolen der linken Hand, die der ersten Etappe der Reise Kraft geben, zu einer ausgeprägten Erlebniskette verknüpft. Wenn dann die Triolen von Sechzehnteln abgelöst werden, deutet Arrau durch seine aktive Artikulation ein neues, nervös-waches Bewußtsein an, das für jeden vorüberziehenden Schatten oder Lichtstrahl empfänglich ist.

Seine bedeutendste Aussage zu Schubert macht Arrau in einem gewichtigeren c-Moll-Werk – der Sonate D. 958. In einem im Januar 1980 in *Musical Times* erschienenen Artikel zeichnet Eric Sams eine bedrückende Krankengeschichte von Schuberts letzten fünf Lebensjahren. Arrau ist wie Sams der Meinung, Schubert habe gewußt, daß er an einer langwierigen tödlichen Krankheit litt. Überall in seiner Interpretation der c-Moll-Sonate tauchen Visionen vom lauernden, doppelgesichtigen Tod auf. In den gewundenen chromatischen Skalen des Finales (Takt 131) und der Durchführung des ersten Satzes, die er wirklich als «etwas Skeletthaftes, Makabres – ohne jedes Fleisch» vorträgt, findet Arrau ein Motiv für nackte Todesangst. Im Scherzo evozieren die gewundenen, wandernden Passagen der rechten Hand den Wind auf einem Friedhof. An anderen Stellen, vor allem im zweiten Satz, wird Schuberts Morbidität in ihrer gutartigen Erscheinungsform ebenso tiefgreifend enthüllt: der lockende *Lindenbaum,* der Bach der *schönen Müllerin.* Im Finale gehen die beiden Gesichter des Todes ineinander über oder wetteifern als vorüberhastende Schatten. Einen «Geisterreigen» nennt es Arrau und merkt in einem Programmheft dazu an, daß das finstere Rondo-Thema «immer und immer wiederkehrt . . . als hätte Schubert mit ganz besonderem Nachdruck auf seine schreckliche Unausweichlichkeit hinweisen wollen».

Noch ein Werk in c-Moll, das Allegretto D. 915, füllt den restlichen Platz auf der Schallplatte mit der c-Moll-Sonate. Hier ist die gleiche Doppelgesichtigkeit verdichtet, in abwechselnde Arpeggien in c-Moll, die sich von piano bis fortissimo steigern, und in C- und Es-Dur, durchweg pianissimo. Arraus Aufnahme von 1959 durchmißt einen größeren dynamischen Bereich, aber seine Einspielung von 1978 erschließt weitere geistige Räume. Hier sind die Fortissimi aufsaugend, durch Erfahrung abgenutzt. Die Pianissimi, sanft mit dem Pedal zerstreut, rühren an den Himmel und das Jenseits.

Ein wiederkehrendes Motiv in Arraus frühesten Berliner Kritiken ist seine Ablehnung alles Gekünstelten. «Er hat nichts von der fatalen altklugen Weise, die bei den meisten Wunderkindern so unleidlich ist: er spielt phänomenal, aber doch immer kindlich, ungekünstelt, naiv», hieß es in der *Vossischen Zeitung*. Wenn man seine Schallplatten analysiert, kommt man zu dem gleichen Schluß: Arrau simuliert nicht. Die Intensität seiner *Carnaval*-Einspielung, der Fatalismus seiner 1978er c-Moll-Sonate von Schubert dokumentieren Phasen in der Entwicklung eines Talents, das in Wahrhaftigkeit herangereift ist.

In einem wichtigen Sinne ist Arraus Kreativität nicht vom Willen abhängig. Die Musik durchläuft viszerale Bahnen und findet von selbst ihren Weg zu neuen Zielen; Bilder und Worte kommen, wenn überhaupt, später. Für Arrau ist Interpretation ein Prozeß nicht des Durchdenkens, sondern des Durchspielens. Er stellt sich nicht vorher die Frage, welche Tempi und Phrasierungen Dramatik oder Tiefgründigkeit erfordern. Er testet keine genialen Einfälle, sondern richtet den Blick unverwandt auf Tieferes. Im Gegensatz zum skeptischen modernen Geist ist Arraus Intelligenz leichtgläubig, für Exaltation oder Hexerei empfänglich.

Dies sind die Aspekte von Arraus Kunst, die Garrick Ohlsson meint, wenn er Arraus Klavierspiel «organisch» nennt. Sie sind mit seinen Grundsätzen der Klaviertechnik, in denen die Weisheit des Körpers zu ihrem Recht kommt, ebenso verknüpft wie mit seinen psychologischen Prinzipien, die auf der Weisheit des Unbewußten gründen. Sie sind allgegenwärtig in seinem Studierzimmer in Douglaston mit seiner schoßähnlichen Geborgenheit und seinen primitiven Kunstwerken.

Seine frühen Lebensumstände konzentrierten seinen Ehrgeiz und sorgten für eine förderliche Insularität: seine Glanzleistungen als Wunderkind schufen die finanziellen Voraussetzungen für sei-

ne Ausbildung, Krauses intensive Betreuung feilte an seiner Begabung und pflanzte ihm das Gefühl der Berufung zu Höherem ein,
Berlin gab den lebendigen Hintergrund ab und feierte den Künstler. Heute haben es junge Pianisten nicht so gut. Das Wunderkind-Syndrom ist so gut wie ausgestorben; tägliche persönliche
Betreuung mit dem Ziel, Übernommenes weiterzugeben, läßt der
Betrieb an einem modernen Konservatorium nicht zu; das konzentrierte kulturelle Leben in Arraus Berlin ist kultureller Verzet-
telung gewichen. Heute kennen selbst die weltfremdesten jungen
Musiker das Flugzeug und den Plattenspieler.

In einem Brief vom 8. Februar 1858 an Prinzessin Marie Witt-
genstein beschrieb Richard Wagner einmal den schöpferischen
Zustand, wie er ihn kannte: «Dieß ist, glaube ich, das volle Selbst-
vergessen, das Vergessen der Welt um mich, das schrankenlose
Erfülltsein von dem Gegenstande, der eben deswegen stets ein
großer und tiefer sein muß, weil alles geringere jene Wirkung
nicht auf mich ausüben könnte.»[24] Heute neigt man in Praxis und
Lehre zu weniger individualisierten Normen, zu einem überper-
sönlichen Schema, nach dem man in einem Konzertpianisten
kaum noch einen Übermenschen vermutet (und in dem alle individuellen Akte von Wagemut, es sei denn, sie werden von Regie-
rungen oder Wirtschaftsunternehmen ausgeführt, nicht mehr so
wirkungsvoll sind wie früher).

Ein Teil dessen, was wir an Arrau achten, ist die Tapferkeit
eines Überlebenden. Als der flehende Orpheus in Beethovens
viertem Klavierkonzert, als Faust oder Heros Leander bei Liszt,
als der ekstatische Pantheist, den er in Brahms' Balladen op. 10
findet, ist er der ausdauernde Protagonist in Ritualen der Suche
und der Erlösung.

AUSWAHL – DISKOGRAPHIE

der wichtigsten zur Zeit erhältlichen
Arrau-Aufnahmen

BEETHOVEN

Gesamtausgabe der Arrau-Edition

Klavierkonzert Nr. 1 op. 15 C-Dur + Klavierkonzert Nr. 2 op. 19 B-Dur +
Klavierkonzert Nr. 3 op. 37 c-Moll + Klavierkonzert Nr. 4 op. 58 G-Dur +
Klavierkonzert Nr. 5 op. 73 Es-Dur
Concertgebouw-Orchester Amsterdam. Bernard Haitink
Konzert für Violine, Violoncello, Klavier und Orchester op. 56 C-Dur
(Tripelkonzert)
Henryk Szeryng, Violine. János Starker Violoncello.
New Philharmonia Orchestra. Eliahu Inbal
Kassette Nr. 1   6 LP Ph 6768.350

32 Klaviersonaten
15 Variationen op. 35 Es-Dur (Eroica-Variationen)
32 Variationen c-Moll WoO 80
6 Variationen op. 34 F-Dur
Kassette Nr. 2   14 LP Ph 6768.351

Einzelplatten

Klavierkonzert Nr. 4 op. 58 G-Dur
Philharmonia Orchestra London. Alceo Galliera
LP EMI 037–103.141–1 (auch als MC erhältlich)

Klavierkonzert Nr. 5 op. 73 Es-Dur
Concertgebouw-Orchester Amsterdam. Bernard Haitink
LP Ph 6527.055

Sonate Nr. 8 op. 13 c-Moll (Pathétique)
+ Sonate Nr. 14 op. 27, 2 cis-Moll (Mondscheinsonate)
+ Sonate Nr. 23 op. 57 f-Moll (Appassionata)
LP Ph 412.001–1
MC Ph 412.001–4

Sonate Nr. 23 op. 57 f-Moll (Appassionata)
+ Chopin Scherzo Nr. 1 h-Moll op. 20
+ Liszt Ballade Nr. 2 h-Moll
LP Ph 411.053–1 (Digitalaufnahme)
MC Ph 411.053–4 (Digitalaufnahme)

SCHUBERT

Gesamtausgabe der Arrau-Edition

Sonate D 664 A-Dur op. 120 Nr. 13
Sonate D 958 c-Moll Nr. 19
Sonate D 959 A-Dur op. posth. Nr. 20
Sonate D 960 B-Dur op. posth. Nr. 21
Impromptus D 899 Nr. 1–4 op. 90
Allegretto D 915 c-Moll (Abschieds-Allegretto)
Kassette Nr. 3   4 LP Ph 6768.352

Einzelplatten

Sonate D 664 A-Dur op. 120
+ Impromptus D 899 Nr. 1–4
LP Ph 9500.641

Sonate D 959 A-Dur op. posth. Nr. 20
LP Ph 6514.368 (Digitalaufnahme)
MC Ph 7337.368

SCHUMANN

Gesamtausgabe der Arrau-Edition

Klavierkonzert op. 54 a-Moll
+ Grieg Klavierkonzert op. 16 a-Moll
Concertgebouw-Orchester Amsterdam. Christoph von Dohnány

Arabeske op. 18 C-Dur
Blumenstück op. 19 Des-Dur
Carnaval op. 9 (21 Stücke für Klavier)
Davidsbündlertänze op. 6 (18 Stücke für Klavier)
Fantasie op. 17 C-Dur
Fantasiestücke op. 12 Nr. 1–8
Drei Fantasiestücke op. 111
Faschingsschwank aus Wien op. 26
Humoreske op. 20 B-Dur
Kinderszenen op. 15 (13 Stücke für Klavier)
Kreisleriana op. 16 (8 Fantasien für Klavier)
Nachtstücke op. 23 (4 Stücke für Klavier)
Novelletten op. 21 Nr. 1–8
Papillons op. 2
Romanzen op. 28 Nr. 1–3
Sinfonische Etüden op. 13 Nr. 1–12
Sonate Nr. 1 op. 11 fis-Moll
Sonate Nr. 2 op. 22 g-Moll
Variationen über den Namen Abegg op. 1
Waldszenen op. 82 (9 Stücke für Klavier)
Kassette Nr. 4   10 LP Ph 6768.353

Einzelplatten

Klavierkonzert op. 54 a-Moll
+ Grieg Klavierkonzert op. 16 a-Moll
LP Ph 9500.891

Blumenstück op. 19 Des-Dur
+ Kinderszenen op. 15
+ Papillons op. 2
+ Romanzen op. 28 Nr. 1–3
LP Ph 6500.395

CHOPIN

Gesamtausgabe der Arrau-Edition

Klavierkonzert Nr. 1 op. 11 e-Moll + Klavierkonzert Nr. 2 op 21 f-Moll
Krakowiak op. 14 F-Dur (Konzert-Rondo für Klavier und Orchester)

Variationen op. 2 B-Dur über «Reich mir die Hand, mein Leben» (aus «Don Giovanni» von W. A. Mozart)
Große Fantasie op. 13 A-Dur über polnische Lieder
Andante spianato und Grande Polonaise brillante op. 22 Es-Dur
London Philharmonic Orchestra. Eliahu Inbal

Balladen Nr. 1–4
Barcarolle op. 60 Fis-Dur
Fantasie op. 49 f-Moll
Impromptus Nr. 1–4
Nocturnes Nr. 1–21
Préludes Nr. 1–26
Walzer Nr. 1–19
Kassette Nr. 5   9 LP Ph 6768.354

Sämtliche Werke für Klavier und Orchester
London Philharmonic Orchestra. Eliahu Inbal
3 LP Ph 6747.003

Einzelplatten

Klavierkonzert Nr. 1 op. 11 e-Moll
London Philharmonic Orchestra. Eliahu Inbal
LP Ph 6500.255
MC Ph 7300.109

Variationen op. 2 B-Dur über «Reich mir die Hand, mein Leben» von W. A. Mozart
LP Ph 6500.422

Balladen Nr. 1–4
+ Fantasie op. 49 f-Moll
LP Ph 9500.393

Impromptus Nr. 1–4
+ Barcarolle op. 60 Fis-Dur
+ Walzer Nr. 15–19
LP Ph 9500.963

Sämtliche Nocturnes
2 LP Ph 6747.485

Nocturnes Nr. 1–11
LP Ph 9500.668
MC Ph 7300.697

Nocturnes Nr. 12–21
LP Ph 9500.669
MC Ph 7300.698

Walzer Nr. 1–14
LP Ph 9500.739
MC Ph 7300.824
CD Ph 400.025–2

Préludes Nr. 1–26
LP Ph 6527.091

LISZT

Gesamtausgabe der Arrau-Edition

Klavierkonzert Nr. 1 Es-Dur
+ Klavierkonzert Nr. 2 A-Dur
London Symphony Orchestra. Sir Colin Davis

La vallée d'Obermann (aus «Années de pèlerinage» I)
Après une lecture de Dante (Fantasia quasi Sonata) +
Petrarca-Sonette Nr. 104 und 123 (aus «Années de pèlerinage» II)
Les jeux d'eaux à la Villa d'Este (aus «Années de pèlerinage» III)
Ballade Nr. 2 h-Moll
Chopin-Lieder R 145 Transkriptionen für Klavier über 6 polnische Lieder
Etude de concert Nr. 1 (Waldesrauschen) + **Etude de concert Nr. 2** (Gnomen-
reigen)
Etudes de concert Nr. 1–3
Etudes d'exécution transcendante Nr. 1–12 (Transzendentale Etuden)
Bénédiction de Dieu dans la solitude + Funérailles (aus «Harmonies poétiques
et religieuses»)
Sonate für Klavier h-Moll
Valse oubliée Nr. 1 Fis-Dur
Verdi-Paraphrasen (über «Aida», «Don Carlos», «Ernani», «Die Lombarden»,
«Rigoletto», «Simone Boccanegra», «Der Troubadour»)
Kassette Nr. 6   7 LP Ph 6768 355

Einzelplatten

Klavierkonzert Nr. 1 Es-Dur + Klavierkonzert Nr. 2 A-Dur
London Symphony Orchestra. Sir Colin Davis
LP Ph 9500.780
MC Ph 7300.854

Après une lecture de Dante (Dante-Sonate)
+ Chopin-Lieder
+ Funérailles
LP Ph 6514.273 (Digitalaufnahme)
MC Ph 7337.273 (Digitalaufnahme)
CD Ph 411.055–2 (Digitalaufnahme)

12 Transzendentale Etuden
2 LP Ph 6747.412

Verdi-Paraphrasen
LP Ph 6500.368

BRAHMS

Gesamtausgabe der Arrau-Edition

Klavierkonzert Nr. 1 op. 15 d-Moll + Klavierkonzert Nr. 2 op. 83 B-Dur
Concertgebouw-Orchester Amsterdam. Bernard Haitink
Balladen op. 10 Nr. 1–4
Scherzo op. 4 es-Moll
Sonate Nr. 2 op. 2 fis-Moll
Sonate Nr. 3 op. 5 f-Moll
Variationen und Fuge op. 24 B-Dur über ein Thema von Händel
Variationen op. 35 über ein Thema von Paganini
Kassette Nr. 7   5 LP Ph 6768.356

Einzelplatten

Klavierkonzert Nr. 1 op. 15 d-Moll
Philharmonia Orchestra London. Carlo Maria Giulini
LP EMI 037–100.519–1

Klavierkonzert Nr. 1 op. 15 d-Moll
Concertgebouw-Orchester Amsterdam. Bernard Haitink
LP Ph 6527.181

Klavierkonzert Nr. 2 op. 83 B-Dur
Concertgebouw-Orchester Amsterdam. Bernard Haitink
LP Ph 6527.182

Sonate Nr. 2 op. 2 fis-Moll
LP Ph 9500.066

**Variationen und Fuge op. 24 B-Dur über ein Thema von Händel
+ Balladen op. 10 Nr. 1–4**
LP Ph 9500.446

DEBUSSY

Gesamtausgabe der Arrau-Edition

Estampes 3 Stücke für Klavier
Images pour Piano I Nr. 1–3
Images pour Piano II Nr. 1–3
Préludes I 12 Stücke für Klavier Heft 1
Préludes II 12 Stücke für Klavier Heft 2
Kassette Nr. 8   3 LP Ph 6768.357

Einzelplatten

Images pour Piano I + II
LP Ph 9500.965

Préludes I 12 Stücke für Klavier Heft 1
LP Ph 9500.676
MC Ph 7300.771

Préludes II 12 Stücke für Klavier Heft 2
LP Ph 9500.747
MC Ph 7300.832

TSCHAIKOWSKY

Klavierkonzert Nr. 1 op. 23 b-Moll
Boston Symphony Orchestra. Sir Colin Davis
LP Ph 6851.176 Einzelplatte der Arrau-Edition

Klavierkonzert Nr. 1 op. 23 b-Moll
Philharmonia Orchestra London. Alceo Galliera
LP EMI 037–01.697 (auch als MC erhältlich)

Claudio Arrau 80th Anniversary Album

Chopin Andante spianato und Grande Polonaise op. 22 Es-Dur
Little Orchestra Society New York. Thomas Scherman
Debussy Pour le piano Nr. 1–3
Liszt Klavierkonzert Nr. 1 Es-Dur + Ungarische Fantasie
Philadelphia Orchestra. Eugene Ormandy
Liszt Ungarische Rhapsodien Nr. 8, 9, 10, 11, 13
Ravel Gaspard de la nuit Nr. 1 (Ondine), **Nr. 2** (Le Gibet)
Schumann Arabeske op. 18 C-Dur + Kreisleriana op. 16
3 LP CBS 79.354 (Mono)

GRIEG

Konzert für Klavier und Orchester op. 16 a-Moll
Concertgebouw-Orchester Amsterdam. Christoph von Dohnány
+ Schumann Klavierkonzert op. 54 a-Moll
LP Ph 9500.891 (auch als MC erhältlich)

MOZART

Klaviersonate Nr. 17 KV 570 B-Dur
+ Klaviersonate Nr. 18 KV 576 D-Dur (Jagd-Sonate)
+ Adagio KV 540 h-Moll
LP Ph 411.136–1 (Digitalaufnahme)
MC Ph 411.136–4 (Digitalaufnahme)
CD Ph 411.136–2 (Digitalaufnahme)

Klaviersonate Nr. 14 KV 457 c-Moll
+ Fantasie für Klavier Nr. 2 KV 397 d-Moll
+ Fantasie für Klavier Nr. 3 KV 475 c-Moll
+ Rondo für Klavier Nr. 3 KV 511 a-Moll
LP Ph 6500.782

ANMERKUNGEN

1 Alfred Einstein, *Mozart, Sein Charakter sein Werk,* Fischer Taschenbuch Verlag, Frankfurt a. M. 1978, S. 35.

2 a. a. O., S. 39.

3 Brief an Maria Anna von Berchtold zu Sonnenburg, 24. April 1792. Zitiert von Otto Erich Deutsch, *Mozart. Dokumente seines Lebens.* Deutscher Taschenbuch Verlag, München, S. 181.

4 Einstein, S. 34.

5 *Bebungseffekt:* Beim modernen Klavier eine Verzierung, die dadurch entsteht, daß man die Taste erneut anschlägt, ohne sie vorher ganz hochkommen zu lassen.

6 Piscator und Grosz waren – im amerikanischen Exil – die Vorbewohner von Arraus Haus in Douglaston.

7 Bruno Walter, *Thema und Variationen. Erinnerungen und Gedanken.* Stockholm 1947 und Frankfurt 1950, S. 375–376.

8 *Dank an Edwin Fischer.* F. A. Brockhaus, Wiesbaden 1962, S. 29.

9 Arthur Rubinstein, *Erinnerungen. Die frühen Jahre.* Fischer Taschenbuch Verlag, Frankfurt a. M., S. 46.

10 Edward J. Dent, *Ferruccio Busoni.* Eulenburg, London 1974, S. 261.

11 Arthur Rubinstein, *Mein glückliches Leben.* S. Fischer Verlag, Frankfurt a. M. 1980, S. 310.

12 Die National Concert and Artists Corporation, Arraus Konzertagentur in den vierziger Jahren.

13 In der Saison 1980–81 gab Arrau 74 Konzerte, in der darauffolgenden Saison 1981–82 waren es 62 Konzerte und 1982–83 immer noch 52.

14 Es war Gordon Boelzner.

15 Eugen Herrigel, *Zen in der Kunst des Bogenschießens.* O. W. Barth Verlag, 22. Auflage 1983.

16 Mit der Gruppe meint Arrau seine Schüler, die Schüler seiner Schüler sowie

Schüler von Rafael de Silva, Olga Barabini und anderen, die nach seinen Grundsätzen unterrichten.

17 Wilhelm Furtwängler, *Gespräche über Musik,* Brockhaus, Wiesbaden 1979, S. 62 f.

18 *Musical Quarterly,* April und Juli 1943.

19 Als Chopin im Winter 1838–39 an den Préludes arbeitete, lebte er mit George Sand in einem verfallenden aufgegebenen Kloster auf Mallorca. Geplagt von Krankheit, schlechtem Wetter und unfreundlichen Einheimischen, sorgte sich Chopin, er würde die Insel nicht mehr lebend verlassen können. Vierzehn Wochen nach seiner Ankunft wurde er in einem mit Schweinen beladenen Schiff aufs Festland zurückgebracht. Als er in Barcelona an Land ging, so erinnerte sich später George Sand, spuckte er «Schüsseln voll» Blut und Schleim.

20 Joachim Kaiser, *Große Pianisten in unserer Zeit.* Piper Verlag, München 1982, S. 113 f.

21 «Arrau's Beethoven Pilgrimage», New York Times, 10. Juni 1973.

22 «Festivo» ist eine amerikanische Billigpreis-Serie der Philips, die in Europa zuerst unter dem Namen «Grandioso», später als «Sequenza» herausgebracht wurde. Aus Anlaß des 80. Geburtstags von Claudio Arrau hat Philips viele seiner älteren Einspielungen mit modernen Verfahren technisch neu aufbereitet und in der 58 Platten umfassenden Arrau-Edition herausgebracht.

23 Alfred Brendel, *Nachdenken über Musik.* Piper Verlag, München 1976, S. 115.

24 Der zitierte Brief Richard Wagners erschien als Erstveröffentlichung in den *Bayreuther Blättern,* 32. Jg. 1909, 10.–12. Heft, Seite 257–260.

NAMENSREGISTER